ETERNAMENTE LOBATO

26 Autores em Busca de um Herói Nacional

ETERNAMENTE LOBATO
26 Autores em Busca de um Herói Nacional

Org: Gabriel Kwak

LetraSelvagem

Grafia atualizada segundo o Acordo Ortográfico
da Língua Portuguesa que entrou em vigor no Brasil em 2009.

Coordenação editorial: Nicodemos Sena
Editora executiva: Marli Aparecida Perim
Designer editorial (capa e miolo): Cesar Neves Filho
Preparação de originais: Nicodemos Sena
Revisão: Gabriel Kwak
Representante comercial: Marcelo Nogueira

O logotipo LetraSelvagem *foi idealizado a partir de cerâmica Aruak,
padrões utilizados nas bordas dos vasos, compilados por Koch-Grunberg em 1910.*

Dados Internacionais de Catalogação na Publicação (CIP)
(Letra Selvagem, Taubaté, SP, Brasil)

Angélica Ilacqua CRB-8/7057

K532g

Eternamente Lobato / organizado por Gabriel Kwak.
— 1. ed. — Taubaté : Letra Selvagem, 2025.
304 p. ; il.

ISBN 978-65-89841-46-3

1. Biografia Brasil — Literatura I. Título
CDD 015.81

Rua Cônego Almeida, 113 — Centro — Taubaté-SP / Brasil — CEP 12.080-260.
Telefone: (55) (12) 99203-3836.
editoraelivrarialetraselvagem@gmail.com
letraselvagem@uol.com.br
www.letraselvagem.com.br
www.livrariaselvagem.com.br

Para

Fábio Lucas

À memória de
Marcos Rey (1925-1999)
Paulo Dantas (1922-2007)
Israel Dias Novaes (1920-2009)
Ruth Guimarães (1920-2014)
José Benedicto da Silveira Peixoto (1909-2006)
Léo Gilson Ribeiro (1929-2007)
Pedro Paulo Filho (1937-2014)
Antônio Possidônio Sampaio (1931-2016)
Enéas Athanázio (1935-2025)
Nelly Novaes Coelho (1922-2017)

Sumário

Agradecimentos

Este livro é devedor das seguintes individualidades que concorreram para a consumação deste mutirão de lobatólogos em forma de livro: Maria de Jesus Evangelista, curadora do Espaço Cassiano Nunes, da Biblioteca Central da Universidade de Brasília (UnB); a pesquisadora, curadora cultural e biógrafa de Paulo Bomfim, Di Bonetti; Rubenira Farias, da Biblioteca da Academia Paulista de Letras; Nelson Somma Jr. e Oiram Antonini, do Acervo Monteiro Lobato da Biblioteca Infantojuvenil Monteiro Lobato (São Paulo); Silvio Tamaso D'Onofrio, biógrafo definitivo de Edgard Cavalheiro, que me franqueou documentação valiosa, que se não fosse um pesquisador do seu calibre talvez ficasse sepultada no silêncio dos arquivos; e Guilherme Arduini, historiador da Divisão do Acervo Histórico da Assembleia Legislativa do Estado de São Paulo.

Eterna e penhorada será nossa gratidão aos herdeiros de autores colaboradores desta obra infelizmente já falecidos que nos permitiram que a contribuição seminal de seus ascendentes se somasse a esse pugilo de talentos: Afonso Arinos de Melo Franco Filho (*in memoriam*), a família de Israel Dias Novaes (sobretudo sua viúva, Marina Villares Novaes, e sua filha, Maria Amélia Villares Novaes); a família de Nilo Scalzo (especialmente sua filha Marilia Scalzo); a família de Honório de Sylos (na pessoa de sua neta Mariana de Sylos Rudge); e aos filhos de Paulo Dantas, Paulo Ulisses Maia Dantas e Sônia Kiralina Maia Dantas Guggenheim.

E, é claro, somos reconhecidos aos 26 "lobatólogos" que, sempre com comovedora boa vontade, aquiesceram em se associar à empreitada, a cuja organização me entreguei nos últimos dois anos. Qualquer sombra de imperfeição ou limitação deste livro deve ser atribuída à responsabilidade do organizador.

G.K.

“O caboclo é ainda a melhor coisa de nossa terra, porque analfabeto, simples, muito mais próximo do avô pitecantropo do que os que usam dragonas ou cartola, e se dão ao luxo de ter ideias na cabeça, em vez de honestíssimos piolhos.”
Monteiro Lobato (*A Barca de Gleyre*, 1912)

“Parece que ando na idade de ler memórias. Só nelas temos o que é possível de história verdadeira, com os *bas-fond* e as cozinhas e copas da humanidade. A historia dos historiadores coroados pelas academias mostra-nos só a sala de visitas dos povos. É um *garni* uniforme, incolor, tanto na França como na Turquia e Rússia. Mas as memórias são a alcova, as anáguas, as chinelas, o pinico, o quarto dos criados, a sala de jantar, a privada, o quintal — a pele quente e nua, ora macia e lisa ora craquenta de lepra — da humanidade com *h* minúsculo, esse oceano de machos e fêmeas que come, bebe e ama — e supõe que faz mais alguma coisa além disso.”
Monteiro Lobato (*A Barca de Gleyre*, 1913)

“A riqueza que quero para meus netos, compadre, é uma que eles possam guardar onde ninguém a furte: na cabeça. A riqueza material é areia do deserto: ora se acumula aqui, ou ali. Mas quem tem a riqueza no miolo, ah, esse está garantido contra os azares da vida.”
Dona Benta

“[Lobato] Foi um dos homens que mais se esforçaram pela modernização do pensamento e da ação no Brasil.”
Otto Maria Carpeaux (Declaração à “Gazeta”, 06/07/1948)

“[Lobato foi] Um grande escritor, de meio de tarde, para tomar com café com leite.”
Marcos Rey (Documentário “Monteiro Lobato: Furacão na Botocúndia”, de Roberto Elisabetsky, de 1998)

Introdução:

Um gênio da raça, sem medo de cara feia

Gabriel Kwak

José Bento Monteiro Lobato conseguiu ser mais fascinante do que os personagens que criou. Seu destino aventuroso se desdobrou em muitas vidas, como se o gênio polimórfico de Lobato se assemelhasse à vista dos insetos com seus milhares de grânulos variegados (que, no entanto, formam o mesmo aparelho óptico). Tanto assim, que não lhe faltaram biógrafos, de Edgard Cavalheiro à trinca Márcia Camargos, Vladimir Sacchetta e Carmen Lúcia de Azevedo (para ficar nos autores das biografias definitivas, mais completas).

Possivelmente, os 26 autores aqui agrupados não ficaram indiferentes à sua estrutura psicológica, seu tônus criador e a quase todas as artimanhas e latitudes desse cruzado de tantas campanhas cívicas.

Nesse esforço de coordenação, por nenhum instante me faltou o acolhimento encorajador e o interesse consistente do escritor-editor Nicodemos Sena, que me instou a assumir a empreitada de organização desta obra (Sena, quixotesco, no bom sentido, como o personagem central deste livro...).

Tocou-me mobilizar os autores aqui reunidos, cuja solicitude em aceitar o convite mostrou-se irretocável. Os autores convidados lançaram luzes sobre o colorido do estilo de Monteiro Lobato (uma vez que Lobato desidratou a linguagem pedante, modernizou, em certa medida, o estilão bacharelesco e ornado de arabescos[1]); dissecaram seu papel como antecipador indesmentível do Modernismo de 22 (ML era identificado com o projeto dos modernistas, transgredira convenções estilísticas, embora

[1] Oswald de Andrade, um dos líderes da Semana de 22, reconheceu ser Lobato "o primeiro reformador da prosa brasileira".

tenha ficado estremecido com o grupo); discorreram sobre a influência da temporada que Lobato passou nos EUA; se ocuparam do seu exílio voluntário na Argentina ("Vou lá comer bifes", gracejou quando de sua partida para Buenos Aires); nos conduziram pelos desvãos da sua memorável correspondência de mais de 45 anos com seu camarada e confidente Godofredo Rangel.

Os autores também fizeram questão de acentuar a veia jornalística do contista de *Cidades Mortas*, exercitada em publicações como *A Cigarra*, *O Pirralho* , *Revista do Brasil* (de que foi dono),*Tribuna de Santos* e *O Estado de S.Paulo*; se empenharam na cognição da liderança que empunhou no âmbito das campanhas sanitárias (visto que nosso retratado foi garoto-propaganda de famoso xarope fortificante e popularizou a conscientização na prevenção e combate à malária e ao amarelão, males disseminados pela falta de higiene e que causavam a debilidade física dos "jecas").

Os 26 autores recordaram todas as brigas que o pai do Marquês de Rabicó comprou. E não foram poucas as brigas, nem raros os inimigos que granjeou, inclusive, no seio da Igreja Católica... Até as delícias que Lobato preferia à mesa, como as tanajuras torradas, entre outras, não foram desdenhadas.

Suas contradições foram trazidas à colação... Sentenciou o transgressor Lobato em carta ao referido Rangel: "(...) tenho sido tudo, e creio que minha verdadeira vocação é procurar o que valha a pena ser."[2]

Este livro pecaria por imperdoável omissão se não trocasse em miúdos o Lobato enquanto inovador do mercado de livros, como fundador da indústria editorial no Brasil, inclusive, renovando a comercialização (que tornou mais agressiva) e revolucionando a distribuição da "mercadoria".[3] Editor arrojado, difusor do hábito da leitura (inclusive, em pequenas cidades do interior), apostou em novos valores da literatura e não apenas em medalhões. Basta dizer que editou Lima Barreto[4], ambos — Barreto e Lobato — catalogados pelos exegetas classificatórios como "pré-modernistas" e, bom de faro, descobriu o poeta Ribeiro Couto. Antes de ML, o mercado livreiro só se louvava nas importações...

---

[2] Carta a Godofredo Rangel, Nova Iorque, 28/11/1928.

[3] Os primeiros 15 títulos da empresa de ML alcançaram em um ano a tiragem espantosa de quase 60 mil exemplares – inédita na época. ML introduziu, ainda, a compra de livros pelo reembolso postal e o sistema de vendas em consignação, além de chamar a atenção para a importância da beleza e atrativi dade plásticas das edições. Ou seja, ML foi o pioneiro do mercado de livros em bases profissionais.

[4] Da autoria de Lima Barreto, Lobato publicou, por exemplo, *Vida e Morte de M.J. Gonzaga de Sá* (1919).

Acusado de racista por patrulheiros dotados de estrabismo mental, acolheu na sua editora um escritor desconhecido e humilde simplesmente por ser negro — e publicou-lhe a obra sem mesmo ler os originais, fazendo questão de estampar o retrato do autor.

A oceânica obra de Lobato como tradutor *workaholic* também não escapou às preocupações do livro ora oferecido pela Editora LetraSelvagem. Basta dizer que ele vestiu em português livros de Kipling, Hemingway, Swift, Mark Twain, Jack London, Will Durant, Nietzsche, irmãos Grimm, Lin Yutang e tantos outros imortais da literatura universal. Transpôs para o português quase 90 livros.

Também não se negligenciou passar a limpo, nestas novas perspectivas sobre o "infinito particular" do criador do Príncipe Escamado e do Zé Brasil, o impacto que o estilo opulento de Camilo Castelo Branco (um dos ídolos de ML[5]) teve na formação literária lobatiana. Aureliano Leite, dublê de historiador e político, arrematou num leilão livros de autoria de Camilo que tinham pertencido a seu amigo Lobato, naquelas edições populares em percalina vermelha. No exame da Camiliana de Lobato, Aureliano conferiu que Lobato havia assinalado nos exemplares "construções sintáticas e vocábulos raros".[6] Pescava nos livros do seu amado Camilo palavras, expressões, raciocínios inteiros que lhe eram mais envolventes e os colecionava num glossário particular. "O meu processo é anotar as boas frases, as de ouro lindo, não para roubá-las ao dono, mas para pegar o jeito de também tê-las assim, próprias. Dum de seus livros extrai sessenta frases de encher o olho. Não releio mais esse livro — não há tempo —mas releio o compendiado, o extrato, e aspiro o perfume e saboreio. Formo assim um florilégio camiliano do que nele mais me seduz as vísceras estéticas. E não discuto nem analiso, porque seria fazer gramática, do mesmo modo que não analiso botanicamente um cravo ou uma gostosa laranja mexeriqueira. Cheiro um como a outra", escreveu em carta a Godofredo Rangel, de 16 de janeiro de 1915, de Caçapava (SP).

Anote-se também como o pensamento de Lobato se nutriu do breviário filosófico de Nietzsche. Admitia que preferia os autores "carnívoros" (como Camilo, Gorki, Mencken e Kipling) aos "dietéticos".

---

[5] Sobre Camilo, Lobato deu seu veredito entusiasmado: "A língua nele é qualquer coisa orgânica, qualquer coisa que sai num instintivo borbotão. Camilo escrevia com a *aisance* com que um homem de boa saúde urina."

[6] Leite, Aureliano. "Minhas Recordações de Monteiro Lobato" in *O Estado de S.Paulo*, 10-10-1948.

ML incursionou também pela pintura de aquarelas como diletante e pelas veredas da crítica literária. Alguns dos seus juízos *cum grano salis* a respeito de autores e livros tornaram-se significativos e curiosos: "Camilo é estilo entalhudo. Dá porradas geniais. Kipling é o estilo White Label. Inebria depressa. Gorki é vodka. Derruba. E nós? Alencar é capilé com água Flórida, bebido em 'copo de leite'. Macedo é capilé com canela, bebido em caneca de folha. Bernardo Guimarães é capilé com arruda, bebido em cuia. Coelho Neto é capilé da Grécia, bebido em ânfora de cabaça. Machado de Assis é capilé refinado, filtrado, puríssimo, bebido pela taça da cicuta de Sócrates. Afrânio é capilé com ácido fênico. Ruy é... Mentira! Ruy não é capilé. Euclides também não é — mas se o fosse, seria capilé com geodesia."[7]

Um dos pivôs mais importantes em que se assentou a vida pública épica do gladiador Lobato foi a crença inabalável de que a *autossuficiência em minérios* seria a tábua de salvação para o país se desgarrar do subdesenvolvimento brasileiro. Sua campanha em prol de uma larga exploração do petróleo o levou a desafiar Getúlio Vargas, o absolutista da vez e, por sinal, longevo. Sua campanha pelo petróleo ao contrário do que muitos pensam não se prendia à advocacia do "monopólio estatal" dessa riqueza, pois comungava da ideia de que o "ouro negro" fosse pesquisado também por empreendedores privados e até extraídos por mãos estrangeiras (desde que isso não fulminasse a soberania nacional). Monteiro Lobato acusou o governo de "não perfurar e não deixar que se perfure." Andava pra cima e pra baixo com vidrinhos a tiracolo contendo amostras de petróleo.[8]

Ou seja, para sacudir o país da pasmaceira, da letargia, e embarcar na modernização, o Brasil precisava deixar de ser apenas mero exportador de "produtos de sobremesa". O catecismo lobatiano conserva atualidade num momento em que estão na ordem do dia os desejáveis *royalties* derivados das reservas de petróleo dos campos do pré-sal (aspiração de governantes). O intrépido homenzinho se batia pela emancipação e soberania do país.

Lobato torcia o nariz para regimes despóticos. Chamou o nazifascismo de "tremendo panelão central do formigueiro que ameaça comer to-

---

[7] *A Barca de Gleyre*, vol.2, p. 162 Igualmente, cheio de verve é o antológico juízo expendido sobre a dicção de Coelho Netto: "Neto é aquela jaboticabeira que vejo daqui. A folhagem excessiva não me deixa ver o desenho nervoso e bonito do tronco e dos galhos."

[8] Um apanhado da saga de Lobato a fim de despertar as autoridades para a pesquisa em petróleo se encontra no livro *O escândalo do petróleo*, de 1936. O livro foi proibido pela ditadura do Estado Novo.

das as folhas da árvore da liberdade." Na intimidade, chamava o autocrata Getúlio Vargas de "monstro". Revelou, a dada altura, uma simpatia pelo comunismo, credo do qual fazia uma ideia ingênua. Entendeu que a ascensão dos comunistas ao poder seria apenas de modo a permitir a transição para uma verdadeira democracia. A respeito desse "plano", declarou: "Se o Brasil passar das mãos do Getúlio para as dos democratas, nada se mudará. Os democratas são muito ingênuos, muito românticos e deixarão voltar os mesmos homens do estado-novo. E com os mesmos homens continuarão as mesmas coisas." Acreditava que os comunistas varreriam os maus elementos do Estado Novo ("os ruins, os vendilhões") para limpar o terreno para os democratas assumirem.[9] Vejam vocês...

Em maio de 1944, sob o jugo da ditadura do Estado Novo, com as liberdades fundamentais interditadas e a imprensa tutelada, em célebre entrevista ao lendário repórter Joel Silveira, Lobato, desempenado e desabusado, ergueu sua voz para reclamar eleições livres e democráticas. "O governo deve sair do povo como a fumaça da fogueira", reivindicou, intimorato.[10]

Como se verá, Lobato foi imaginoso pai de alguns dos personagens mais imperecíveis da história das nossas letras, quiçá, da história mundial, como da astuta, voluntariosa, malcriada e libertária boneca Emília, seu *alter ego*. "Emília é infernal. Não posso mais com ela. Enquanto, estou batendo o teclado, ela posta-se ao lado da máquina, e quem diz que eu digo o que desejo?", questionava Lobato.

Trata-se do mais benquisto autor de livros infantis, um H.G. Wells com o "molho" brasileiro. Viriato Correia, outro autor de populares livros para crianças como *Cazuza* e *História do Brasil para Crianças*, não chegou com ele a rivalizar nem de longe. É sempre razoável sublinhar — e essa relevância não será desprestigiada neste livro — a significação do legado de Monteiro Lobato na orientação pedagógica de muitos infantes, formando gerações e ministrando aos meninos fundamentos de muitas disciplinas. Preocupou-se com a instrução das nossas crianças no campo da História, da Geografia, da Astronomia etc. Basta dizer que o menino Rubens Ricúpero, mais tarde destacado diplomata de carreira e ministro da Fazenda, queria ser engenheiro de Minas por ter se fascinado com *O Poço do Visconde*.

---

[9] Leite, Aureliano. Op. cit.

[10] Essa entrevista antecipou o fechamento pelo Departamento de Imprensa e Propaganda, órgão da ditadura, da revista semanal que a publicou, *Diretrizes*. A frase de Lobato foi a manchete deste número de *Diretrizes*.

Os 26 livros que Lobato concebeu para crianças foram largamente empregados como material de apoio a práticas pedagógicas.

O pó de pirlimpimpim mágico abriu para muitas crianças as portas do paraíso. "Ainda acabo fazendo livros onde nossas crianças possam morar. Não ler e jogar fora; sim morar, como morei no *Robinson* e n'*Os filhos do Capitão Grant*", declarou, certa vez. Quantas crianças enfermiças, acamadas, não encontraram entretenimento e bálsamo no espaço mágico do Sítio do Picapau Amarelo?

Predestinado homem de negócios de talhe schumpeteriano, Monteiro Lobato pretendeu sim a rentabilidade de suas incursões empresariais, não desgostava de dinheiro, incorporou sociedades anônimas e aspirava em ser um êmulo de Henry Ford. Desejava ter o empreendedorismo e tino comercial de titãs empresariais prósperos como Rockfeller, Barão de Mauá, Delmiro Gouveia e Conde Francesco Matarazzo.[11] Empenhou-se, como industrial, em 1928, na fabricação do ferro esponja mediante processo inovador. Implantou empresa para produzir aço pelo processo Smith. Estabeleceu três companhias para efetuar prospecções no subsolo brasileiro (em Águas de São Pedro, no Estado de São Paulo, em Riacho Doce, em Alagoas, e cidades do Mato Grosso), acamaradando-se com a Geologia e a Geofísica.

Entre outros aspectos da sua persona caleidoscópica, Lobato ironizava o apego desmedido e engessado às normas da Gramática. A cultura popular melhor divulgador e entusiasta não teve do que Lobato, folk-lorista *par excellence*. Disseminou largamente a cultura caipira, os usos e costumes do matuto, do piraquara. Homem de hábitos simples, mostrava-se infenso a galas e cerimônias e avesso a fazer discursos. Ademais, não se sentia à vontade em conceder entrevistas. Mesmo no seio da família, conservava maneiras do homem rural. "Deixei de rapapés!", admoestou certa vez em correspondência ao cerimonioso juiz Rangel.

Ao imortalizar seu personagem Jeca Tatu, Lobato elaborou um retrato impiedoso e até preconceituoso do homem do campo (tomado como indolente, ignorante, doentio e proletarizado) e creditando ao caipira o atraso da zona rural. Como será fartamente comentado páginas adiante, seu artigo intitulado "Velha Praga", publicado em *O Estado de S.Paulo* (em 1914) — que o despertou para as letras —, reprovava e denunciava de ma-

[11] No que concerne ao velho Matarazzo, de quem era amigo, Lobato foi o editor em 1925 da biografia do industrial italiano, *Conte Francesco Matarazzo*, de autoria de Vincenzo S. Blancato.

neira azeda as queimadas que destruíam as matas na Serra da Mantiqueira, incêndios decorrentes da seca que ali grassava em 1914 e das práticas impróprias dos "jecas-tatus".[12] Nesse artigo, embrião de *Urupês*, à época em que era fazendeiro em Buquira[13], se vingou dos sertanejos queimadores de matas. Depois, já convertido à bandeira redentora da reforma agrária, reviu seu raciocínio sobre o caboclo, evoluindo para uma leitura mais equilibrada, madura e generosa e menos acusatória e estereotipada.

Visionário, o autor de *Mr. Slang e o Brasil* previu a TV ao falar de "novas ondas" que transportam a palavra, o som e a imagem. Senão, vejamos, tal vaticínio: "Foi espantosa a transformação das condições do mundo quando a maior parte das tarefas industriais e comerciais começou a ser feita de longe pelo radiotransporte." Além disso, em 1926 Lobato profetizou um presidente negro para os Estados Unidos, em páginas de ficção científica, antecipando a ascensão de Barack Obama (em 2008!!!!). Anteviu também os computadores em rede e, em teco de prosa com o cientista Rômulo Argentière, viu com naturalidade a iminência do aparecimento da bomba atômica, anos antes do seu advento ("Uma bomba atômica? Não admira.").[14]

Embora afeito às futurações e entusiasta do progresso técnico, o rádio era-lhe estranho. Homem do seu tempo, contemporâneo da *belle époque*, Monteiro Lobato, na entrevista que concedeu 30 horas antes da sua morte a Murillo Antunes Alves, da Rádio Record, revelou ignorar a existência do termo "radialista", tendo-o trocado durante a conversa por "radiofonista". Também estranhou o microfone empunhado por Murillo, chamando-o de "canudo que ouve".

Deprimido, amuado, alquebrado nos seus últimos anos, sobretudo pelo falecimento de dois dos seus filhos, aproximou-se do espiritualismo, passando a frequentar sessões mediúnicas. Sua obra foi traduzida para o espanhol, inglês, francês, italiano, alemão, árabe, russo e japonês.

---

[12] Há quem veja nessas manifestações primeiras de Lobato retratando o arquétipo do Jeca-Tatu o reflexo de ideias eugenistas, posteriormente abandonadas. Lobato reconheceu que o homem rural era muito mais vítima do status quo do que culpado pelo atraso.

[13] Buquira hoje é a cidade de Monteiro Lobato, entre São José dos Campos e Campos do Jordão. Lá ML foi fazendeiro por sete anos.

[14] Defendeu o progresso e mostrou-se à frente do seu tempo com palavras como estas: "O grande erro desta casta de homens é confundir corrupção com evolução. Condenam as formas novas de vida, que se vão determinando em consequência do natural progresso humano, em nome das formas revelhas. Logicamente, para eles, o homem é a corrupção do macaco. O automóvel é a corrupção do carro de boi; o telefone é a corrupção do moço de recados."

Certamente, este livro não se desvia em nenhuma das suas páginas sequer da tarefa gigantesca que esse herói nacional se impôs, sempre a serviço do Brasil. Reiteramos: Monteiro Lobato conseguiu ser mais fascinante do que os personagens que criou. *Eternamente Lobato* é consagrado à riqueza humana. Que tenhamos sempre a inspiração do seu exemplo.

Meu Amigo Lobato[15]

Israel Dias Novaes

Há muitos anos não faço outra coisa a não ser pensar no Monteiro Lobato, e tenho sobre ele, hoje, um juízo definitivo: Lobato figura, seguramente, no rol mais exigente dos brasileiros de todos os tempos. Não acredito que o Brasil tenha produzido alguém superior a ele. É capaz que tenha produzido homens do mesmo nível, mas essa complexidade de personalidade, essa riqueza pessoal, essa capacidade de multiplicar-se sendo um só, tudo isto para e paira na personalidade desse taubateano.

Agora nós o vemos voltar à tona porque temos notícias daquilo que se chama "o sol dos mortos". Quando um escritor morre, ele é esquecido por algum tempo, fica nessa espécie de purgatório da glória. Isso aconteceu com Lobato. E aconteceu com ele, sobretudo, por ter sido a figura mais discutida do seu tempo. Tudo o que havia de mal falou-se do Lobato e tudo o que havia de bem falou-se do Lobato. Então, não houve nunca ninguém tão objeto de polêmica como aquele baixinho pestanudo que, a meu ver, repito, tinha a envergadura do gênio. Gênio contraditório, como cabe a um bom gênio. Ai do gênio que saiba fazer uma coisa só, que se ocupe de um só assunto. Este fica uma espécie de monocórdio, o samba de uma nota só.

O Lobato tinha o condão de fazer tudo ao mesmo tempo. Errando frequentemente, mas acertando a maior parte das vezes. Um sopesamento da vida dele hoje demonstra que, sempre quando errou, ele estava certo. Isso que é curioso. E nem sempre quando acertou, ele estava certo.

Personalidade contraditória como as que mais o foram. Por exemplo: a Literatura para o Lobato era algo secundário. Importante era a atividade prática, era a vontade de construir o progresso do seu país. A esse respeito, ainda hoje ouvi uma frase que deve ser guardada por nós, de um dos grandes biógrafos de Monteiro Lobato que foi o Nelson de Palma Travassos.

---

[15] Texto a partir de conferência pronunciada em 26 de agosto de 1995 na Academia de Letras de Campos do Jordão. In *Boletim da Academia de Letras de Campos do Jordão*, ano X, nº 50, setembro/1995 (p.1-14) [N.do O.]

Ele disse: "Lobato passou a vida assentando bancos no horizonte." Fez tudo com vistas ao futuro, e o passado o incomodava.

Incomodava a tal ponto que um dia ele me disse: "Eu não vou viver bastante. Mas, por via das dúvidas, porque eu também não tenho certeza disso, já vou deixar pronto o meu epitáfio." Deixou prontíssimo o epitáfio que, como era de se esperar, não está no túmulo dele. Diz o seguinte:

"Aqui jaz José Bento Monteiro Lobato, que nunca ouviu *A Voz do Brasil* e nunca leu a *Brasiliana*." Aí eu disse: "Lobato, não ter ouvido *A Voz do Brasil* é geral. Ninguém ouve *A Voz do Brasil*. Mas por que a *Brasiliana*?" "Porque a *Brasiliana* cuida só do passado. Centenas, quatrocentos volumes, quinhentos autores, só sobre o passado do Brasil. Ora, o passado passou, tá lá, bem, saúde! Vamos cuidar do presente e do futuro." E completou ele: "Fique sabendo que detesto a memória do Regente Feijó." "E o que Feijó tem com você?" "Tem tudo. Está na *Brasiliana*. Estando na *Brasiliana* eu não gosto."

Era um homem desse tino. É curioso porque nós vemos, por exemplo, Portugal atrasar-se séculos por se voltar só para o passado. O que havia em Portugal era o passado. Agora, com aquele Mercado Comum Europeu, Portugal está, digamos, acordando de séculos de um adormecimento, por que não dizer, doentio. Mas o Lobato, o roteiro vital dele também é muito interessante. Começa que ele nasceu ali embaixo, numa chácara do avô, Visconde de Tremembé, chácara periférica de Taubaté, no dia 18 de abril de 1882.

Esse Visconde, por exemplo, que muitos que não leram a obra infantil de Monteiro Lobato confundem com o Visconde de Sabugosa. Não tem nada a ver uma coisa com a outra. Os dois são de gerações nobiliárquicas diferentes. Esse Visconde era um homem sem filhos e que, entre outros sem filhos registrados, registrou uma filha natural. Essa filha natural veio a ser mãe de Lobato. Então, na verdade, ele que foi reconhecido mais tarde, reconhecido e proclamado pelo avô, era neto natural do Visconde de Tremembé.

O Visconde apaixonou-se cedo por aquele neto que, no dizer dele, acontecia ser também, de longe, o mais feio. Porque, eu tenho visto fotografias do Lobato menino e só nisso ele foi coerente: era feio desde pequeno. O resto foi uma série de contradições. Já tinha uma sobrancelha densíssima, só se via na cara dele a sobrancelha, que chamavam de taturana.

Ele foi alfabetizado pela mãe, em casa. O pai chamava-se José Bento Marcondes Lobato. Daí que veio aquela famosa confusão de nomes. Depois fez o curso regular em Taubaté, o ginásio. Foi para a Faculdade de Direito de São Paulo e aí entra o primeiro episódio curioso: o Lobato foi amarrado para a Faculdade de Direito de São Paulo, ideia esta que ele abominava. Ele se sentia um grande pintor. Ele, pintor... Pintava aquarelas diariamente, quatro aquarelas por dia, e só ele se entusiasmava com as próprias aquarelas, ninguém mais. Mas acreditava no seu talento pictórico de uma maneira absolutamente irredutível. Então foi ao avô e disse: "Olha aqui, por que o senhor meteu na cabeça isso de me fazer advogado? Eu não nasci para advogado. Nem sei o que é isso. Nasci muito mais para cliente do que para bacharel. Eu não nasci para bacharel." Aí o avô disse: "E você o que quer ser?" "Eu quero entrar numa escola de Belas Artes." "Só que, com a falta de talento pictórico que você tem, vai morrer de fome. Eu, para defendê-lo, proíbo-o de entrar numa escola de Belas Artes e o intimo a entrar na Faculdade de Direito."

E foi assim que ele entrou na Faculdade de Direito e, imediatamente, se infiltrou no que havia de inteligente e culto da Faculdade. Conheceu os alunos mais brilhantes. Por exemplo, ficou íntimo amigo do Ricardo Gonçalves.

Esse Ricardo Gonçalves despontava para ser um dos grandes poetas da literatura brasileira não fosse a tragédia que o surpreenderia aos 32 anos. Essa tragédia, que foi uma tentativa de assassinato da companheira, seguida de suicídio, provocou, por parte do Lobato, uma das crônicas mais pungentes que essa língua já produziu.

Na Faculdade ele constituiu um minarete — um grupo de estudantes voltado para as Letras, para a inteligência. Ficaram muito acamaradados, sobretudo o Lobato que se juntou muito ao colega dele Godofredo Rangel.

Esse homem teria a maior influência na vida inteira de Lobato. Do convívio dos dois, da simpatia recíproca que os uniu, fazendo deles mais do que amigos, irmãos. Disso resultou, ao longo da vida, uma correspondência de 40 anos. Ele, Godofredo Rangel, feito juiz no interior de Minas e o Lobato escritor em São Paulo.

E o interessante é isto: todas as cartas que o Lobato escrevia para o Godofredo Rangel foram reunidas pelo Edgard Cavalheiro, depois da morte dos dois, em um livro. Esse positivamente não é o livro mais serenado do Lobato, mas é de longe o melhor. De longe. Eu não conheço na língua portuguesa nada semelhante a esse livro de 500 páginas. Todas as cartas mandadas pelo Lobato foram reunidas e estão aí devidamente datadas.

Esse livro é uma espécie de diário secreto do Lobato. Toda a formação dele, a evolução do seu pensamento, todos os seus desgostos e todas as alegrias estão enumeradas naquelas centenas de cartas. Cartas escritas magistralmente. Cartas líricas, cartas sentimentais, cartas violentas, respostas a críticas.

Então, a formação e a evolução de um grande escritor estão naquele livro. Não é um livro de memórias, mas é o maior de todos os livros de memórias, porque é o dia a dia do grande escritor. "O que eu fiz hoje, o que eu pretendia fazer, qual foi o meu tropeço desse dia, o que o fulano achou de mim, o que eu li hoje" e, sobretudo, a influência inaugural que Lobato recebeu da Literatura.

Na minha opinião — eu já comentei isso com o Antonio Costella[16] — essa influência prejudicou o Lobato extraordinariamente no começo da carreira. Porque, nunca esquecer que, depois de formado ele ficou uns dois ou três anos, como ele dizia zanzando. E, afinal, um amigo da família chamado Washington Luís Pereira de Souza, secretário da Segurança e da Justiça, nomeou-o promotor de Justiça em Areias, em 1907.

Ali Lobato permaneceu por quatro anos como promotor de Justiça, e apareceu um delegado lá, também do mesmo tamanho dele e de feiúra semelhante. Esse cidadão chamava-se Fídeas de Barros Monteiro. Ele encontrou no Lobato o companheiro ideal de pescaria. Assim, o delegado e o promotor passaram quatro anos pescando na cidade de Areias. O Lobato casou-se em Taubaté com a Maria Pureza da Natividade e levou-a, numa festejada viagem de núpcias, para Areias. Nunca se viu uma viagem de núpcias tão humilde. Tinha uma rua só.

O Fídeas era de Queluz, onde depois se casou também. Quer dizer, tudo gente do Vale do Paraíba. Com o correr do tempo, entrou na magistratura e acabou juiz de Direito de Avaré, onde residia a minha família. Então convivi com ele que veio a ser pai do Rafael de Barros Monteiro — quem sabe se o melhor civilista do Brasil, professor do Costella.

Esse Fídeas passou em Avaré uns 20 anos, mas só tinha um assunto. O assunto dele era o Lobato, paixão pessoal pelo Lobato, admiração sem fim. Repetia histórias inteiras do Lobato. Histórias curiosíssimas, as frases do Lobato, os ditos dele, todos muito engraçados. Porque, convém dizer isso, o Lobato não tinha a pose do grande escritor. Ao contrário, ele tinha a

[16] Antonio F. Costella (1943) é advogado, jornalista e fundador do Museu Casa da Xilogravura, em Campos do Jordão (SP) [com um acervo de mais de 2.000 obras], membro da Academia Paulista de História e autor de mais de 20 livros. Foi professor, entre outras instituições, da Escola de Comunicação e Artes (ECA) da Universidade de São Paulo e da Faculdade Cásper Líbero (SP). Como Israel Dias Novaes e o organizador deste livro, é integrante da Academia de Letras de Campos do Jordão, agremiação em que este texto foi apresentado. (N. do O.]

simplicidade do grande escritor. Não escrevia jamais pensando nele, o que é comum nos escritores. Escrevia como um leitor e dizia: "Este é o meu segredo. Eu escrevo como quem vê e não como quem escreve."

Lobato permaneceu em Areias até 1911. Tornou-se um craque na pescaria. Doutor Fídeas tinha muita inveja da sua sorte para pescar.

Em 1911, morre o Visconde de Tremembé e, de acordo com a afeição que tinha pelo neto, deixa-lhe o que tinha de melhor: uma fazenda muito grande. Lobato empossou-se da fazenda sem ter experiência nenhuma. Ficou anos lá, como ele dizia, perdendo dinheiro, perdendo trabalho e perdendo tempo, mas sem descuidar de sua formação literária.

Aí é que eu quero retomar: a formação literária de Lobato foi muito prejudicada pela sua obsessão pelo escritor português Camilo Castelo Branco. Lá em Buquira, em sua fazenda, que hoje é a cidade de Monteiro Lobato, ele tinha todas as obras do Camilo. O Camilo, nós sabemos, é um escritor português típico, é um clássico mais moderno, clássico duro, empedrado, embora um gênio da língua. E o Lobato tornou-se um discípulo permanente de todo o Camilo Castelo Branco. Em Buquira ele redigia os contos que depois formariam o *Urupês*.

Esse *Urupês*, que foi celebrado como uma invenção genial daqueles tempos brasileiros, é um livro, a meu ver, que traz essa influência camiliana. O Camilo está presente em todas as frases do Lobato. Sente-se ali. Às vezes ele tropeça e emprega vocábulos só de uso em Portugal, porque ele depende do Camilo. Lobato achava que o Camilo era o maior de todos. Então, aquela influência fez com que a obra dele, brasileira, sobretudo a obra inaugural, ficasse prejudicada. São frases de um português castiço, mas não têm nada de brasileiro moderno.

A sorte desse livro foi fantástica. Por quê? Porque o Rui Barbosa, que era o grande brasileiro do tempo, fez um discurso sobre o *Urupês*. Nesse discurso ele disse: "É preciso ler o jovem escritor paulista José Bento Monteiro Lobato que, afinal, descobre o Brasil." Aquilo provocou uma invasão nas livrarias. Nas raras livrarias, várias edições se esgotaram em vários meses. Lobato fez um grande nome de um dia para outro.

Agora, aqueles contos do *Urupês* não foram redigidos para o livro. Aqueles contos foram redigidos em Areias, em Buquira, nos tempos antigos. Ele fez uma seleção daqueles que achava os melhores e reuniu-os nesse livro. Urupês, nós sabemos o que significa, é aquele parasita que infesta as árvores, sobretudo grandes.

Saindo esse livro, o Lobato vendeu a fazenda que herdara do avô. Mas vendeu mal. Ele não aguentou mais a vida de fazenda, com as suas características. Um exemplo disso é aquela que quase todos os caboclos brasileiros tinham, de reformar o pasto através da queima. Não havia trator e, geralmente, quando chegava a hora de replantar a nova lavoura, o sujeito botava fogo. Constantemente a queimada de uma propriedade passava para a outra. E o Lobato não tinha tempo para apagar os incêndios que os vizinhos provocavam.

Foi aí que ele publicou n'*O Estado de S.Paulo*, em 1916, um famoso artigo chamada "A Velha Praga", era sobre as queimadas. O *Estado* publicou como artigo no lugar de publicar na "Carta dos Leitores", como é de hábito. Aquilo teve uma repercussão extraordinária porque todo o país sofria dessa velha praga. Todo o país!

Lobato foi, então, convidado para colaborar nos jornais. Ele já escrevia em jornais do Vale do Paraíba, escrevia frequentemente em jornais do Rio, mas pouco conhecido. Com a venda da fazenda, ele veio para São Paulo, fez editar o seu livro e comprou a revista literária, praticamente a única do país, que era a *Revista do Brasil*. Foi o primeiro bem que fez com o dinheiro havido da fazenda. Comprou a *Revista do Brasil*, famosa em todo o país, a voz mais ouvida pela crítica daí por diante. E assim ele se tornou conhecido. As pessoas comentavam em São Paulo: "Mas aquele caipira lá do Vale do Paraíba comprou a *Revista do Brasil*. Ele não sabe nada." Em poucos meses ele tomava conta de São Paulo. O caipirinha em duas, três, quatro edições.

Em seguida, e isso é muito interessante lembrar, publicou, em 1919, agora já por conta própria, o seu segundo livro: *Cidades Mortas*. Eu quero dizer aqui que *Cidades Mortas*, livro despretensioso, sem Rui Barbosa, sem crítica, é muitíssimo superior ao *Urupês*, porque ele começou a se libertar da influência do Camilo Castelo Branco, e já era mais coloquial, já escrevia como quem falava, já escrevia como quem ouvia. Este *Cidades Mortas*, a meu ver, é um monumento de simplicidade e beleza.

Aí ele se mete na sua primeira aventura industrial. Convém lembrar o seguinte: o Lobato nunca quis ser um grande escritor. Ele sempre quis ser um grande industrial. Ele dizia: "A indústria é que vai fazer o Brasil progredir, não a Literatura." Ele, então, monta a primeira grande Editora do Brasil, a Monteiro Lobato. Em 1921 ele ouviu uma história contada por uma preta velha da fazenda de Buquira. Era a história de um peixinho que tinha morrido afogado porque tinha desaprendido a nadar. Ele achou aquilo tão extraordinário, tão singular, que desdobrou a história, inventou a personagem Narizinho e escreveu o seu primeiro livro infantil: *A Menina do Narizinho Arrebitado*. Este livro saiu publicado em 1921 e, não tenhamos dúvida, inaugura a Literatura Infantil no Brasil.

Mas, surpreendentemente, numa época em que as edições não haviam porque os livros eram todos editados em Portugal ou na França, este livro infantil, uma obra ainda pouco conhecida, saiu com uma tiragem de 50 mil exemplares. Eu acho que nem o Jorge Amado, hoje, teria essa tiragem. E como é que se explica isso? Um arrojo mesmo. Acontece que o dr. Washington Luís, muito amigo dele, foi visitar as escolas da capital em companhia do secretário de Educação, Alarico Silveira. Em toda escola que chegava, via na mão da professora o *Narizinho Arrebitado*. Interessou-se, e a moça disse: "Pois é, até agora nós só líamos Madame não sei o quê, livros franceses, e agora, de repente, aparece este sujeito, este livro aqui, e as crianças adoram o livro." O Washington Luís ficou muito animado, porque já conhecia de velha data o Monteiro Lobato, e disse ao Alarico Silveira: "Você vá ao editor, que é o próprio Lobato, e mande multiplicar a tiragem." A tiragem tinha sido de 1.000. Ele foi lá e perguntou ao Lobato: "Lobato, quanto você tirou?! "Tirei mil." "O Washington quer distribuir isso pelas escolas públicas do Estado. Você pode tirar mais quantos?" Ele disse: "Eu posso tirar mais 30 mil." Eu não sei como ele não levou um susto porque o Estado não tinha nem dinheiro para pagar isso. Mas, já que a palavra era uma só, tirou 30 mil, depois mais 20 mil e se esgotou a edição.

Desta maneira, e nisto o Lobato ficou famoso, passou a descuidar de sua obra para adultos e dedicar-se só à obra para crianças. Ele acabou escrevendo 32 livros para crianças, 23 dos quais originais, ficção infantil elaborada por ele e oito adaptações. Das adaptações resultou-lhe uma crise muito grande.

Acontece que o Lobato achava que a primeira medida que se devia tomar a respeito de crianças era a de respeitá-las: "Nada de fada, nada de monstro da floresta. Vamos preparar as crianças para encontrarem os monstros da vida." Daí o respeito dele pelas crianças. Então seus livros tinham ensinamentos práticos com vistas ao futuro. Eram adaptações exclusivamente para aquela idade. Eram ensinamentos prévios que seriam de utilidade na vida futura. Isto incomodava demais. Até que chegou um livro chamado *História do Mundo para as Crianças*. 400 páginas, ilustrado, muito bonito! Pertencia àqueles oito que eram adaptações dele, traduções, e não autoria original. Esse livro chegou a Portugal. Chegando a Portugal, a famosa polícia política de lá encaminhou ao presidente da República um exemplar.

As altas autoridades ficaram horrorizadas porque o livro do Lobato, a *História do Mundo para as Crianças*, não falava em mitologia, não falava em gênios do mar, não falava em anjos voejantes. Falava da realidade e sustentava três teses insuportáveis para Portugal.

A primeira tese: o Brasil foi descoberto por acaso. Nenhum português admite essa tese. "Não, senhor. Foi descoberto porque nós conhecíamos tudo.", então o Brasil foi descoberto de propósito. E o Lobato dizia que era por acaso. Segunda: o sujeito chamado Darwin, de barba, tinha razão, o homem nasceu do macaco e evoluiu. Ora, colidia com o espírito católico do governo português. E a terceira, mais grave — peço licença ao catedrático matemático, Osvaldo Sangiorgi[17], para repetir a história -, era o seguinte: nós sabemos que *Os Lusíadas*, de Camões, celebram, sobretudo, o Vasco da Gama, grande navegador português. Deu quantas voltas ao mundo ele quis.

O Lobato contou isso, ou melhor, o autor do livro contou; livro que o Lobato apenas traduziu a história verdadeira. Vasco da Gama, diz o livro, chegou numa manhã ao Porto de Calicute, no Oriente. Em Calicute ele encontrou 20 veleiros árabes vendendo arroz. Ora, Calicute não era uma concessão portuguesa. Era um porto livre. Então, o Vasco da Gama o mais que devia fazer era baixar o preço do arroz e competir com os árabes. Mas ele não fez isso, ele pegou os 800 marinheiros árabes, tirou-os do navio, cortou-lhes as orelhas, em seguida, cortou-lhes o nariz e, por fim, as mãos. Aí devolveu-lhes para os seus navios. Quando eles entraram, ele afundou todos com canhoneiros. Essa história de crueldade não podia assustar ninguém porque era muito corrente no tempo da pirataria dos séculos XV e XVI.

Mas o governo português processou Lobato. Achava que aquilo era uma infâmia. Que não tinha havido. Simplesmente não tinha havido. Aí o Lobato fez o que devia. Pegou o original, em inglês, do livro que ele só tinha traduzido, pegou mais cinco historiadores importantes em várias línguas e mandou tudo para o governo português. E com um recado embaixo: "Por isto não respondo, mas assino." Foi proibido lá e nas colônias também. Agora, todo mundo pensa que o Lobato tinha unanimidade e aplausos no Brasil na sua literatura infantil. Absolutamente. Os colégios católicos de São Paulo — eu estou à vontade nisso porque sou católico militante, praticante — lembraram-se da Inquisição, a despeito do Lobato, achando que ele tinha uma cara boa para ser queimada, com aquela pestana. Sobretudo no Colégio Des Oiseaux, que pediu às alunas todas

[17] Refere-se a Osvaldo Sangiorgi (1921-2017), à época desta conferência de Israel Dias Novaes presidente da Academia de Letras de Campos do Jordão. Sangiorgi foi consagrado professor de Matemática, autor de dezenas de livros didáticos no gênero. [N. do O.]

e aos alunos que trouxessem para as aulas todos os livros do Lobato que tivessem em casa, sem dizer a razão, e organizaram, então, uma montanha de livros para crianças no pátio interno. Em seguida, um pouco de gasolina e muito fogo. Queimaram tudo.

Isto generalizou-se em São Paulo, de parte da chamada Relação. Relação essa até de boa fé, mas acostumada com aquela literatura infantil que não levava a nada, iludia as crianças. E, de repente, apareceu um brasileiro realista dizendo: "Você vai enfrentar isto na vida, vai enfrentar aquilo na vida. Prepare-se. E está aqui no meu livro."

Os livros dele se sucederam infantis, descuidou-se da literatura adulta e vieram os tropeços famosos de Lobato. Uma vez eu ouvi uma frase dele que sempre repito. Eu comentei com ele sobre os seus graves dissabores, e ele disse: "Não se incomode, porque você utiliza o tropeço para acelerar a marcha." Isso é lindo. O tropeço acelera a marcha.

Ele resolveu, foi um êxito editorial do Lobato. Passou a ser um nome nacional procurado por todos os escritores. E como é que ele escolhia os escritores para editar? Isso é que vale a pena ser lembrado. Recusava medalhões.

Um dia apareceu na editora dele, Editora Monteiro Lobato, um sujeito alto, magro e muito pálido, loiro e, quando entrou na sala do Lobato, disse: "Eu não preciso perguntar se o senhor é o Lobato porque eu já vi a sua sobrancelha." Aquilo conquistou o Lobato, ao contrário do que se podia imaginar. O sujeito entrou na sala com toda a palidez, pegou Lobato, que tinha 1,55 m de altura, pesava 45 kg, pegou-o pela cintura, jogou-o várias vezes para cima e segurou-o. Ao final, quando o Lobato conseguiu salvar-se das mãos do sujeito e sentar-se, perguntou: "Me diga uma coisa, em primeiro lugar, o seu nome?" "O senhor nunca ouviu falar? Eu me chamo Paulo Setúbal." "Paulo Setúbal, muito bem. O que o senhor quer?" "Eu trouxe um livrinho de versos aqui." "Deixa aí que está editado. Ele trata desse jeito, com essa violência, é mais forte do que eu." Fez, então, uma edição de *Alma Cabocla*, fartamente ilustrada pelos melhores desenhistas do tempo.

Ficou íntimo de Paulo Setúbal. E o Paulo Setúbal era isto: era o sujeito mais comunicativo e mais generoso que se pudesse imaginar. Assim, ficaram os dois amicíssimos. E, para surpresa do Lobato, aquele livro vendeu, vendeu aos montes. Foi o livro de poesias mais vendido nos anos 20 em São Paulo. Foi o livro do Paulo Setúbal. Na verdade, Lobato disse que o livro, quando conseguiu ler, era uma espécie de transposição da conversa nossa para a poesia. Eu me lembro agora de um dos poemas dessa *Alma Cabocla*, "Sob um Pessegueiro". Este era o poema predileto do Lobato:

"Foi pelo tempo alegre da moenda.
Quando, aos quinze anos, tudo nos sorria,
Que nós tecemos, juntos, na fazenda,
Toda uma história de infantil poesia.
E sob o pessegueiro, amplo e robusto,
Cheio de frutos e de passarinhos,
Foi que nós ambos, pálidos de susto,
Nos encontramos certa vez, sozinhos.
Tão confusos, tão tímidos ficamos,
Ao vermo-nos juntinhos no pomar,
Que nós, olhando os pêssegos nos ramos,
Nem tínhamos coragem de falar!
Mas de repente — que ventura louca!
Ela sorriu-me, trêmula de pejo,
E eu lhe furtei da pequenina boca,
Um pequenino e delicioso beijo...
Foi desde então que na minh'alma eu trouxe,
Como lembrança desse amor fagueiro,
Esse beijinho estaladinho e doce,
Que nós trocamos sob o pessegueiro."

"O Lobato quando viu isso quis me empurrar para cima, mas não tinha força e não conseguiu."

Certo dia um cidadão de cor, paupérrimo, banguela, sujo, chegou ao Lobato, na recepção, e disse: "Doutor Lobato, tenho aqui os originais de um romance meu." Aí o Lobato disse: "Me dá aqui. Está editado." E o escritor perguntou: "Mas, doutor Lobato, o senhor não leu?" "Não li. Acontece que no Brasil todo mundo finge de branco que edita livro. Você não finge coisa nenhuma. Você é um homem sincero. Meus cumprimentos." Pegou os originais do sujeito, que deviam ser uma droga, os refez inteiramente e o livro teve grande sucesso.

Era difícil falar com o Lobato na editora porque ele estava sempre jogando xadrez. Ele tinha parceiros no xadrez, grandes enxadristas como ele. Do que ele gostava mesmo era de jogar xadrez e deixava a incumbência da editora para os companheiros, os associados incompetentes. Então, afinal, quando veio a falência, em 1926, falindo a Sociedade Editora Monteiro Lobato, deu um prejuízo enorme na praça. E faliu por quê?

Em São Paulo o comentário era um só: faliu porque editava sujeito sem retorno, sujeito que não vendia um exemplar. O Lobato editava por passividade, por simpatia. Absolutamente, não foi isso. Acontece que o Lobato, que passou a ser o único editor no Brasil e, de longe, o mais importante da nossa história, porque em tudo o que se metia ele punha coisas geniais, enviou emissários ao exterior e comprou as máquinas gráficas mais modernas possíveis. Essas máquinas gráficas da Sociedade vieram para o parque gráfico da Sociedade Monteiro Lobato. E foi uma beleza. Edição rapidíssima, clara, nítida, deu um banho nas portuguesas. Mas aí veio a famosa seca de 26. Essa seca durou praticamente um ano. E a gráfica, como toda a indústria de São Paulo, teve de parar por falta de energia elétrica. Quando afinal o tempo melhorou, a situação dele era de insolubilidade. Ele já tinha perdido um tempo precioso, irrecuperável e foi à falência.

Um dia eu comentei as circunstâncias da falência do Lobato. Ele deixou de ser a grande figura, o grande autor infantil, autor do *Urupês*, o grande editor, para ser apenas um falido. E como ele não tinha recursos para socorrer o passivo da falência, ousou o Ministério da Justiça tomar a liberdade de ir à sua casa e limpar tudo o que havia lá. "Até, diz ele, o retrato de casamento tiraram de lá." Limparam tudo, pegaram tudo. E não pagaram-se nem a milésima parte do débito dessa maneira, quero dizer, na maneira da humilhação.

Bem do Lobato, deprimidíssimo, ele foi salvo mais uma vez pelo Washington Luís. Aquele que o havia nomeado promotor em Areias, e que agora era o presidente do Estado, foi à sua casa e disse: "Lobato, um gênio como você não pode ficar nesse ostracismo e nessa dificuldade. Resolvi nomeá-lo adido comercial do Brasil em Nova Iorque."

O Lobato estava preparado para isso. Por quê? Em primeiro lugar porque as vendas eram a paixão dele. Em Areias ele estudava inglês dia e noite. Na editora dele, nas tréguas do xadrez, debruçava-se sobre o inglês, o espanhol e o francês, sobretudo. Foi sempre um poliglota talentosíssimo.

Aceitou o cargo, foi para Nova Iorque, onde ficou quatro anos. De 1927 a 31. Ali ele ficou assombrado com o progresso norte-americano. Começou a comparar a situação dos Estados Unidos com a nossa situação, e se tomou de uma grande revolta. Aí veio a infâmia de que ele pretendia só ganhar dinheiro à custa de civismo. Isto é uma infâmia. Ficou quatro anos lá, estudou tudo, ficou adepto de uma teoria econômica que poucos conhecem hoje, a do Imposto Único. Essa teoria sustentava que deveria haver um imposto só, que seria o que indicasse sobre a terra. O Lobato ficou adepto disso. Depois conheceu Henry Ford e foi visitar as Indústrias Ford, em Detroit. Viu aquilo tudo, voltou deslumbrado para o Brasil e trouxe uma palavra de ordem em 31, quando foi demitido de lá pelo governo revolucionário, supostamente revolucionário, do Getúlio Vargas.

Chegado de volta, ele trouxe uma mensagem: "O Brasil só pode ser salvo pelo petróleo e pelo ferro." E trouxe o projeto de tratamento do ferro de maneira moderna, a torná-lo mais útil para a fabricação de máquinas.

Em São Paulo ele fazia conferências, publicava artigos sobre o petróleo e sobre o ferro. Organizou empresas, companhias para o petróleo e para o ferro. Tornou-se um combatente dessas duas causas. Mas combatente como só ele sabia fazer: 24 horas por dia, na base da agressão, da neurastenia, da grosseria quando necessário, porque as teses dele, que ele achava que eram boas, não admitia que fossem combatidas. Tornou-se cavaleiro errante dessas duas teses. Aí veio a crise do petróleo.

O ferro, de certa forma, o governo concordou, fez uma usina nascente em Belo Horizonte; mas o petróleo provocou a luta ideológica. Os nacionalistas do tempo não admitiam a privatização do petróleo. Achavam que o petróleo tinha necessariamente que ser estatizado e, portanto, explorado pelo governo. O Lobato entrou em guerra com o governo. E o curioso é isto: o Getúlio Vargas tinha um afeto pessoal enorme pelo Lobato, Incomodava-se com aquela campanha. Secretamente apoiava a tese do Lobato de privatização do petróleo. Mas, com a Revolução de 30, os tenentes não admitiam isso. Chegou a crise ao máximo quando foi fundado o Conselho Nacional do Petróleo e nomeado para presidi-lo um general violento, radical, estatizante, chamado Julio Caetano Horta Barbosa. O Lobato escreveu uma carta violentíssima ao Getúlio, denunciando o General Horta Barbosa.

O Getúlio, que já naquele tempo era ladino, mandou a carta para o general para que ele fizesse com ela o uso que lhe aprouvesse. E aprouve ao general mandar prender o Lobato. Ordem de prisão para o Lobato em São Paulo: ele foi preso na Casa de Detenção, foi a julgamento pela Justiça Militar e foi absolvido. Na cadeia, ele ficava na maior revolta permanente. Sentia-se insultado. Primeiro, na solitária, depois recebendo visitas. Ele tratava todo mundo com uma desenvoltura incrível e as pessoas saíam de lá animadas. Mas o general manda recorrer da absolvição dele. Ele já estava até com a mala preparada para voltar para casa, quando houve um novo julgamento e ele foi condenado a seis meses de cadeia por ordem do general. Caiu numa depressão extraordinária. Até em suicídio se falava naquele tempo, porque ele achava que um brasileiro tão dedicado ao seu país, tão amoroso da sua parte, empenhado em erguer o país, como é que recebia como paga a cadeia, aquele castigo infamante no meio de batedores de carteira e assassinos.

Três meses de cadeia. Ao cabo de três meses, muda o interventor em São Paulo. Saiu do cargo um lamentável interventor e entrou um sujeito mais compreensivo, o dr. Fernando Costa.

Fernando Costa recebeu o convite para ser interventor em São Paulo, foi ao Getúlio e disse: "Aceito se for anistiado o Monteiro Lobato." O Getúlio não teve senão anistiar o Lobato. E quando o Lobato soube que estava sendo anistiado pelo Getúlio, ele disse: "Eu não saio dessa cadeia. Anistia da mão desse sujeito eu não aceito. Não aceito." Praticamente foi tirado à força. Ao contrário do que acontece lá.

Agora, eu me lembro também de uma coisa curiosa. É que eu fazia parte, e não me penitencio disso, do grupo mais subversivo da Faculdade de Direito. Nós éramos três e nos incumbimos de manter a Faculdade mobilizada contra o Estado Novo — porque era o Estado Novo. Era o Germinal Feijó, era o Arrobas Martins e eu. Então, fizemos uma reunião secreta para saber se devíamos ou não visitar o Lobato na cadeia. Discutimos a noite inteira e, no fim, prevaleceu a seguinte decisão: "Não vamos porque, se formos lá, a polícia aproveita e nos prende também." E não fomos por esta razão. Mas fomos visitar o Lobato quando ele saiu e voltou para a Rua José Getúlio, na Aclimação. Lobato estava muito frustrado, magro, naquela cadeira de balanço francesa dele. Balançava-se conversando conosco e, afinal, eu perguntei: "Lobato, afinal foi por causa da carta só que você" — usei a expressão — "comeu essa cana gloriosa?" Ele disse: "Foi, meu filho! Eu cometi um engano terrível. Eu fiz mal a um general." Uma explicação: claro que a expressão não era essa.

Dias depois, no bonde da Aclimação, fui com o Lobato para a casa dele e junto estava o seu netinho predileto chamado Rodrigo Monteiro Lobato. Um menino parecidíssimo com o avô. Quando chegamos à Praça General Polidoro, e o Lobato detestava militar, atravessamos a praça, na Aclimação. Há lá — havia e ainda há — figura de bronze do discóbolo grego: um sujeito nu, jogando um disco. E o menino perguntou: "Vovô, quem é aquele lá na praça?" "É o General Polidoro." "Mas ele está pelado, vovô?" "Está pelado porque ele acaba de sair do banho." Era assim que ele raciocinava.

Ele, saindo da cadeia, forçado, disse: "Eu não fico mais nesse país." Foi embora para a Argentina. Lá ele ficou um ano e pouco. Todos os seus livros foram traduzidos. Ficou popularíssimo com a criançada argentina.

Ídolo da criançada argentina. Mas só não aguentou a saudade de seu país. Estava de volta em pouco tempo. Isso tudo aconteceu em 44. Voltou aqui. Nesse tempo ele tinha edificado a famosa Companhia Editora Nacional e entregue a sua gestão ao Octales Marcondes Ferreira que ele considerava um gênio. Disse: "Esse é um gênio. Esse vai fazer certo tudo o que eu fiz de errado." E o Octales transformou mesmo a Editora Nacional na mais importante do Brasil. O Lobato então tinha vendido as ações ao Octales e resolveu fundar uma terceira editora. Fundou a Brasiliense. Na Brasiliense ele tinha como sócio o Caio Prado Jr. e o Arthur Neves. O Caio Prado Jr. todos nós sabemos quem foi e o Arthur Neves era ótimo. Era um escritor de mão cheia mas demasiadamente contido. Essa editora o Lobato construiu, formou só com o objetivo de editar as obras dele. Porque as suas obras eram um maná fantástico! Nunca ninguém vendeu como esse homem: 20 milhões de exemplares. É fantástico isso. E continua vendendo.

Quando ele voltou de uma vez, verificou que tinha só um problema: ele nunca tinha tido casa na vida. Morava sempre em casa alugada, com grande dificuldade. Um dia revelou o seguinte: "Propriedade urbana, quero dizer, casa, eu só tive uma na vida em Capivari, em Campos do Jordão." Só. O resto ele não tinha. E ele teve aqui porque tinha dois filhos, o Edgar e o Guilherme. O Guilherme, nas últimas instâncias da tuberculose. Então, o Lobato apavorado, um pai muito enjoativo, muito carinhoso, mudou-se para cá e ficou uma porção de tempo em companhia do filho. Até que o Guilherme morreu e um dia ele recebeu a visita de um sujeito que era a cara do filho. Um sujeito magrinho. Era uma espécie de anjo nordestino enfermo. Era o Paulo Dantas.[18] Tão parecido com o Guilherme que o Lobato resolveu adotá-lo, e ficou sendo um dos amigos do Lobato mais chegados.

Bem, como é que se deu o fim do Lobato? Não tendo casa, o Caio Prado Jr. preparou o 13° andar para o Lobato morar na Rua Barão de Itapetininga. Ali ele se transferiu com a família. Era um quarto só, um banheiro e uma saleta. Mas o Lobato transformou aquilo no centro da vida paulista, que nós todos não saíamos de lá. E o curioso é lembrar as circunstâncias em que esse homem foi morrer. O Lobato chegou aos 66 anos. Três anos antes de morrer, submeteu-se a uma operação muito grave pelo professor Alípio Corrêa Neto. Ele passava muito mal, tinha dificuldade respiratória. No fim descobriu-se, verificou-se que ele tinha um quisto dentro dos pul-

[18] Paulo Dantas (1922-2007) é um dos autores incluídos neste livro. Veja-se capítulo "Monteiro Lobato, meu amigo e protetor".

mões que impedia a respiração. Foi operado, passou muito bem, e depois teve um enfarte, derrame etc. Num dos testemunhos da morte do Lobato, reunidos nos depoimentos organizados pelo Paulo Dantas, *Vozes do Tempo de Lobato*, o depoente conta que ouviu o zelador do prédio onde morava o Lobato, com a família, sobre as circunstâncias da morte do escritor.

Diz ele que foi o seguinte: de madrugada, aquele zelador, que era português, ouviu os gritos da filha do Lobato, a Rute. Pensou logo num assalto e armou-se, forçou a porta do quarto do Lobato e viu que ele estava nos estertores da agonia, no chão, e a filha chorava. Então, diz esse português: "Como eu vi que o Lobato estava de olhos abertos, tenho certeza que ele me viu de revólver na mão como se o ameaçasse." E o português ficou com essa mania pelo resto da vida: "Como é que eu posso emprestar uma imagem dessa a um brasileiro da minha afeição, do meu fanatismo?" Morreu desse jeito.

Mas deixou, e convém dizer aos senhores, o Lobato deixou devotos. O maior deles talvez seja Edgard Cavalheiro. O Edgard Cavalheiro durante oito anos privou com o Lobato, fez-se uma espécie de filho dele. O Lobato fazia-lhe todas as confidências e ele foi anotando. Algum tempo depois, ele publicou em dois volumes a vida e a obra de Monteiro Lobato. 700 páginas. O Plínio Barreto, o grande crítico do tempo, disse que, talvez, seja a melhor biografia jamais redigida no Brasil. Todo o Monteiro Lobato está na obra do Edgard Cavalheiro, de ponta a ponta, nos seus sofrimentos, nas suas alegrias, no seu trabalho, na sua confiança.

Outro que escreveu sobre Lobato, coisas também indispensáveis, é o Nelson de Palma Travassos. Ele escreveu um livro chamado *Minhas Memórias do Monteiro Lobato*. Não podia haver um livro mais inteligente do que aquele, porque este também era íntimo do Lobato a vida inteira. Ele conta neste livro que, quando resolveu constituir a famosa Editora Revista dos Tribunais, por ordem do professor Noé Azevedo, pesquisou na praça as gráficas mais modernas e encontrou todos os restos da editora do Lobato. Quer dizer que o Lobato tinha aquela visão de futuro fantástica. Dez anos depois, as gráficas que ele tinha comprado com o maior sacrifício continuavam sendo as melhores do momento.

Mas esse Paulo Dantas tem sido de um zelo exemplar para com a memória do Lobato. Contei, na sua visita a ele, que ele achou você parecido com o Guilherme, filho dele.[19] Você me contou isso há muitos anos. E também você resolveu reunir, num só volume, depoimentos dos mais ex-

[19] Para contextualizar: aqui, Israel dirige-se a Paulo Dantas.

pressivos sobre o homem e a obra Lobato! Esse livro não pode deixar de ser lido. Além de muito bem organizado, trai o conceito em que permanentemente passou a ser visto o Lobato.[20]

Quero dizer aos senhores que, no dia 4 de julho de 1948, acompanhei os funerais do Monteiro Lobato. Fui daqueles que carregaram o seu corpo da Biblioteca até a Consolação. Não se sentia quase, era como se tivesse um passarinho dentro do caixão, de tal maneira ele estava debilitado, magrinho, abatido, quando morreu. Mas senti, naquele momento, que não estava enterrando apenas um homem do Brasil. Eu estava enterrando a esperança do meu País.

[20] Refere-se ao livro coletivo *Vozes Do Tempo de Lobato*, de 1982, organizado por Paulo Dantas para a Traço Editora.

Monteiro Lobato e o mundo imperioso da infância[21]

Carlos Nejar

Nasceu em Taubaté, São Paulo, em 18 de abril de 1882, e faleceu em São Paulo, em 4 de julho de 1948. Foi editor, pioneiro na Indústria do Livro, fundador da Companhia Editora Nacional. Romancista, ficcionista, jornalista, ensaísta, panfletista. Formado em Direito pela Universidade de São Paulo, exerceu a promotoria de justiça em Areias por sete anos. Tornou-se fazendeiro em Buquira, quando iniciou a vida de escritor. Nacionalista, sempre voltado para o futuro do país, tendo sido até condenado pelo governo ditatorial à prisão por sua posição a favor do petróleo brasileiro. Tentou morar na Argentina, não conseguiu.

Foi um grande homem — espécie que escasseia — e um grande escritor. É o inventor da literatura infantil e infanto-juvenil, para não dizer o Pai desta nova visão, que lhe permitiu educar gerações como um exímio contador de histórias, criando personagens maravilhosas que povoam a infância de nossa gente e povoaram a nossa: Dona Benta, Lúcia, a de Nariz Arrebitado, com suas reinações, o Marquês de Sabugosa, Peter Pan, Emília, Pedrinho e suas caçadas, Tia Anastácia, o Sítio do Pica-pau Amarelo, o Marquês de Rabicó, o Saci. Suas histórias em regra se dão no Sítio de Dona Benta, o *Sítio do pica-pau amarelo*. Fabulista raro, que pode ser posto ao lado de um Grimm, Hans Christian Andersen, do autor de *Pinóquio*, todos os que habitam a civilização da infância. Os que de tão meninos, que não mais souberam morrer. Porque a morte é sempre adulta, seríissima e não tem imaginação alguma. Sua fábula é interminável pela genial imaginação. Sucesso de vendas, leitores inveterados. Gerou uma mitologia própria, brasileira, combatendo a literatice e o oficialismo. Criou Emília, uma das mais importantes personagens — não só da literatura infanto-juvenil — que alcançou um grande status no mundo contemporâneo. E de

[21] Publicado originalmente em Nejar, Carlos. *História da Literatura Brasileira: da carta de Caminha aos contemporâneos*, Editora UNISUL, 3ª edição.

tal monta que é concedido o Nobel da literatura infantil (*Hans Andersen*), tendo entre as premiadas, duas brasileiras: Lygia Bojunga e Ana Maria Machado. Surgindo mestres como Malba Tahan (*O Homem que Calculava*), Ziraldo, com obra de espantosa invenção: *O menino maluquinho* e *Flits*. Ou a autora de *A vaca voadora*, *Edy Lima*, acrescidos dos nomes de Maria Dinorah, Mery Wess, Sérgio Cappareli, entre outros.

Monteiro Lobato, além dessa magnífica obra vinculada à infância, marcou sua presença como romancista, através de livros visionários, próximos de Júlio Verne — *O choque das raças* e *O presidente negro*, 1926. Publicou contos exemplares, em vários volumes: *Urupês*, 1918, onde aparece o *Jeca Tatu*, personagem que chamou atenção de Rui Barbosa, como o tipo do camponês brasileiro, abandonado à sorte pelo governo. Chegando a criar o vocábulo no Dicionário, do *Jeca*, o miserável, o que honra um escritor, fazendo sua palavra coletiva. Lançou *As ideias de Jeca Tatu*, 1919. Publicou ainda: *Cidades mortas*, contos, 1919; *Negrinha*, contos, 1920, entre eles, a obra-prima *O colocador de pronomes*, um tal de Aldrovando Cantagalo que nasce e morre por erro de pronome. Para Júlio Ribeiro, um dos mais engenhosos da língua. E eu o ponho ao lado de *O jardineiro Timóteo*, *Duas cavalgaduras* e *O herdeiro de si mesmo*. E de outra obra-prima, *A facada mortal*. E explica a arte certeira do contista na ponta da palavra e das ideias, ou de pontaria na mão arteira. Seus contos trazem no bojo o amor pelos mais simples ou pelos desprezados da sorte, dando rosto ao povo. Nele, a psicologia completa a imaginação. Condenando o nacionalismo estreito, adequava-se ao verdadeiro *sentimento do país*. O volume do gênero, mais representativo ainda que *Urupês*, é *Negrinha*, que, maduramente, identifica essa façanha de narrar com elegância e os dengos de dialogante e manhoso estilo. Disse Monteiro Lobato certa ocasião que a origem de suas histórias era melhor do que elas. Não sei. Porque o contador de casos é prodigioso, com a afluência tangida de vida e verve, sem abandonar o clima onde *cabeceiam certos clássicos*, como Dickens, Camilo, Balzac. Sim, manipula o sarcasmo mordaz, fraseado claro, objetivo, moderno, comunicante, cheio de ironia e notas de lirismo. Uma fortíssima humanidade.

Lobato não era apenas um criador de tipos, figuras imperecíveis, também era alguém que sabia penetrar no inconsciente coletivo, através dos símbolos. É de acrescentar os livros de contos: *A onda verde*, 1921; *Mundo da lua*, 1923; *O macaco que se fez homem* (realismo fantástico, pioneiro), 1923; *Contos pesados*, 1940; *Contos leves*, 1941. Sentia-se mais à vontade no conto do que no romance, talvez pela sua vocação de captar o sentido imediato das coisas, penetrá-las até o cerne, com o máximo de emoção e intensidade. Tinha a memória procelosa da imaginação e a imaginação da memória. No romance foi visionário. Sobretudo, em *O presidente negro* (que, hoje pelos últimos acontecimentos na eleição americana, é perturbador e contemporâneo). Curiosamente, anos mais tarde, o dominicano Manuel de Cabral, escreve *El presidente negro*, girando sobre o mesmo tema, o que dá ao brasileiro o reconhecimento devido a um profeta e precursor. Vale registrar igualmente sua correspondência com outro grande escritor e seu amigo, Godofredo Rangel, em *A barca de Gleire*, 1943, que é muito importante para o melhor conhecimento do Brasil da sua época e do pensamento de ambos. Observa numa das cartas: "Nos grandes mestres o adjetivo é escasso e sóbrio e vai abundando progressivamente à proporção que descemos a escala de valores". Seu nome sempre retorna, porque cresceu pelo amor da memória por si mesma, o ápice da imaginação. Expandiu sua alma, adentrando-se no tempo de uma perene meninice. Pois a infância é vara de lembranças mágicas, cuja única verossimilhança é a invenção de uma realidade tão extrema e tão próxima à nossa, que até nos sonha, antes de a lermos. Já estava em nós. Tal um cego que pudesse, com as mãos do inventado, ler nosso rosto. E é um rosto de todos de que foi precursor? Talvez apenas tenha sido precursor de si mesmo.

Atualidades de Monteiro Lobato

Fábio Lucas

A personalidade de Monteiro Lobato, nascido em Taubaté, SP, a 19 de abril de 1882 e falecido a 4 de julho de 1948, traz consigo aspectos marcantes de pioneirismo e forte pendor para a mudança, quer como empresário, quer como escritor.

Entusiasta da modernidade, figurou-se oposto aos modernistas. Crítico das Artes Plásticas, não logrou compreender a prodigiosa ascensão de Picasso e, no Brasil, molestou a carreira de Anita Malfatti.

Mas, com os contos de *Urupês* promoveu dupla revolução nos hábitos literários: propôs uma linguagem mais coloquial à narrativa e multiplicou o público leitor. Na década de 30, iniciou novo patamar para a literatura dirigida às crianças, ao colocar em destaque a personagem Emília: cheia de iniciativas, rebelde em face dos costumes da família de cunho patriarcal e patrimonialista. De certa forma, aponta para a libertação da mulher no quadro mandonista e autoritário da educação brasileira.

Monteiro Lobato, após breve passagem pelos Estados Unidos, trouxe definitivas inovações à indústria editorial. Bateu-se pela implantação da siderurgia no Brasil e entregou-se corajosamente à exploração do petróleo em nosso país. Cheio de propostas dinamizadoras da Economia nacional, tornou-se alvo de gigantesca mobilização punidora por parte da sociedade atrasada e reacionária.

Seu dileto amigo Godofredo Rangel manteve acesa correspondência com o escritor. Teve o cuidado de colecionar aquela preciosidade. A meu ver, a obra mais importante e reveladora de Monteiro Lobato, da qual procuro extrair as concepções estéticas e literárias do admirável missivista.

I. A escrita, a crítica e a estética nas cartas de Monteiro Lobato[22]

Devo declarar, inicialmente, meu contentamento em falar perante um público do Rio Grande do Sul, dado o apreço que tenho demonstrado, ao longo de minha vida, por esta região cultural do Brasil. Por mais de uma vez já assinalei considerar o núcleo sediado em Porto Alegre como um dos mais importantes do Brasil no campo da reflexão literária. A crítica e o ensaio têm aqui uma contribuição fortíssima, a que se alia um notável público consumidor, o que denota um duplo estímulo à produção literária.

O meu apresentador, Prof. Mainar Longhi, ao percorrer o meu curriculum vitae, observou a ambiguidade de minha formação, pois tanto me dediquei à Literatura quanto às Ciências Sociais, especialmente a Economia e o Direito.

Na verdade, cada um de nós carrega uma ambiguidade dentro de si. Quanto a mim, fiquei dividido entre o pensamento lógico e o pensamento mágico. Eu busquei na Economia o aperfeiçoamento da racionalidade na consideração dos fenômenos humanos e, na Literatura, encontrei o refinamento da apreensão mágica do mundo.

O fato, parece-me, é normal entre as pessoas, quer nas pequenas, como eu, quer nas grandes, como Monteiro Lobato. Este, de quem irei falar, era um homem extremamente dual, pois, de um lado, foi homem de ação, um verdadeiro "empresário dinâmico", na conceituação de Schumpeter; de outro lado, a grande ocupação de sua vida foi a Literatura. No meu ponto de vista, foi esta que deu sentido à grande deambulação existencial de Monteiro Lobato, enquanto homem ligado ao exterior e à modificação das coisas.

Sempre me preocupou, na personalidade de Monteiro Lobato, a sua situação histórica. Em dado momento, ele perdeu a sintonia com a verdade histórica, por um motivo simples: Monteiro Lobato já era um escritor consagrado quando o Brasil começou a receber os influxos das vanguardas europeias. A ansiedade da coisa nova começou a brotar entre nós numa era de mistura de concepções literárias, de confusão de sentimentos e de modificações técnicas e artísticas, como foi a década de 20.

[22] In Zilberman, Regina (org.) *Atualidade de Monteiro Lobato: uma revisão crítica*, Porto Alegre: Mercado Aberto, 1983 (p. 89 *usque* 101).

Naquele momento, Monteiro Lobato, nome respeitado, espantou-se com a algazarra que se fazia em torno da novidade literária pelos jovens que pregavam a revolução literária no Brasil.

E, tendo-se assustado, ele, que já tinha feito, em 1917, uma crítica devastadora à pintura de Anita Malfatti, sentiu-se ofendido por aquelas ideias novas. Houve aí, então, uma polarização. Monteiro Lobato ficou de um lado, e o Modernismo de outro.

Como o Modernismo se tornou depois a estética dominante, esta estética dominante vingou-se de Monteiro Lobato, omitindo-o sempre. Ele foi ficando marginalizado na Literatura Brasileira pelo princípio de Estética da Exclusão praticado pelo Modernismo. Modernismo que castrou nossa Literatura de vários nomes e até de certa pesquisa que vinha sendo feita dentro do contexto brasileiro, a pesquisa da nacionalidade, a busca da identidade nacional.

Aquele tipo de pesquisa foi interrompido em razão do internacionalismo assumido pelo movimento modernista. Movimento, aliás, que não começou com aquele título. Recebíamos, através de cintilantes escritores, como Oswald de Andrade e Mário de Andrade, a influência das vanguardas europeias. E a vanguarda mais em evidência naquele instante era o Futurismo. Então, a imprensa e o público achavam que aqueles escritores barulhentos eram futuristas, por ser este o rótulo mais presente nas informações que então se davam a respeito da vanguarda.

Assim, a polarização se verificou: Monteiro Lobato de um lado, o Modernismo de outro. O Modernismo não perdoou a Monteiro Lobato as referências inteiramente injustas que ele fez a respeito de Anita Malfatti.

Mas Lobato era um homem voltado para as coisas novas, homem dinâmico, era um escritor que vinha combatendo — as cartas dele refletem isto — o abuso da literatice a que estava entregue a sociedade brasileira, principalmente na exaustão das formas feitas empregadas pelo Parnasianismo e mesmo pelo Simbolismo.

Lobato, portanto, que já se tinha manifestado pela renovação da Literatura, não aderiu ao movimento revolucionário, ao movimento inovador que então se implantava.

É curioso porque, se formos traçar — isto já assinalei em estudo — a história do conto brasileiro, Monteiro Lobato será um nome incontornável, principalmente se levarmos em consideração o caminho do conto brasileiro para a modernidade. Ele é um passo para se atingir depois a revolução do conto brasileiro.

E ele não só praticou determinado tipo de conto, como o praticou tendo em mente alguns aspectos teóricos que discutia minuciosamente nas cartas trocadas com Godofredo Rangel. Tais cartas, conforme estudo que acabo de publicar na revista *Letras de Hoje*, da PUC-RS, constituem verdadeiro romance de formação. Dentro de tal espírito, vamos rastrear, na manifestação de Monteiro Lobato a Godofredo Rangel, toda uma teoria da obra literária e toda uma doutrinação acerca de como deve ser esta obra literária.

A popularidade de *Urupês* é um fenômeno novo na literatura brasileira. Pela primeira vez, um livro de contos de autor nacional atinge o grande público, fixa a aceitação do gênero na vontade popular.

Sabemos que Monteiro Lobato revolucionou o mercado livreiro no Brasil. Antes de atirar-se como editor, o processo de editoração entre nós era muito acanhado, havia poucos pontos de venda, pouco mais de trinta livrarias. Monteiro Lobato procurou estimular a criação de novos pontos de venda e de circulação do livro, adotou um processo novo, o das consignações. Ele buscava saber em farmácias, em vendas à beira das estradas, em pequenas lojas espalhadas no interior do país, em lugares onde o público pudesse receber uma nova mercadoria, o livro, se as pessoas estavam dispostas a comerciar o novo produto, sem ter de desembolsar nenhum recurso inicialmente.

Com a consignação, Lobato ampliou extraordinariamente o mercado livreiro nacional. O mesmo espírito dinâmico impulsionou-o em outros setores. Depois de sua ida aos Estados Unidos, trouxe de lá outras ideias, achava que o Brasil deveria seguir, naquela época, o mesmo espírito norte-americano embarcasse na industrialização de base. Passou a fazer a apologia da instalação da indústria siderúrgica no Brasil e, depois, da indústria do petróleo.

Era um visionário, um homem de grande atividade e de permanente ação. Era, ou procurou ser, um transformador da realidade em que atuava.

Sendo contemporâneo do Modernismo, não fez o Modernismo; antes, opôs-se ao movimento. Mas, paradoxalmente, deu uma contribuição importante à modernização do país.

Além disso, foi a grande figura transformadora da literatura infantil entre nós. Isto quer dizer: apesar de estar do outro lado do Modernismo, tinha dentro de si o senso da modernidade e foi este que explodiu literalmente na década de 30, quando Lobato deliberou fazer literatura infantil.

Esta foi tão nova, tão revolucionária, tão percuciente quanto o trabalho que os modernistas vinham fazendo desde a década de 20.

Sabemos que Modernismo brasileiro, por sua vez, está cheio de ambiguidades. Na medida em que Oswald de Andrade e Mário de Andrade difundiram aqui as doutrinas vanguardistas da Europa e, portanto, aceitavam uma tese internacionalista para a literatura, na infraestrutura desse movimento persistia o grande problema brasileiro, que era a busca da identidade. E por isso mesmo se espraiava uma busca de nacionalização da literatura. Internacionalização e nacionalização ora se combinavam, ora se contradiziam.

No campo da narrativa, as primeiras experiências da década de 20 mostram bem isso. *Memórias Sentimentais de João Miramar*, de Oswald de Andrade, mostram uma influência futurista, uma visão um pouco surreal misturada a uma composição e espírito futurista, enquanto a primeira novela publicada por Mário de Andrade, *Amar, Verbo Intransitivo*, revela inspirações do movimento expressionista.

Virá depois, em 1928, a publicação de *Macunaíma*, que representa a volta ao velho tema da procura da identidade nacional, que data dos românticos.

Assim, um movimento regressivo, para investigar as raízes da nacionalidade, se entrelaça com um movimento progressivo, que é o princípio da atualização da literatura brasileira com as novidades que estavam sendo elaboradas na Europa.

É certo que a modernidade é diferente do modernismo. A modernidade é algo que diz respeito a uma filosofia, a uma visão de mundo. O princípio da modernidade significa dar ênfase e valor àquilo que é moderno, em comparação ao que é antigo. A literatura, através dos tempos, sempre se regeu por uma oscilação entre o que é antigo e o que é moderno, o que é clássico e o que é contemporâneo. Certas épocas fazem com que o valor consista em imitar os antepassados gloriosos. O Renascimento foi assim. Outras épocas literárias acentuam aquilo que é produzido pelos contemporâneos, tendo um ponto de vista afinado com as expectativas vigentes. O Romantismo, assim como o Modernismo, sublinhou a atualidade, a contemporaneidade, tudo aquilo que estava gravado no presente e não no passado.

Podemos encontrar, na implantação da sociedade burguesa, principalmente no período iluminista, um debate, a querela dos Antigos e dos Novos, que é sempre saber o que é mais importante: aquilo que foi feito no passado e que serve de modelo para nós ou aquilo que podemos fazer desligados do passado.

Foi uma querela muito grande e eu agora me recordo de que um dos querelantes, naquela época, para dar valor ao passado e aos Clássicos, usava este argumento: os Clássicos produziram sua obra na juventude da humanidade, enquanto os Modernos interpretam o, mundo já velho. Então, os Modernos é que são antigos. Vê-se, portanto, que o problema da primazia se repete sempre.

O Modernismo — o próprio nome o diz — constitui uma ênfase naquilo que se produz contemporaneamente, uma exaltação do moderno. Por quê? Porque houve um grande avanço tecnológico na passagem do séc. XIX para o séc. XX, gerou-se um clima de entusiasmo com as conquistas da civilização, da ciência e da técnica. Enquanto isso, a Literatura se encontrava em descompasso com aquele avanço. Instaurou-se uma rapidez maior nas comunicações — os jornais exprimem isso -, surgiu o telégrafo, surgiu o rádio, apareceu o avião, enfim, vários instrumentos de ligação dos homens faziam com que tal ligação se tornasse mais instantânea. Daí, por exemplo, o estilo telegráfico reclamado por Oswald de Andrade, na linha das ideias futuristas.

Em consequência a pressa em modernizar aquela literatura, ainda amarrada a demorados circunlóquios, protegida por frondosa ramagem literária, circunstâncias que retardavam o ingresso do escritor no coração do seu assunto.

Pois bem, Monteiro Lobato, ao longo de suas cartas, de mais de 40 anos de correspondência com Godofredo Rangel, exprimiu a evolução de seu espírito. Deu um testemunho de sua formação literária, manifestou preferências e traçou o perfil de seu "estar no mundo". Este será o primeiro aspecto focal do meu trabalho.

Ao publicar o primeiro livro de contos, Lobato foi recebido de modo festivo pelo nosso meio cultural, impulsionado pelo entusiasmo de Rui Barbosa, poderoso mito intelectual de nossa primeira República. Deu-se um fenômeno novo, do ponto de vista editorial: é que uma edição de 7.000 exemplares esgotou rapidamente no Brasil daquela época. E a obra passou a ter várias edições consecutivas. Esse é um fenômeno de comunicação com o público.

Aquele escritor, Monteiro Lobato, naquela ocasião, com *Urupês*, descobriu uma fórmula de elaborar a obra literária, de escrever contos e de vender edições sucessivas como nunca havia acontecido na história do Brasil. Nem escritores consagrados e festejados como Machado de Assis jamais conseguiram o êxito, junto ao público, que Lobato obteve.

Desde a formação inicial — as cartas o dizem —, Monteiro Lobato era um homem rebelde à gramatiquice que prendia os escritores a um modelo preexistente à criação literária. A contribuição à modernização do conto por Monteiro Lobato consistiu justamente em desliteralizar o texto. Aconselhava sempre a Godofredo Rangel que fizesse cortes, cortes de adjetivos, cortes de expressões excessivas. E advogava a ideia do um conto, que ele chamava de "conto estopim", que levasse para o seu epílogo, para o final do conto, uma espécie de desfecho explosivo.

Revelava-se, assim, contra a observância muito rigorosa da Gramática, combatia a adjetivação abundante e o estilo ornamental. Achava que todas as partes deveriam funcionar para produzir o tal "conto estopim".

Meu objetivo será rastrear nas cartas de Monteiro Lobato suas concepções da Literatura, muito embora reconhecendo a variedade delas no longo do tempo e certas mudanças inevitáveis. São riquíssimas de opiniões, principalmente opiniões literárias. Possuem aquilo que sempre se pede à crítica: juízos de valor. Explicar o valor e explicar a comunicação, segundo I.A. Richards, são os pilares sobre os quais se constrói uma teoria da crítica.

Encontram-se na evolução de Monteiro Lobato, como homem que reflete sobre a obra literária, os primórdios de uma teoria literária. E veremos que, ao meditar sobre a Literatura e ao praticá-la, ele tenta tirar a literatura brasileira do convencional, dos ritos e prisões já exauridos de sentido.

Pratica, na correspondência, um antinaturalismo permanente. Refere-se algumas vezes a Émile Zola e a Flaubert e, depois, vai mostrando como outros escritores, ao gosto dele, se revelaram superiores a ambos. Manifestava grande antipatia por Flaubert, porque este se excedia na preparação do estilo, exagerava na estilização da obra literária e não guardava aquela espontaneidade que teria, por exemplo, Balzac.

Na estética de Monteiro Lobato vamos encontrar uma ênfase, a ênfase no estilo. Mas estilo entendido ao modo dele, algo independente da gramática. Amava a expressão justa e objetiva. Propendia mais para o substantivo do que para o adjetivo. Ensinava a Godofredo Rangel a boa escolha das palavras (ex.: 1ª. carta de 1904, "4 de Bruno, de 1904", cf. *A Barca de Gleyre*, v. I, S. Paulo, Brasiliense, 1968, p. 45-7).

Admirava no estilo a harmonia e o equilíbrio. Veja-se a sua opinião da juventude, a 2/6/904: "Repare no maravilhoso equilíbrio de Olavo Bilac. E veja o calmo Zola, o calmo Goethe, o calmo Machado de Assis, o calmo Daudet. Ando com ideia de que os tais desequilíbrios amalucados, a tal boêmia à *outrance*, é falta de confiança em si próprio e preparo de escusas para o fracasso." (*A Barca de Gleyre*, v. I, p. 60).

Mas não se regia pela doutrina de Albalat, referido na carta de 14/8/909: "Tenho a impressão de que é obra vã e perigosa talvez das que ensinam um certo estilo — e neste caso teremos estilo postiço, como há dentes postiços." (op. cit., p. 259).

Para Monteiro Lobato, o estilo passa a ser fonte da expressão individual e, principalmente, uma arte de combinar palavras e, não, de acumular palavras, Chegou mesmo a dizer, certa vez, que, se abundância de vocábulos fosse grandeza do escritor, o dicionário seria o grande escritor, ao passo que Machado de Assis não seria o grande escritor que era (cf, op. cit., p. 273).

Escolheu alguns modelos na vida. Durante muito tempo, teve Camilo como escritor exemplar, um deus verdadeiro que somente seria suplantado, mais no fim da vida, pelo culto a Machado de Assis. Já entrado na vida, mais idoso, Monteiro Lobato, famoso, já tendo vivido várias vitórias e fracassos na existência, deu um balanço na literatura que leu e nas admirações que teve e, então, faz algumas restrições a Camilo e só deixa intacto, no altar de sua estima, Machado de Assis, louvando principalmente *Memórias Póstumas de Brás Cubas*.

Podem-se ainda notar alguns deuses menores do seu Olimpo: Rui Barbosa ("Ruy é um Everest", cf. carta de 15/9/909), Euclides da Cunha, o Marquês de Sade ("Mas é um gênio.", cf. carta de 7/8/911).

A preocupação com o estilo levou certa vez Monteiro Lobato a programar e executar a leitura de um dicionário inteiro.

Quer criticando autores, quer realizando a própria obra, ele foi elaborando uma espécie de Estilística que, por sua vez, alimentava sua propensão à crítica literária.

Podemos, então, mencionar uma Crítica Estilística de Monteiro Lobato, antes de a Estilística ter assumido os foros de uma doutrina influente, antes, portanto, de a Estilística ter-se tornado tão importante na história da Teoria da literatura neste século.

Vou citar alguns exemplos. Primeiro, vou prosseguir com o problema do estilo e depois com a prática de comentários a obras alheias, quase que aplicando as noções de Estilística como nós a conhecemos hoje.

Vimos como, inicialmente, ele batalha pelo que chamei a desliteralização da obra literária. Ao fazer isso, compara Flaubert com Balzac, dando preferência a este. Em carta de 15 de maio de 1914 — ele estava em plena juventude, observe-se —, vamos ler o seguinte: "Ontem perdi o sono e conclui a leitura do *Cousine Bette*. Rangel, Rangel! Balzac me assombra. É gênio dos absolutos. Lembro-me duma imagem de Zola, comparando a obra de Balzac a um colossal edifício inacabado — tijolos nus, andaimes, só o arcabouço externo. Não é nada disso. Não tem nada de inacabado — mas

Balzac não é homem que desça a truques, remates, ornatos secundários. Pinta a largas espatuladas. Diz o essencial, cria blocos apenas, formidáveis blocos, mas não alisa a pedra, não usa lixa, não lhes enfraquece a grandeza. Que tipos! Que prodígios! Que coerência! Que fertilidade! Que mina! Que celeiro de ideias e imagens! Que multidão de gente viva estua dentro de seus romances! Como perto dele é pálido e artificial Zola, com sua arte mecânica, sua lógica invariável, seu romantismo despido das belezas heroicas do romantismo! Balzac nem em capítulo divide a narrativa. Aquilo rompe e rasga, e vai numa catadupa tumultuosa, numa avalanche, até o fim, *Quelle puissance*! Já li *Cesar Birotteau* e a *Cousine* e afundo-me agora em toda a sua obra, como num mar. Já não dispenso todo Balzac!" (op. cit., v. I, p, 354-5).

Nota-se claramente que Monteiro Lobato adere a Balzac porque a prosa deste é despida de enfeites. Interessante observar que, nos primeiros anos da correspondência com Godofredo Rangel, Lobato é mais explícito a respeito dos problemas literários. É curioso que, até 1917, mais ou menos, antes de ele tomar-se um empresário, toda a sua preocupação nas cartas é discutir obras literárias. A maior concentração de juízos naquela primeira fase é sobre autores e livros — embora depois possamos encontrar avaliações muito interessantes sobre literatura, em meio a problemas existenciais e questões da vida prática.

O estilo, que é uma obsessão dele, é visto como algo que se atinge na maturidade. É o que exprime numa carta de 15 de julho dc 1905: "Estilos, estilos... Eu só conheço uma centena na literatura universal e entre nós só um, o do Machadão, E, ademais, estilo é a última coisa que nasce num literato — é o dente do siso. Quando já está quarentão e já cristalizou uma filosofia própria, quando possui uma luneta só dele e para ele fabricada sob medida, quando já não é suscetível da influenciação por mais ninguém, quando alcança a perfeita maturidade da inteligência, então, sim, aparece o estilo. Como a cor; o sabor e o perfume duma fruta só aparecem na plena maturidade." (op. cit., v. I, p. 101).

A seguir, em carta escrita alguns dias depois — dia 19 de agosto de 1905 — Monteiro Lobato vai dizer porque é cansativo o estilo de Flaubert, do ponto de vista dele, é claro: "Gostei do teu tédio post-flaubertiano. É prova de mais um encontro nosso. A canseira que o excessivo trabalhado do estilo dava a Flaubert penetra também o leitor. Cansaço por indução. Para mim é como se assistisse a uma ópera em teatro de vidro, onde os cenários e as paredes transparentes deixassem ver toda a maquinaria oculta. Um anjo passa voando na apoteose final e toda a beleza do voo lá se vai porque o espectador está vendo os arames de suspensão. O trabalhado de Flaubert transparece em toda a sua obra — ou é sugestão minha por saber que ele trabalhava demais as frases? Às vezes gastava todo um dia com uma delas, a esguelá-la em todos os tons. Diz Faguet que Renan dissimula de tal modo a técnica de construir frases que deixa a Ilusão de não ter nenhuma — e está aí um dos maiores encantos de Renan o Dissimulado. Ainda ontem vi com um rapaz daqui um horroroso relógio de mostrador transparente, com toda a engrenagem — toda a barrigada — visível. Flaubert é assim. Imagine uma moça belíssima, mas de carnes diáfanas, com as tripas, os bofes, o coração e todas essas coisas vermelhas aparecendo... E Flaubert ainda é, como dizes, 'secante'. O pai foi médico e os avós também. O filho herdou a fúria de escalpelar." (op. cit., v. I, p. 105-6).

Enfim, aí está uma avaliação, entre muitas que fez, do estilo de Flaubert. Ele gostava do autor de *Mme. Bovary*. E se preocupava sempre com a simplicidade do estilo, aquilo que depois iríamos chamar de "coloquialismo". Um coloquialismo que Lobato praticou nas cartas, pois estas apresentam todo o sabor da modernidade. Aquilo que os modernistas fizeram, e Mário de Andrade o fez com perfeição, que é o coloquial nas cartas, também Monteiro Lobato praticava na sua correspondência.

Uma das técnicas de estimativa do estilo que ele às vezes adotava era uma espécie de intertextualidade comparativa. Quando pegava um autor e pretendia exaltá-lo ou simplesmente menosprezar, comparava com outro, fosse brasileiro, fosse estrangeiro.

Tal comparativismo encontra-se com frequência nas cartas de Lobato. Compara, por exemplo, Camilo com Eça de Queirós, para dar, é claro, preeminência a Camilo.

Apesar de ser infenso à gramatiquice e de achar que a literatura devesse estar sob o controle de uma linguagem purista, sob estrita observância do vernáculo, defendia certo apuro da linguagem, que era o aperfeiçoamento do estilo. Julgava, por exemplo, Sílvio Romero extremamente desleixado no estilo, em contraposição a Machado de Assis. O jogo de comparações é permanente em Lobato. Vê-se o trecho seguinte, de uma carta de 1º. de novembro de 1908: "Ando a remoer uma observação que fiz há tempos e insiste. A forma perfeita é *magna pars* numa literatura. Não basta a ideia, como a reação contra o romantismo nos fez crer — a nós naturalistas. Há erro em querer que predomine uma ou outra. É mister que venham de braço dado e em perfeito pé de perfectibilidade. Há pelo Norte uns escritores de talento que só querem saber da ideia e deixam a forma p'r'ali. Eu também já pensei assim — que a ideia era tudo e a forma um pedacinho. Mas apesar de pensar assim, não conseguia ler os de belas ideias embrulhadas em pano sujo. Por fim me convenci do meu erro e estou a penitenciar-me. Impossível boa expressão duma ideia se não com ótima forma. Sem limpidez, sem asseio de forma, a ideia vem embaciada, como copo mal lavado. E o pobre leitor vai tropeçando — vai dando topadas na má sintaxe, extraviando-se nas obscuridades e impropriedades. E se é um leitor decente, revolta-se com os relaxamentos à Sílvio Romero, os pequeninos atentados ao pudor da língua — e com todas essas revoltas e extravios e topadas perde o fio da ideia e acaba com a sensação do caótico. Acho a língua uma coisa muito séria, Rangel. Como a nossa mãe mental.

"A forma de Silvio Romero e outros nortistas, Rodolfo Teófilo Manuel Bonfim, etc., lembra-me uma estrada de rodagem sem pavimentação, toda cheia de buracos e pedras, e difícil de caminhar a cavalo — porque ler é ir o pensamento a cavalo na impressão visual e outras. Machado de Assis me dá a ideia duma estrada de macadam onde o nosso cavalo galopa tão maciamente que nem mais atentamos na estrada. Nos outros não tiramos os olhos da estrada, tais os perigos e a buraqueira — e como há de ver a paisagem marginal quem vai de olhos pregados no chão? O mau português mata a maior ideia, e a boa forma até duma imbecilidade faz uma joia." (op. cit., v. I, p. 222-3).

Nada mais claro do que essa longa citação. Lobato fala do estilo e põe autores em confronto. Na perseguição do pensamento estético, sempre encontramos nele o comparativismo. E, quando almeja apontar as excelências de um escritor, vale-se do cotejo com outro, de que extrai conclusões valorativas, Mesmo quando comete audácias e temeridades: "Estou agora às voltas com a *Eneida* — mas, pelo que já li, Virgílio está para Homero como o jornalista está para o escritor." (carta de 25/2/ 908, op. cit., v. I, p. 209).

Em determinado momento, já era 1910, 30 de julho, ele empolgou-se com o *Brás Cubas* de Machado de Assis e, em resposta a uma carta de Godofredo Rangel, fala: "Achei heresia a comparação do *Brás Cubas* com as *Memórias de um Sargento*. Conquanto estas memórias sejam um dos pouquíssimos livros bons da nossa literatura inicial, falta-lhe a ironia e o pessimismo sibarita e anatoleano de Machado. E falta estilo. Tenho a impressão de que as *Memórias Póstumas de Brás Cubas* foram escritas por um conjunto de mestres: Sterne, Anatole, Xavier de Maistre e Stendhal. Não sei à conta do que levar, mas livro nenhum, daqui ou de fora jamais me soube tanto às minhas mais íntimas e misteriosas vísceras estéticas. Parece um livro ateniense, anacronicamente rebentado no Rio de Janeiro — essa coisa berrantemente tropical! As *Memórias de Um Sargento* têm contra si, no confronto, a vulgaridade plebeia das coisas ditas; e nem podia deixar de ser assim; pois que esperar dum sargento de milícias? Já o doutor Brás Cubas é fina floração de fim de raça, um *faineant* como aqueles das cortes luisescas de França. Flor de fim de Ordem Social. Ao primeiro sopro das Revoluções, os Brás Cubas morrem como passarinhos." (op. cit., v. I, p. 292-3).

Monteiro Lobato sofreu, durante algum tempo, a influência do pensamento de Nietzsche, filósofo com quem se empolgou deveras. E há uma passagem de Nietzsche, da qual Lobato extraiu uma ideia fecundíssima. Mas não a explorou suficientemente, pois, a partir dela, poderia teorizar um aspecto curioso, que os modernistas tentariam realizar, principalmente os surrealistas, com a pregação do fluxo verbal e da liberação do inconsciente na escrita.

Refiro-me ao que Monteiro Lobato propõe quando ensina a "descascar o espírito da tradição". Achava que nós, quando estamos influenciados pela tradição, quando estamos mergulhados nela, formamos uma crosta que nos impede, às vezes, de nos aperfeiçoar. Então, aquela crosta tem que ser escascada, de forma que o aperfeiçoamento se torne uma desagregação inconsciente. Hoje, na linguagem psicanalítica, chamaríamos àquela crosta de super-ego; descascá-la seria libertar e inconsciente, quando, então, se manifesta o essencial da pessoa.

Lobato começou a trabalhar aquela ideia na juventude e depois abandonou-a aparentemente. Isto está numa carta de 2 de junho de 1904, quando o homem andava pelos 22 anos de idade, imaginem: "Nietzsche me desenvolveu um velho feto de ideia. Veja se entendo. O aperfeiçoamento intelectual, que na aparência é um fenômeno de agregação consciente, é no fundo o contrário disso: é desagregação inconsciente. Um homem aperfeiçoa-se descascando-se das milenárias gafeiras que a tradição lhe foi acumulando nalma. O homem aperfeiçoado é um homem descascado, ou que se despe (daí e horror que causam os grandes homens — os loucos — as exceções: é que eles se apresentam às massas em trajes menores, como Galileu, ou nus, como Byron, isto é, despidos das ideias universalmente aceitas como verdadeiras numa época). 'Desagregação inconsciente', eu disse, porque é inconscientemente que vamos, no decurso de nossa vida, adquirindo, ou, antes, colhendo as coisas novas — ideias e sensações — que o estudo ou a observação nos deparam. Essas observações, caindo nalma, lavam-na, raspam-na da camada de preconceitos e absurdos que a envolvem — a camada de anti-naturalismos, enfim.

"É assim, meu Rangel, que eu explico o fenômeno da inconfundibilidade dos grandes artistas, e o fenômeno da pasmosa confundibilidade da caravana imensa dos Goularts e Macucos. E foi assim que cheguei à minha ideia de aperfeiçoamento humano, a conscientização do inconsciente, na qual medito. Penso nela como Newton — só isso. Senti a maçã cair e penso no que fez cair." (op. cit., v. I, p. 57).

Na mesma época, Monteiro Lobato volta a exaltar Nietzsche e não deixa de referir seu estilo, conforme trecho adiante de carta de 28/8/904: "E que estilo, Rangel! Aprendi nele mais que em todos os nossos franceses. É o estilo cabrito, que pula em vez de caminhar. O estilo de Flaubert é estilo de taturana: vai indo até e fim. O de Nietzsche nunca se arrasta, voo de pulo em pulo — e chispa relâmpagos, e chia, urra, insulta. É a mais prodigiosa irregularidade artística. Quando leio Nietzsche sinto ódio contra Flaubert o Impecável. Nietzsche é o Grande Pecador." (op. cit., v. I, p. 66).

Faz parte do arsenal de Lobato os juízos peremptórios. Assim, temos, para só exemplificar, "o abominável Flaubert" (carta de 2/2/ 906, op. cit., v. I, p. 92), os "nefastos Goncourt" (carta de 7/7/907, op. cit., v. I, p. 174), carta em que verbera "esses execrabilíssimos fazedores de arte pela arte que hoje ninguém mais atura." (op. cit, v. I, p. 173).

Usava de uma ironia próxima do sarcasmo: "Um homem evolui indefinidamente, e se se julga chegado ao máximo é que parou de progredir, virou Coelho Neto." (op. cit., V. I, p. 175). Além da camada, estilística, uma preocupação permanente para Lobato, ele incursionava numa espécie de Sociologia da literatura. Eis curioso trecho de comentário a *Canaã*: "*Canaã* será um grande livro enquanto perdurarem os nossos problemas imigratórios; depois irá morrendo — e os futuros leitores pularão os pedaços de Lentz e Milkau. Já o *Brás Cubas* é eterno, pois enquanto o mundo for mundo haverá Virgílias e Brases; mas Milkau é um metafísico de hoje, tem ideias de hoje e filosofea hojemente; amanhã só será lido pelos futuros Melos Morais." (op. cit., v. I, p, 46).

Seria recomendável que se lesse outro comentário que Monteiro Lobato faz a *Canaã*, em carta de 20/1/904 (op. cit., v. I, p. 524). No final, conclui: "Graça Aranha é um artista e um sociólogo; este passará mas aquele fica; os sociólogos lidam com problemas passageiros; só os artistas lidam com coisas eternas."

Nada excede, entretanto, como exemplo de crítica estilística, a carta de 11/9/911, toda ela dedicada a interpretar o estilo de Euclides da Cunha.

Como característica da crítica literária praticada por Monteiro Lobato em sua correspondência, podemos, portanto, mencionar: a) uma propensão a formular juízos de valor; b) uma interpretação predominantemente estilística; c) um comparativismo sistemático; d) um grande espírito de síntese, que favorece as suas enérgicas vibrações judicativas.

A essas características podemos agregar, como fecho, duas qualidades encontradiças nele. A primeira diz respeito à distinção que chegou a fazer entre o problema estético e o problema ético. O melhor exemplo está em carta a Flávio de Campos, citada por Cassiano Nunes. O autor do romance *Planalto* queria atacar Mário de Andrade, pela crítica negativa que este fizera ao romance. A mediação de Lobato é exemplar:

"Tu és um monstro de orgulho, Flávio. Pois queres atacar ao Mário só porque ele exerceu o seu natural direito de crítica? Ele não te insultou, nem te ofendeu. Como então revidar? Revidar ao quê? Se tiras ao crítico a liberdade de criticar, matas a crítica, Flávio. Faço votos para que a Censura impeça a saída do teu artigo no 'Casmurro'. Fica feio para você danar com um cabra criticante só porque ele não gostou do teu livro da maneira pela qual querias que ele gostasse.

Mário é um grande crítico. Mário é notabilíssimo. Mário, pelo seu talento sem par no analismo criticista, tem direito a tudo, até de meter o pau em você e em mim. Eu tenho levado pancadinhas dele. Certa feita chegou a publicar o meu necrológio. Matou-me e enterrou-me. Em vez de revidar, conformei-me e sem mudar a minha opinião sobre ele. Inda esta semana cortei um pedaço de artigo dele sobre a nossa língua, ótimo. Mário é grande. Tem direito até de nos matar à moda dele." (Cassiano Nunes, *A Correspondência de Monteiro Lobato*, S. Paulo, 1982, p. 28)

A segunda qualidade vem a ser certo espírito premonitório quanto a alguns contemporâneos. É o caso de Lima Barreto. Com efeito, em carta de 1/10/916, diz Monteiro Lobato a Godofredo Rangel: "Conheces Lima Barreto? Li dele, na *Aguia*, dois contos, e pelos jornais soube do triunfo do *Policarpo Quaresma*, cuja segunda edição já lá se foi. A ajuizar pelo que li, este sujeito me é romancista de deitar sombras em todos os seus colegas coevos e coelhos, inclusive o Neto. Facílimo na língua, engenhoso, fino, dá impressão de escrever sem torturamento — ao modo das torneiras que fluem uniformemente a sua corda d'água. Vou ver se encontro um *Policarpo* e aí o terás. Bacoreja-me que temos pela proa o romancista brasileiro que faltava." (op. cit., v. II, p. 108).

Eis o que me ocorre sobre o tema proposto. É claro que o leitor da correspondência de Monteiro Lobato poderá surpreender algumas contradições e até mudança de opinião. Ninguém se conserva o mesmo em 40 anos. Além do mais, as cartas, coloquiais, espontâneas como eram, não trazem um propósito doutrinário, nem a apresentação de um pensamento sistemático. Mas, como eu disse, há nelas um magistério sobre a natureza da obra literária e uma forma de avaliar e interpretar o produto artístico.

II. Intuições estilísticas[23]

Tanto a linguagem oral quanto a escrita estão sujeitas a uma vertiginosa produção de sinais que testemunham o insofrido esforço humano de comunicação. É através deles que os povos estabelecem a sua *fluência cultural* (a *fluência*, no caso, deve ser entendida como uma série de competências além do complexo morfossintático).

Os estudos modernos, graças ao desenvolvimento da Linguística, da Psicologia e da Semiologia, tem expandido notavelmente o âmbito de estudo do discurso verbal. E agregações renovadoras vêm sendo feitas ao campo da expressão não verbal, cujo sistema interage com o verbal, como, por exemplo, a noção de que o corpo humano é também dotado de linguagem e se exprime através de somatizações, transfigurações térmicas (suor frio do medo) e dérmicas (ruborização), enfim, através dos *sintomas*. Até mesmo os usos de roupa, alimentação, bebidas e de objetos (ferramentas) servem como mensagens icônicas ou se destinam a estabelecer relações que representem *status*, personalidade ou cultura.

Interessa-nos capitular nosso trabalho na área da Literatura, notadamente no campo da Linguística do Estilo, ou seja, no estudo da língua enquanto sistema de expressividade. E acentuar a procura efetivada por Monteiro Lobato de melhores efeitos do texto literário, considerado, assim, de modo consciente, refletido, elaborado, nada espontâneo. Ou espontâneo apenas aparentemente.

Em estudo anterior, chamamos a atenção para uma implícita *ars poetica* nas cartas do contista de *Urupês* a seu amigo Godofredo Rangel (cf. "A Escrita, a Crítica e a Estética nas Cartas de Monteiro Lobato", em *Atualidade de Monteiro Lobato*, Porto Alegre, Mercado Aberto, 1983, pp. 89-101). Agora nos interessa registrar, em *A Barca de Gleyre*, alguns apontamentos e observações que indicam ser a criação literária, para Monteiro Lobato, um ato de volição, mais do que fruto de uma inspiração divinatória.

[23] In *Revista da Academia Paulista de Letras*, ano XLIX, julho de 2000, nº 113, p. 158 *usque* 166.

De acordo com J. Mattoso Câmara Jr. os processos estilísticos se encontram a serviço de uma psique mais rica e especialmente educada para o objetivo de exteriorizar-se. A Estilística, a seu ver, tem por fim "complementar a Gramática". E o estilo "é a definição de uma personalidade em termos literários." (*Contribuição à Linguística Portuguesa*, Rio, Ao Livro Técnico, 1977, p. 13).

Na soma de representações dos objetos exteriores e do mundo subjetivo, o escritor geralmente adota estratégias para que o leitor compartilhe de suas riquezas, carreando, ao mesmo tempo, emoção e informação para o destinatário da mensagem.

O que se observa no texto do escritor original é a distribuição peculiar dos símbolos relativamente socializados, de tal sorte que o autor oscila entre os signos compartilhados e aqueles de corte idiossincrático.

A sutileza do analista consiste justamente em determinar os traços de autonomia da escrita e, ao mesmo tempo, assinalar a beleza de sua expressão ou a eficácia comunicativa de seus recursos estilísticos.

Monteiro Lobato revela momentos fulgurantes de observação crítica nas cartas a Godofredo Rangel. E simultaneamente exemplifica seus achados com anotações que traduzem percepção análoga à dos especialistas.

Sua preocupação com o "estilo" colocam-no passos adiante ao que convencionalmente se admitia como recomendável em sue tempo. Quer isto dizer que, sob a regência de noções sociais acerca da arte de bem escrever, Monteiro Lobato entrava em discrepância com o ambiente, não obstante ter ficado ao largo da barulheira modernista.

Assim, enquanto os jovens pregavam a revolução da linguagem e propunham a ruptura com os cânones tão rigorosamente garantidos pelos parnasianos e afluentes, Monteiro Lobato, que os combatia, ingressava a seu modo no mundo da atualização da língua, segundo as tendências contemporâneas. As suas cartas e, mais tarde, sua literatura infantil e militância político-econômica demonstram que se alimentava do mesmo impulso renovador que movia os seus opositores. A Ideologia, no fundo, se articula como linguagem.

O Brasil literário se encontrava sob a dominação de uma perspectiva rigorosa, já que em muitos setores da sociedade ainda imperava a gramática normativa, reflexo talvez do poder autoritário.

Vivíamos perante a interferência dos costumes literários portugueses que, por sua vez, se deixavam influenciar pelos autores franceses. No terreno da imposição de regras, o melhor símbolo talvez seja *A Formação do Estilo* de Antonio Albalat, representativamente traduzido em 1912 por Cândido de Figueiredo, um dos mestres da gramaticalidade.

Albalat preocupava-se com o "como" escrever, a partir da lição dos mestres. E Cândido de Figueiredo proclamava em prefácio à tradução: "O trabalho e o estudo metodizam as produções geniais, dão vigor e brilho ao que é espontâneo e ingênito."

Dessa circunscrição conceitual, que prescreve uma competência normativa, compartilhava toda uma geração de gramáticos e escritores, quase uma legião, de que temos um eco retardatário na serie de "louçanias de linguagem" do Pe. Artur Schwab, SVD.

É de se acentuar que Monteiro Lobato, no afã de compendiar princípios mais flexíveis para a elaboração da obra literária, tratou com reserva a doutrinação de Albalat, conforme escreve a Godofredo Rangel a 14-8-1909, ou seja, quando contava apenas com 27 anos:

"Esse Albalat que o Ricardo te mandou anda interessando muito à rapaziada de S. Paulo que pretende lugar nas letras. Tenho a impressão de que é obra vã e perigosa talvez das que ensinam um certo estilo — e neste caso teremos estilo postiço, como há dentes postiços. Estilo é cara; cada qual tem a sua e o que fazemos para modificar nossa cara é em geral mexer nos pelos, barba e grenha, e podemos sair um bigodíssimo Umberto I ou um cara-rapada à americana. O mais do nosso rosto não se sujeita a travestis. No estilo também há algo de imutável, de ingenito, de inalterável, a despeito de tudo o que façamos para deformá-lo. Não as exterioridades, mas essa *alma-mater*, esse eixo central, é que verdadeiramente constitui o estilo." (*A Barca de Gleyre*, S. Paulo, Brasiliense, 1968, vol. I, p. 259).

Vejamos como trata o *Adjetivo* (do latim *ad* + *jactare*: por-se, colocar-se), cuja topologia na obra de Euclides da Cunha é analisada por Monteiro Lobato em carta de 11 de setembro de 1911 a Godofredo Rangel.

Tem-se hoje o adjetivo em contraposição ao substantivo, cujo poder reside em constituir objetos. A referência básica é quase sempre dada pelo substantivo, enquanto o adjetivo colabora com as limitações ou especificações. Indica ora uma qualidade, ora uma determinação do substantivo.

As funções do adjetivo se distinguem como atributo e como predicativo. No primeiro caso, se liga ao substantivo e, no segundo, ao sujeito da frase de versos existenciais. Em termos de acepção filosófica, vem a ser o predicado (*what*) que se acrescenta ao sujeito concreto (*that*). É frequente, todavia, o fenômeno de intercâmbio taxeonômico, que implica a passagem de uma classe para outra. Ocorre igualmente que o adjetivo indique qualidade já intrinsecamente existente no substantivo, o que transmite repetidas vezes a impressão de tautologia, como em "pedra dura" e "água mole". De qualquer forma, tem que levar em conta a tensão rítmica, capaz de acender uma luz semântica determinadora da proposição.

Daí as variações de sentido que o adjetivo pode proporcionar quando anteposto ou posposto ao substantivo, além de o deslocamento ser de regra para favorecer a eufonia, tornar a frase mais agradável ao ouvido. Vê-se quão vasto é o campo semântico-sintático que a ciência reserva ao estudo do adjetivo.

Henrich Lausberg lembra que a classe de adjetivos pode servir assim ao *ornatus*, quase uma variante subordinante da sinonímia, (epithetus ornantia), como à *amplificatio* partidária ou poética. É certo que todo qualificativo é suscetível de elevar-se ao grau intensivo.

Tomemos a manifestação de Monteiro Lobato, que se vale de curiosa comparação. De um lado, coloca a escrita artística de Euclides da Cunha, admitida como exemplar; de outro a escrita rotineira do jornal (hoje diríamos a "linguagem da mídia"). É de se acreditar que o missivista tivesse por objetivo contrapor os fatores estéticos da primeira, corporificada em beleza, harmonia e elegância, aos fatores vulgares da comunicação direta da segunda, consubstanciada em objetividade e simplificação. Eis a primeira parte da carta:

"Volto a Euclides. Estive a lê-lo e pareceu-me que a sóbria e vigorosa beleza do seu estilo vem de não estar cancerado de nenhum dos cancros do estilo de toda gente — estilo que o jornalismo apurou até ao ponto-de-bala acadêmico, tornando-o untuoso, arredondado e impessoal. 1) Euclides evitar pospor o adjetivo ao substantivo, o que contraria a lógica percepção cerebral. Por exemplo: "esguia palmeira". O que na mecânica da leitura o cérebro tem de representar ao receber a impressão dum desses adjetivos (sem ter ainda recebido a impressão do substantivo posposto), é uma qualidade *vaga* e *dissipad*a em extremo, capaz de mil articulações diversas: ao passo que na forma contrária — 'palmeira esguia', por exemplo — a impressão é de extrema nitidez e rigor; o cérebro representa a coisa indicada pelo substantivo e imediatamente a qualifica ou determina com o adjetivo posposto. Ora, em Euclides *não* há adjetivos prepostos aos substantivos, ao passo que no estilo de jornal é esta a forma que predomina ('nosso inteligente colaborador', 'o distinto amigo', a 'gentil senhorita', a 'virtuosa consorte', o 'honrado comerciante desta praça', etc.) (ob. cit., vol. I, p. 312)".

Seria do maior interesse comparar os preceitos do contista de Urupês com a vulgata modernista de Mário de Andrade, dispersa nos inúmeros escritos deste, mormente nos ensaios, nas críticas e nas inumeráveis cartas que deixou. Lobato frequentemente falava de oitiva, sem qualquer sistematização, acerca de estilo e regras de escrita. Mas revelava acurada percepção do fenômeno da linguagem na sua dinâmica, ou seja, segundo as leis de transformação e atualização da língua.

Já Mário de Andrade se propunha um receituário moderno, que se consubstanciaria na *Gramatiquinha* que chegou a anunciar. Seus fundamentos foram organizados por Edith Pimentel, de acordo com a marginália dos livros e apontamentos deixados pelo escritor (cf. *A Gramatiquinha de Mário de Andrade — Texto e Contexto*, S. Paulo, Liv. Duas Cidades, 1990).

Mário de Andrade incluía a função crítica à Poética. A seu ver, após a manifestação espontânea dos sentimentos, numa espécie de escrita automática, cumpria ao escritor regressar ao texto a fim de exercer sua capacidade técnica e conduzir a expressão à forma ideal.

Como analista e intérprete da obra alheia cultivou uma espécie de *close reading*, na medida em que tentou objetivar os juízos com base em fatores quantitativos ou conceituais o mais possível unívocos.

Para ilustrar, transcrevamos um trecho de sua apreciação do romance *As Três Marias* de Rachel de Queiroz:

"O único receio que me deixa a sua maneira de dizer é quanto ao abuso de palavras geminadas, principalmente qualificativos. 'Ele é QUIETO E MACIO' como um gato, tem uns grandes olhos verdes CURIOSOS E TRISTES que transbordam lágrimas à menor comoção, como si, tão VERDES E LIMPIDOS fossem...' (p.144): 'até dormir EXAUSTA E DESARVORADA, rolando a cabeça dolorida, sem repouso, no travesseiro QUENTE E DURO' (p.16) O hábito não chega a ser defeito, pois a escritora não insiste nele com nenhuma penúria expressional, mas como se repete com bastante frequência, descoberta a facilidade, esta persegue o leitor e desperdiça a inocência com que se deve ler." (*O Empalhador de Passarinho*, S. Paulo, Liv. Martins, 2ª. Ed., 1955, p. 115)

Diga-se, de passagem, que Mário de Andrade reservou na *Gramatiquinha* um capítulo à categoria Lexeologia em que se inscreve o subtítulo "Palavra", conceituada sem muita precisão. Talvez sinônimo de substantivo, ou seja, "entidade limitada". No fundo, percebe o adjetivo como palavra designadora. Mas suas pesquisas não raro se fundamentaram em especulações desordenadas.

O certo é que Mário de Andrade, no âmbito da análise estilística, considerava o ornato como prejuízo e, na esteira de Benedetto Croce, explorava o conceito intuitivo da arte. É em tal contexto que abraça de certa forma a doutrinação de Albalat, cujo aticismo, adotado pelo autor de *Macunaíma*, representava a antirretórica.

Daí o seu desapreço pelas duplicações de adjetivos, como se vê do comentário à obra *As Três Marias* de Rachel de Queiroz. É bem verdade que a Retórica registra casos de acumulação binária de adjetivos para se obter quer a sinonímia, quer a acumulação amplificadora. Ex.: "Dai-me uma fúria grande e sonorosa". (*Os Lusíadas*, 1,5,1). Há casos concretos em que a acumulação pode exprimir uma plenitude ou um transbordamento.

No caso apontado por Mário de Andrade, ao denunciar os adjetivos germinados de Rachel de Queiroz, faltou-lhe apontar a expressividade moduladora dos qualificativos, já que não se percebe qualquer locução iterativa, pleonástica, ou mera ornamentação retórica.

O trecho seguinte da carta de Monteiro Lobato, citada acima, continua a contrapor o estilo de escritor ao estilo de jornal. Vejamos:

"2) Os verbos em forma composta, essa nojenta coisa de agregar o *ter* e o *haver* ao resto da verbalhada. É outro vício dessorante que enfraquece o estilo com amortecer a nitidez da impressão cerebral ("haviam feito", "tinham estado comendo" etc.). As formas verbais simples são esplêndidas de energia e Euclides, só emprega as compostas quando indispensáveis. Já o estilo de jornal só quer saber das compostas, justamente porque meliflue a frase, fa-las de salão de Clube Recreativo. Abro um Minarete e encontro: 'andaram percorrendo', 'tiveram começo', 'estavam reclamando', 'foram verificados' etc. A explicação do fato é a mesma do adjetivo preposto — dispersão, dissipação."

Aí está a reivindicação estilística de Monteiro Lobato: contra o adjetivo preposto ao substantivo e contra o abuso das formas compostas dos verbos. Adiante, o escritor prossegue a jornada crítica ao redor dos usos literários de seu tempo. Agora incide sua verve sobre a formação de advérbios através do sufixo "mente". E utiliza, a seu favor, o argumento de autoridade, ao invocar a abonação de Euclides da Cunha, seu modelo de boa escrita:

"3) Os advérbios em mente, outra asquerosa invenção do jornal com o fito de adocicar o estilo por causa das leitoras folhetinistas, normalistas, pianistas, feministas — todos o hospital dos cloróticos para os quais o jornal é um pão de cada dia — pão doce. A razão ainda é a mesma. Claro que têm mais força as formas — 'de leve', 'à larga', 'à sós' — do que o 'levemente', o 'largamente', o 'solitariamente'. Euclides é idiossincrático aos advérbios em mente e o estilo de jornal não quer outra coisa. Pela-se por eles."

Há toda uma constelação de pronunciamentos acerca de estilo e de estilos na sua correspondência. A descoberta que faz Lima Barreto, por exemplo, leva-o a uma explosão de entusiasmo, a 1-10-1916:

"Conheces Lima Barreto? Li dele, na Aguia, dois contos, e pelos jornais soube do triunfo do *Policarpo Quaresma*, cuja segunda edição já lá se foi. A ajuizar pelo que li, este sujeito me é romancista de deitar sombras em todos os seus colegas coevos e coelhos, inclusive o Neto. Facílimo na língua, engenhoso, fino, dá impressão de escrever sem torturamento — ao modo das torneiras que fluem uniformemente a sua corda d'água. Vou ver se encontro um *Policarpo* e aí o terás. Bacoreja-me que temos pela proa o romancista brasileiro que faltava." (*A Barca de Gleyre*, vol. II, p. 108)

É patente sua oposição à moda da vigilância gramatical. Chega a propor uma pilhéria a respeito do estado de espírito reinante então. Sugere o seguinte a seu correspondente Godofredo Rangel:

"Contos de Monteiro Lobato, com pronomes por Alvaro Guerra; com a sintaxe visada por José Feliciano e a prosódia garantida no tabelião por Eduardo Carlos Pereira. As vírgulas são do insigne virgulografo Nunalvares, etc." (ob. cit., p. 211)

Como quer que seja, a ideia da busca do "estilo" andava no ar. *The Problem of Style* de Middleton Murry é de 1922. A palavra é frequente tanto em Monteiro Lobato quanto em Mário de Andrade, que a invoca a qualquer pretexto. Lobato tem a noção de que a obtenção de um estilo é tarefa em permanente processo. E confessa: "Meu estilo está em formação. Talvez fique em formação toda a vida. O de hoje é uma fase." (ob. cit., p. 163, carta de 11-12-1917).

Quanto à *Gramatiquinha* de Mário de Andrade, pontua Edith Pimentel: "Não há, em suas notas, conceituação de estilo, nem de estilística; não há referências a leitura feita ou programada; e são raras as citações." (*A Gramatiquinha de Mário de Andrade*, p. 239).

Ambos os escritores, Lobato e Mário de Andrade, portadores de projetos assimétricos de produção literária, manifestaram pendor pelo conhecimento intuitivo por ocasião do primeiro contato com a obra. E, a partir de então, prevaleceria o juízo crítico e o aprendizado colhido na prática sob a forma de "técnica". A Lobato certamente acudiam as lições de Bergson e a Mário de Andrade importava a estética de Croce. No dizer de Bergson, "chamamos de intuição a simpatia por meio da qual nos transportamos para o interior de um objeto para coincidir com o que ele possui de único e, pois, de inexprimível." (*La Pensée et le Mouvant*, VI).

Cremos que a lição de Bergson cai bem para ambos os escritores nacionais, preocupados com a produção e a recepção da obra.

A noção de "estilo", buscada pelos dois, teve larga elaboração na primeira parte do século. Foi considerada um desvio da norma. E, nas pegadas de Marouseau, "a atitude que adota o praticante, escritor ou falante, em face do material que a língua lhe fornece." No fundo, um idioleto, o modo singular com que o escritor se reporta ao repertório que lhe é fornecido pela coletividade.

Regidos por uma gramática informal, Monteiro Lobato e Mário de Andrade deram mostras, na criação e na crítica, de uma preocupação metalinguística, apoiada numa estilística de base intuitiva.

Mário de Andrade e Monteiro Lobato: um diálogo modernista em três tempos[24] [25]

Marisa Lajolo

Monteiro Lobato (c. 1939):

> "Mário é um grande crítico. Mário é notabilíssimo. Mário, pelo seu talento sem par (...), tem direito a tudo, até de meter o pau (...) em mim." [26]

Mário de Andrade (1940):

> "Nada me impede que eu guarde do Sr. Monteiro Lobato uma ternura imensa. Soube ser superior aos meus despeitos e me deu o *Prefácio Interessantíssimo*." [27]

---

[24] Apud Tereza: Revista de Literatura Brasileira. 8/9 São Paulo: Ed. 34. p.141-160. 2008 ISSN 1517-9737-04.

[25] Versão anterior deste trabalho foi apresentada no *Department of Spanish and Portuguese Languages and Cultures* da Universidade de Princeton em 11.10.2006 no Seminário de Literatura Brasileira coordenado pelo prof. Dr. Pedro Meira Monteiro, a quem a autora agradece o convite para a apresentação . A pesquisa da qual resulta o presente ensaio, bem como os fundos para sua apresentação em Princeton vieram da Fapesp, do CNPq e da Universidade de Prínceton.

[26] Nunes, Cassiano (sel. E org.). Monteiro Lobato vivo MPM propaganda. Record. SP. 1986.

[27] *Diário de Notícias.26.05.1940 In* Andrade, Mário de. *Vida Literária*. Pesquisa, estabelecimento de Texto, introdução e notas por Sonia Sachs. São Paulo: Edusp/ Hucitec 1993. p. 197/198).

1.

No jornal *O Estado de S.Paulo* de 20 de dezembro de 1917, Monteiro Lobato — então com 35 anos de idade — publicou matéria sobre a exposição de uma jovem pintora, recém-chegada da Alemanha: Anita Malfatti. Com o título "Paranoia ou mistificação?" o artigo fez história: a história que todos conhecemos registrada hoje em livros e sites de literatura, onde Monteiro Lobato figura como conservador empedernido, insensível à vanguarda.[28]

Com efeito, neste artigo, o criador do Jeca assume sem rebuços o desacordo — que manterá por toda vida — com algumas vertentes do que vai ser considerado *o modernismo*:

"(...) Sejamos sinceros: futurismo, cubismo, impressionismo e *tutti quanti* não passam de outros tantos ramos da arte caricatural. É a extensão da caricatura a regiões onde não havia até agora penetrado. Caricatura da

---

[28] Na mais recentemente (re) lançada história panorâmica da literatura brasileira – a *História da literatura_brasileira* de Luciana Stegagno-Picchio (RJ: Nova Aguilar (Lacerda Editores/ Academia Brasileira de Letras), 2004 ; 2ª. Ed. Revista e ampliada) o autor de *Urupês* é apresentado como *(...) inimigo dos "ismos", no qual (sic) fareja o decadentismo burguês, romântico a seu modo em seu programático anti-romantismo, na defesa da boa causa, quando em 1922 estoura em São Paulo a revolução modernista (que, no entanto, muito lhe deve, ainda que apenas no plano da destruição) está entre os opositores: em nome do bom senso e do bom gosto burguês . (p.397)* . *Sites* de literatura, voltados para estudantes do ensino fundamental e médio reproduzem o mesmo juízo crítico: "*Lobato fora, desde o início de sua carreira, um pré-modernista. Irritado com os padrões oficiais de educação e cultura, desvinculou-se das normas padronizadas da literatura, criando um estilo livre, avançado, valorizando a cultura nacional e discutindo temas voltados internamente para os problemas brasileiros. Ao contrário do que se imagina, Monteiro Lobato sequer foi à exposição de Anita Malfatti. Não viu nada e não gostou do que não viu. Mas, em artigo virulento, publicado no jornal «O Estado de São Paulo», depois de criticar as extravagâncias de «Picasso & Cia.», o escritor assestou as baterias contra Anita, esperando que as balas ricocheteassem, atingindo seu alvo principal, que eram os modernistas, companheiros da pintora* http://www.pitoresco.com.br/brasil/anita/anita.htm (consulta em 26.02.2007. Ou então *(...) o próprio Lobato assumiu uma postura anti-moderna ao criticar, com o artigo "Paranóia ou Mistificação?", a exposição de Anita Malfatti, realizada em 1917. Além disso, Lobato fez questão de não participar da Semana de Arte Moderna de 1922.* http://www.mundocultural.com.br/index.asp?url=http://www.mundocultural.com.br/literatura1/pre-modernismo/lobato.htm (consultado em 26.02.2007).

cor, caricatura da forma — caricatura que não visa, como a primitiva, ressaltar uma ideia, mas sim desnortear, aparvalhar o espectador."[29]

O artigo tornou-se famoso, sacramentado pela história literária como ponto de partida dos desentendimentos entre Monteiro Lobato e o grupo de jovens artistas e intelectuais que, cinco anos depois, em 1922, vão protagonizar a paulistana Semana de Arte Moderna. Com "Paranoia ou mistificação?", Monteiro Lobato entrou na contramão de uma vanguarda ruidosa, que tinha a seu dispor um bom poder de fogo. Ligados a uma vertente esclarecida da burguesia paulista, os protagonistas da célebre Semana desfrutam de capital simbólico crescente, que lhes rende juros consideráveis. E por longos anos, seu projeto estético será identificado pela crítica e pela história literária como o projeto paradigmático do Modernista brasileiro.

Monteiro Lobato, no entanto, ao publicar o artigo sobre Anita Malfatti num jornal com o prestígio de *O Estado de S.Paulo* também se revela detentor de um cacife bastante razoável para a cidade das letras brasileira[30] do ano de 1917.

Vem daí, talvez, o caráter emblemático do artigo e da discussão que ele gerou, tendo-se construído sobre o *affair* um capítulo importante da história da literatura brasileira. Hoje, quase um século depois do bate-boca, estando já o Modernismo corroído pelos *pós* e outros tantos *ismos* que se lhe seguiram, talvez seja tempo de observar que divergências de pressupostos estéticos e diferentes credos artísticos não impediram que alguns dos protagonistas da polêmica continuassem a se relacionar, esbarrando-se volta e meia pelas esquinas da cidade letrada.

É de um desses *esbarrões* que trata este texto.

Se em 1917 as obras da exposição de Malfatti são consideradas pelo *crítico* Monteiro Lobato como fruto de *sugestão estrábica de escolas rebeldes (...) frutos de fim de estação bichados no nascedouro* (op.cit. p.52) é a esta mesma artista que, em 1922, o *editor* Lobato encomenda capa para *Os condenados*, e *O homem e a morte* livros, respectivamente de Oswald de Andrade e de Menotti Del Picchia. As duas obras foram lançadas no mesmo ano da ruidosa Semana de Arte Moderna de São Paulo, pela Monteiro Lobato & Cia, editora de propriedade de Monteiro Lobato.

O episódio merece atenção e sugere reexame da hipótese — corrente na história literária oficial — de uma ruptura radical entre Monteiro Lobato

[29] Apud Mário da Silva Brito *História do modernismo brasileiro (I) Antecedentes da Semana de Arte Moderna*. Rio de Janeiro: Editora Civilização Brasileira. P.52-56 . 1964. 2ª. ed. revista.

[30] Rama, Angel: A cidade das letras. São Paulo: editora Brasiliense, 1982.

e os modernistas. Da perspectiva da história da pintura e das exposições paulistanas tal reexame foi levado a cabo de forma convincente e competente pelo excelente *Um Jeca nos vernissages paulistas* de Tadeu Chiarelli[31].

Aos tópicos que fundamentam a discussão proposta por ele para as artes visuais, pode-se talvez apenas acrescentar uma outra e minúscula observação: para desqualificar a linguagem pictórica de Malfatti, Monteiro Lobato acaba valorizando a linguagem da caricatura, denominando-a *arte: arte caricatural.* Seu fascínio e respeito por esta linguagem já se manifestara em artigo escrito para a Revista do Brasil em 1918. Em 1932, em seu livro *América*, Lobato não apenas menciona com admiração a presença da caricatura na imprensa norte-americana como reproduz caricaturas em seu livro, o que sugere que se preocupou em recortá-las, guardá-las e trazê-las de Nova Iorque.

Mas, de qualquer forma, ao *ler* na exposição de Malfatti uma transposição desta linguagem caricatural para outro código, ele lê, igualmente, como efeito de sentido desta transposição *desnortear* e *aparvalhar* o espectador. Com tais leituras, Monteiro Lobato passa recibo do efeito da obra de arte moderna conseguido pela exposição da jovem artista. *Desnorteio* e *aparvalhamento* dos espectadores cumpre o desiderato modernista tão bem expresso por Manuel Bandeira em *Nova Poética*, poema datado de maio de 1949.

> "(...)
> Sai um sujeito de casa com a roupa de brim branco muito bem engomada, e na primeira esquina passa um caminhão, salpica-lhe o paletó ou a calça com uma nódoa de lama:
> É a vida.
> O poema deve ser como a nódoa no brim:
> Fazer o leitor satisfeito de si dar o desespero. (...)" [32]

---

[31] Chiarelli, Tadeu Um jeca nos vernissages paulistas. São Paulo: Edusp. 1995.

[32] Bandeira, Manuel. *Estrela da vida inteira. (Belo belo)* Rio de Janeiro: Livraria José Olympio Editora. p.201.

2.

É, então, cheio de arroubos o encontro, em 1917, entre Monteiro Lobato e os futuros modernistas.[33] Mas a relação prossegue e alguns de seus lances podem cartografar um sistema literário[34] bem mais complexo do que uma oposição binária de dois campos em que se confrontam — de um lado — modernistas e — de outro — pré-modernistas. Talvez seja hora de multiplicar categorias e falar de *modernismos* e *modernistas. Em todas as frações*, como disse Manuel Bandeira das virgens do carnaval carioca.

A multiplicação exige um cenário mais amplo.

Enquanto sistema, a literatura brasileira já estava definitivamente consolidada ao final do século XIX: o surgimento de editoras, de instituições letradas e, sobretudo, o aumento do número de brasileiros alfabetizados capazes de configurar um público leitor, dão à literatura o estatuto que cada vez mais ela terá — uma mercadoria à procura de seu mercado.

É a alteração de modos e bases técnicas de produção que se delineiam outros modernismos, outras manifestações de modernidade que podem tirar do grupo paulista reunido em torno à SAM de 22 a grife de exclusividade com que o vem distinguindo a história literária canônica, projeto ambicioso que se inicia contemporaneamente à própria Semana e se realiza por diferentes formações discursivas, de livros didáticos à crítica militante.

Em 1933, Estevão Cruz, em sua *Antologia da Língua Portuguesa*, puxa a fila. Seu livro (*para uso dos alunos das cinco séries do curso de Português*) transcreve trechos de *Macunaíma* e de *Clã do Jabuti*, numa admirável — e rara no discurso didático — atenção à literatura contemporânea sua:

> "Não tivemos o propósito quando tratamos o movimento 'Modernista'de historiar todos os fatos que o traduzem: apenas nos foi possível apresentar as figuras que se nos apresentam mais representativas (...)" [35]

---

[33] O "Fundo Monteiro Lobato" do Centro de Documentação Alexandre Eulálio do Instituto de Estudos da Linguagem da Unicamp é constituído por documentos do escritor lá depositados pelos herdeiros. O *site* http//:www.unicamp.br/iel/monteirolobato disponibiliza alguns destes documentos bem como a listagem completa deles. Sob o código MLb 3.2.00206 cx4 o CEDAE guarda uma carta de Oswald de Andrade para Monteiro Lobato datada de 12 de janeiro de 1916.

[34] Antonio Candido. *Formação da literatura brasileira* (momentos decisivos) São Paulo: Livraria Martins Editora. 1°. vol. 2ª. ed. revista.

[35] Cruz, Estevão *Antologia da Língua Portuguesa* (para uso dos alunos das cinco séries do curso de Português) Porto Alegre: Editora Livraria do Globo. 1933. p. 14.

Esta escolarização do modernismo paulista apenas onze anos depois da Semana de Arte Moderna, seis depois de *Clã do Jabuti* e cinco de *Macunaíma* sugere que a ideia de *movimento* já havia ganhado força, habilitando-se, portanto, o modernismo a constituir matéria de um livro escolar, espaço por definição dos *clássicos*.

Também na crítica militante, o modernismo cedo se consagra como *movimento*.

No dia seguinte ao encerramento da Semana de Arte Moderna, Oswald de Andrade, pelas páginas do *Jornal do Commercio*, proclamava que:

"(...) o movimento não pode mais ser chamado futurista nem paulista. Trata-se de um movimento nacional, violento e triunfante e no qual se empenham reputações formidáveis."[36]

Para o Mário de Andrade de 1939 (em artigo de primeiro de outubro em *O Estado de S.Paulo*), embora a literatura paulista tivesse mirrado no *day after* da grande conquista modernista esta conquista se estabilizara em *movimento*:

"Porque esta me parece a verdade mais estimulante, que convém afirmar. Os paulistas, que deram o primeiro e principal brado de alarme na renovação das artes nacionais, depois de generalizado o movimento dessa renovação, se concentram outra vez na sua bisonhice, digamos, trabalhadeira." [37]

Coincidem, pois, na apresentação do Modernismo paulista como paradigma de renovação da arte nacional tanto o gaúcho autor de manuais escolares, quanto a crítica (paulista) militante.

Neste cenário de um modernismo hegemônico, cartas trocadas entre diferentes remetentes e destinatários podem matizar um pouco uma histó-

---

[36] Andrade, Oswald apud Maria Eugênia Boaventura (org). *22 por 22: A Semana de Arte Moderna vista pelos seus contemporâneos*. São Paulo: Editora da Universidade de São Paulo. 2000. p.108.

[37]. In Andrade, Mário de. *Vida Literária*. Pesquisa, estabelecimento de texto, introdução e notas por Sonia Sachs. São Paulo: Edusp/ Hucitec 1993 p. 110

ria cultural monolítica que lê a produção literária das primeiras décadas do século XX ou como marcha triunfal em direção ao modelo de modernismo proposto e praticado nos entornos da SAM, ou como decorrência dele.

A primeira destas cartas vem dos Estados Unidos, de onde, em 1930, Monteiro Lobato se dirige a Mário de Andrade:[38]

"New York, 6 agosto, 930

Meu caro Mário de Andrade,

Muito há de você de espantar-se com esta, vinda d'além túmulo, dum morto que você matou há três anos atrás. Mas há de tudo na vida, até mortos que escrevem cartas aos matadores.

O que me traz é um livro seu — Macunaíma. Tenho cá um editor que deseja conhecê-lo, com palpite que é coisa editável em inglês. Se você está por isso, mande-me um exemplar e se achar que um morto pode representar um vivíssimo, mande também autorização para eu tratar com o homem.

É incrível como dá voltas o mundo! Vou eu ajudar o Mário a publicar-se neste país e ajudar na tradução. Vou sair da cova só para isso. Depois recolherei de novo, porque não existir é a delícia das delícias, meu caro Mário.

Hurry up. Manda logo dois exemplares e depressa.

Do seu matado

M. Lobato

Monteiro Lobato 3505 Broadway, New York City"

A carta, modernosamente datilografada, sugere uma cartografia alternativa para a *cidade das letras*.

Em seu primeiro parágrafo, o signatário se apresenta, à semelhança de defunto autor Brás Cubas, como *correspondente póstumo*. As alusões mortuárias (*além túmulo* , *morto*, *matou há três anos atrás*) referem-se a um curioso

[38] A carta faz parte do Fundo Monteiro Lobato do Centro de Documentação Alexandre Eulálio do Instituto de Estudos da Linguagem da Unicamp, e tem o cóodigo MLb 3.1.00169 cx3constituído pelos documentos do escritor lá depositada pelos herdeiros do escritor. O site http//:www.unicamp.br/iel/monteirolobato disponibiliza alguns destes documentos.

capítulo das relações de Monteiro Lobato com o modernismo paulista. Em 13 de maio de 1926 , Mário de Andrade, no jornal carioca *A Manhã* escreve um artigo no qual, com ironia fina e ferina *mata* Monteiro Lobato, então vivendo no Rio de Janeiro, para onde se mudara na esteira de uma dolorosa falência comercial[39] .

"(...) O telégrafo implacável nos traz a notícia do falecimento de Monteiro Lobato, o conhecido autor de *Urupês*. Uma das fatalidades de que sofre a literatura nacional é essa das Parcas impacientes abandonarem no começo o tecido de certas vidas brasileiras que se anunciavam belas e úteis. Muitos literatos têm desta maneira partido pro esquecimento em plena juventude mal deram com a obra primeiro vislumbre gentil de seu talento e possibilidades futuras." [40]

A ironia começa por inventar uma suposta notícia da morte de Monteiro Lobato e prossegue referindo-se ao escritor como um iniciante que apenas deu *vislumbre gentil de seu talento e possibilidades* futuras. E a ironia cresce ao limitar a bibliografia lobatiana a seu título de estréia quando, na realidade, entre a publicação de *Urupês* (1918) e a publicação do artigo (1926), os títulos lobatianos já haviam vendido mais de cem mil exemplares, como mostra a tabela seguinte:

[39] Cf. Bignotto, Cilza C. *Novas perspectivas sobre as práticas editoriais de Monteiro Lobato* (1918-1925). Tese de Doutorado. Instituto de Estudos da Linguagem. Unicamp. 2007.

[40] Passsiani, E. *Na trilha do Jeca* (Monteiro Lobato e a formação do campo literário no Brasil). São Paulo: Anpocs/EDUSC. 2003. p.31.

TABELA 01 - TIRAGEM E VALOR GLOBAL DAS OBRAS DE MONTEIRO LOBATO EDITADAS ENTRE 1918-1925 [41]

OBRA	TIRAGEM	TOTAL BRUTO
Urupês (1ª. Ed 1918)	30.000	120:000,00
Cidades Mortas (1ª. Ed 1919)	23.000	92:000,00
Idéias de Jeca Tatu (1ª. Ed 1919)	12.000	48:000,00
Negrinha (1ª. Ed 1920)	25.000	100:000.000
Onda verde (1ª. ed. 1921)	12.000	48:000.000
Problema Vital (1ª. Ed. 1918)	2.000	4:000.000
TOTAL	104.000	412:000,00

Em belo e penetrante estudo, Enio Passiani analisa o artigo de Mário de uma perspectiva bourdieusiana , lendo-o, pois, não como documento de uma polêmica estética, porém como peça de artilharia na luta pelo hegemonia no campo das letras. Esta abordagem ganha mais sentido se lembrarmos que em 1926 a Semana de Arte Moderna paulista tinha quatro anos e Mário de Andrade trinta e três. E, como bem aponta Passiani, o artigo de Mário de Andrade foi escrito num momento de extrema fragilidade de Lobato: com quarenta e quatro anos, falido e desempregado no RJ , ele era, em 1926, ex-proprietário e ex-editor da ex-poderosa editora paulista Cia. Graphico-Editora Monteiro Lobato.

É na esteira desta falência que Monteiro Lobato é nomeado adido comercial da representação diplomática brasileira nos Estados Unidos e se muda para Nova Iorque, de onde envia a Mário de Andrade a carta transcrita.

A carta de Lobato é curta, divertida e objetiva: informa Mário de Andrade do interesse de um editor norte-americano em publicar *Macunaíma*, obra saída no Brasil em 1928, em edição de 800 exemplares financiados pelo autor, que os imprimiu na tipografia de Eugênio Cupolo[42]. A carta

[41] Esta tabela foi construída a partir de dados constantes de carta de Octales Marcondes Ferreira a Monteiro Lobato, em 1941, sob guarda do Cedae / IEL/ Unicamp sob código MLb 3.2.00407 cx9.

[42] Andrade, Mário de. *Macunaíma* (o herói sem nenhum caráter) Edição crítica de Telê Porto Ancona Lopez. RJ: LTC Livros Técnicos e Científicos Editora); São Paulo :Secretaria da Cultura, Ciência e Tecnologia. 1978.

anuncia ainda a disponibilidade de Monteiro Lobato para intermediar a transação e inclusive *ajudar na tradução* .

As maltraçadas lobatianas soam generosas.

Mas nelas também ressoa um eco malicioso se se imaginar o hipotético prazer que pode ter dado a Monteiro Lobato fazer um favor a um colega de ofício com quem tivera um esbarrão mal resolvido. A oferta de intermediação para tradução de um livro de Mário e a consequente chance de circulação deste em outro mercado/leitorado se acompanha — digamos, estilìsticamente — da retomada do artigo de 26. O anglicismo do *hurry up* do parágrafo final repete-se em outras cartas lobatianas escritas nos Estados Unidos e dá um toque cosmopolita ao texto, cosmopolitismo de resto referendado pelo endereço que fecha a carta .

Chegada a seu destino, a carta parece ter gerado desdobramentos muito interessantes alguns dos quais, por enquanto, podem apenas ser presumidos. A imaginação presume desencontradas reações de Mário a esta oferta de Lobato. Lobato falava sério? Se podia confiar nele? Deveria o criador de *Macunaíma* acreditar na proposta e aproveitar a chance?

Parece que Mário discutiu a proposta com a família e com amigos, entre os quais Manuel Bandeira. Carta deste, datada de agosto de 1930, permite uma reconstrução bastante verossímil da recepção da oferta lobatiana pelo autor de *Macunaíma*:

"Rio de Janeiro, 28 de agosto de 1930

Mano Mário.

(...) desde saída tive boa impressão do caso Monteiro Lobato. E quando vi o seu irmão botando água na fervura não duvidei mais do meu juízo. Você deve topar com o Lobato, mas *garantindo-se* mediante contrato em regra. Atenção: não fazer contrato epistolar que o safado foi assim que me roeu a corda. O Lobato já conhece o meio editorial norte-americano onde publicou *o choque das raças*; é funcionário consular; controlará a tradução; tudo vantagens sobre a tal proposta de Margaret Richardson que, de resto, não deu mais sinal de vida (aliás, nada prendia você a ela).

(...)

Mas falta falar sobre o caso Lobato propriamente. O que ele fez comigo e que creio foi o mesmo que fez com você, não é coisa que impeça reatamento de relações não íntimas como esta, proposta agora, de interesses comerciais envolvendo um serviço bem relevante, não só para o Brasil como para a ciência folclórica em geral. Não haverá quebra nenhuma de orgulho em aceitar entendimento com ele. Creio que estou falando com isenção, quer dizer, pondo de parte a torcida alvoroçada do amigo que deseja uma reparação sob a forma de sucesso no estrangeiro do livro que a burrice nacional não levou na merecida conta (...)". Moraes, Marcos Antonio de (org) *Correspondência Mário de Andrade & Manuel Bandeira* IEB/EDUSP. 2000 p.459-460[43].

A carta de Bandeira transborda de afetividade, a começar pela intimidade do vocativo *mano Mário*, espécie de contracanto ritmado e musical do afetivo *Manu* com que Mário trata o amigo poeta. Bandeira é francamente favorável a que Mário aceite a mediação de Lobato sem deixar, no entanto, de lembrar a ele a necessidade de salvaguardar seus interesses autorais *mediante contrato em regra*, desaconselhando *contrato epistolar*.

Numa ainda tão pouco conhecida história da profissionalização do escritor brasileiro[44], as considerações de Manuel Bandeira ganham grande importância pelo que sugerem das *formas* de contrato editorial vigentes na época, bem como de algumas das *figurações* que compunham, na imaginação dos que circulavam pela cidade das letras, a identidade de *autor* e *editor*. Monteiro Lobato é *safado* por *ter roído a corda*.

Ainda magoado por Monteiro Lobato não lhe ter publicado um livro — como havia sido acordado entre ambos[45] — Manuel Bandeira dá instruções detalhadas a Mário sobre como prevenir-se para não ser ludibriado como julga ter sido. Aconselha o amigo a *garanti(r)-se mediante contrato em regra*, a *não fazer contrato epistolar* e vê em Monteiro Lobato alguns atributos que podem trabalhar a favor de uma bem vinda publicação de *Macunaíma* nos Estados Unidos.

Ao discutir o *capital simbólico* de que dispõe Monteiro Lobato para facilitar uma publicação norte-americana de *Macunaíma*, Bandeira menciona a familiaridade de Lobato com o meio editorial norte-americano, alude (equivocadamente, porém num equívoco talvez induzido pelo próprio Lobato) à publicação norte-americana de *O presidente negro* (obra que Monteiro Lobato publicou no Brasil em 1926 e tentou em vão lançar nos Es-

---

[43] Moraes, Marcos Antonio de (org). *Correspondência Mário de Andrade & Manuel Bandeira*, IEB/EDUSP. 2000, p.459-460.

[44] Cf. Cilza Carla Bignotto, op.cit.

[45] Catálogo de 1923 da *Monteiro Lobato & Cia* inclui, entre as obras "a sair", um livro de Manuel Bandeira: *Poesias de Manuel Bandeira*.

tados Unidos), sugere o peso da posição diplomática ocupada por Lobato em New York[46] e avalia positivamente um possível *controle* de Monteiro Lobato sobre a tradução do livro de Mário.

Com este último argumento, o poeta de Pasárgada parece depositar uma inesperada confiança em Monteiro Lobato, o que não deixa de ser curioso: como pode o mesmo Monteiro Lobato que não entendera a pintura modernista de Anita Malfatti e que tinha sido incapaz, como editor, de investir em autores modernistas como o próprio Bandeira e Mário de Andrade ser visto como *fiador* da qualidade de uma tradução de *Macunaíma* para o inglês?

Mais para frente, a carta discute diferentes tipos de relações que se estabelecem na *cidade das letras*. Ao falar de *relações não íntimas* porque *comerciais* Manuel Bandeira traça um círculo amplo de sociabilidade no qual valores estéticos *não* contam. Ou não contam *muito*. A menção a *interesses comerciais* nas vizinhanças do que Bandeira diz constituir *um serviço bem relevante não só para o Brasil como para a ciência folclórica em geral* é sugestiva: argumentar com *patriotismo* para que Mário de Andrade aceite a proposta de Monteiro Lobato dissolve, na atribuída *motivação patriótica*, o que quer que pudesse haver de desabonador nos *interesses comerciais* ou na *vaidade pessoal* envolvidos no projeto de tradução.

Ou seja: para Manuel Bandeira, em agosto de 1930, tratar com Monteiro Lobato não só *não desabonaria* Mário de Andrade, como, ao contrário, representaria um *serviço à Pátria*. Mas as vantagens da proposta têm ainda uma face pessoal: o poeta pernambucano sanciona completamente o *entendimento* de Mário de Andrade com Monteiro Lobato, avaliando que aceitar a intermediação de Monteiro Lobato para a tradução de *Macunaíma* não representaria *quebra de orgulho*, com o que ficamos sabendo que também este sentimento faz parte da argamassa que facilita ou dificulta as relações que se travam na *cidade das letras*[47].

O mesmo parágrafo contribui com pelo menos mais dois elementos para uma compreensão maior da complexidade dos bastidores do que virá

---

[46] Cf. Lajolo, Marisa *Monteiro Lobato's New York*. Ensaio aceito para publicação. Revista Brazil/Brasil. Brown University/ PUCRS.

[47] Em *Literatura e cordialidade*_(o público e o privado na Cultura Brasileira) João Cezar de Castro Rocha, ao analisar a polêmica de José de Alencar com Gonçalves de Magalhães a propósito de *A confederação dos Tamoios*_estabelece categorias de leitura para o discurso cultural brasileiro extremamente instigantes, e que também são produtivas para olhar as relações entre Monteiro Lobato e o Modernismo paulista.

a ser mais tarde a história literária e a fortuna crítica de *Macunaíma*[48]. Ao considerar a rapsódia do *herói sem nenhum caráter* peça importante para a ciência folclórica em geral o poeta pernambucano faz uma leitura correta da obra? Talvez não, se o padrão de leitura for o canonizado pela história literária. Também não se se levarem em conta os esforços de Mário de Andrade para gerenciamento da recepção de sua obra: o autor da rapsódia abandona nota (originalmente prevista para *definir* a obra?) que registraria que *este livro não passa de uma antologia do folclore brasileiro*, bem como desistiu da denominação *romance folclórico* que dava nome ao capítulo que, como "amostra da obra", foi publicado no segundo número da *Revista de Antropofagia*[49].

Pode também causar espécie a reverência que Manuel Bandeira parece alimentar pelo *sucesso no estrangeiro*, considerado por ele uma possível *reparação* para o fracasso de público da obra de Mário de Andrade. A posição não soa curiosa num momento em que a tônica nacionalista do modernismo poderia criar expectativas de uma compreensão menos ingênua dos horizontes de expectativas do leitorado brasileiro?

Mas vamos à carta com que Mário de Andrade responde a Monteiro Lobato:

"S.Paulo, 31-VIII-1930

Monteiro Lobato,

Recebi sua carta e aqui lhe mando os dois exemplares pedidos de *Macunaíma*. Está claro que uma proposta de tradução pro inglês só pode ser agradável pra um literato do Brasil. E não sou diferente dos outros, apesar de ser uma espécie de edição especial, irredutivelmente fora de mercado. Mas devo lhe confessar que vejo muito dificilmente um *Macunaíma* em inglês, ou outra língua qualquer. Careceria tirar muita coisa, e mais transportar que traduzir. Isso mesmo já falei ao pai de uma senhorita Margaret Richardson que se propôs a traduzir o livro. Talvez você a conheça pois ela aí vive (The Barbizon, 63rd Lexington Ave. New York City) pensando em traduzir obras brasileiras. Nunca mais recebi notícia nem dela nem do pai e creio que ela desistiu. Não competia a mim insistir, tanto mais que as propostas de contrato eram por tal forma angustiosas que me deixavam muito frio. Desse jeito prefiro ficar no Brasil que é mais quentinho.

[48] Cf. José de Paula Ramos Jr. *A fortuna crítica de Macunaíma – Primeira onda*. 1928-1936 (doutorado, USP), 2006.

[49] Andrade, Mário de. *Macunaíma* (o herói sem nenhum caráter). Edição crítica de Telê Porto Ancona Lopez. RJ: LTC Livros Técnicos e Científicos Editora); São Paulo :Secretaria da Cultura, Ciência e Tecnologia. 1978 P. XVI e XIX.

Não tenho ambições de ganhar dinheiro com literatura ou literatice, mas é sempre desagradável a gente se sentir bobizado pelos outros. Caso o editor a que você se refere se confirme em traduzir o livro, você me fará o favor de comunicar a proposta dele. Se ele quiser, que me faça também de bobo, não me importo, porém que trate de salvar as aparências, tão suavizantes e satisfatórias pra quem, como eu, vive sonhando com uma civilização que acabasse de novo com o conceito de dinheiro.

No mais, seu vingado morto-vivo, viva feliz aí no comercinho de Nova York, como e quanto quiser. Porém nada neste mundo me impede de desejar você morrendo de fome nestes brasis, vivendo de expedientes, xingando de canalha e pra baixo o Washington e o Prestes, e dando pro Brasil uns novos *Urupês*. Cordialmente o

Mario de Andrade - Rua Lopes Chaves, 108, S.Paulo"[50]

Trata-se de um texto primoroso e, como o de Lobato, datilografado.

Sem adjetivos no vocativo, a carta acusa recebimento da carta de Lobato e comunica o envio dos exemplares de *Macunaíma* solicitados. Nesta abertura, um estilo quase comercial. Que, no entanto, se desmancha na frase seguinte, que documenta as reações de *um literato do Brasil* — como se define Mário — face a uma proposta de tradução para o inglês de sua obra.

Mário negaceia: ele é e *não é* como os outros (escritores). *Interessa-lhe a tradução*, mas duvida da *traduzibilidade* da obra. Aos negaceios seguem-se instigantes e muito atuais reflexões sobre a natureza da tarefa tradutória e informações sobre uma anterior proposta de tradução que ele teria recebido da mesma Margaret Richardson mencionada por Manuel Bandeira. Mas o autor de *Macunaíma* não parece nada entusiasmado com a oferta, considerando as condições *(...) angustiosas.* Mário diz a Lobato que os termos do contrato deixaram-no *muito frio*, revelando-se — com esta observação — atento a questões de direitos autorais e consciente da assimetria que rege as relações escritor/editor[51], assimetria que talvez seja maior quando um é da América do Sul e outro da do Norte[52].

Ao declarar seu desinteresse por aspectos econômicos da tradução e

---

[50] Carta depositada no "Fundo Monteiro Lobato" do Cedae/IEL Unicamp sob o código MLb 3.2.00364 cx8.

[51] Cf. em Lajolo, M e Zilberman, R. *A formação da leitura no Brasil* (S.P: Ática), particularmente no capítulo *O mercado das letras* discussão sobre posições assumidas por Mário face a produção de livros.

[52] Cf. em Lajolo, M e Zilberman, R. *O preço da leitura*. S.P: Editora Ática, 2001.

talvez da produção de livros (*não tenho ambições de ganhar dinheiro com literatura ou literatice)*, Mário fere uma tecla sensível da modernidade: a transformação do autor em fornecedor de uma das matérias-primas envolvidas na produção de um livro, a transformação da cultura em mercadoria e de leitores em consumidores. De novo expressa-se consciência da assimetria da relação editor/editado, na confissão de que é sempre desagradável a gente se sentir bobizado pelos outros. Melancolicamente, Mário parece conformar-se em *salvar as aparências* e faz uma ingênua profissão de fé em uma *civilização que acabasse de novo com o conceito de dinheiro*.

O parágrafo final da carta é obra de fino mestre: nele Mário de Andrade retoma, de forma elegantíssima, o artigo em que *matara* Lobato, envelopando, no vocativo afetuoso — *seu vingado morto-vivo* — a designação que Monteiro Lobato se atribuíra na carta de agosto. Os votos que encerram a carta — em redação informal — parecem diluir de vez, qualquer crispação na relação intelectual e afetiva de ambos. Mário indiretamente elogia a obra de Lobato (*dando ao Brasil novos Urupês*) e aplaude sua atuação como cidadão (*xingando de canalha para baixo o Washington e o Prestes*).

Como quatro meses depois da carta — em dezembro de 1930 — um decreto de Getúlio Vargas remove Monteiro Lobato — junto com outros funcionários — do quadro do consulado brasileiro de Nova Iorque e abrevia a estada do escritor naquele país[53], morre antes de começar a eventual parceira Mário de Andrade /Monteiro Lobato. Mas não morrem com isso as relações entre ambos[54]. Elas voltam a expressar-se epistolarmente quase dez anos depois, em outra carta, ainda de Monteiro Lobato, mas para outro destinatário: o escritor paulista Flávio de Campos (1903-1947) que, em 1939, publica o romance *Planalto*[55] do qual Mário de Andrade se ocupa em 17 de dezembro do mesmo ano no *Diário de Notícias* do Rio de Janeiro.

O artigo em que Mário de Andrade menciona *Planalto* é um balanço de final de ano, que comenta diversos escritores estreantes, entre os quais Flávio de Campos, cujo livro Mário diz que e*xige um comentário cheio de simpatia*[56].

---

[53] Cf. linha do tempo rigorosa da biografia de Monteiro Lobato em http://lobato.globo.com/

[54] Em carta de 12 de dezembro de 1930 a Manuel Bandeira, a propósito da (nunca publicada, porém discutida pelo autor com a tradutora) versão norte -americana de *Macunaíma* Mário de Andrade comenta, agora de forma desconfiada, o papel de Lobato na oferta da tradução de *Macunaíma*.

[55] Campos, Flávio de. *Planalto*. Livraria José Olympio editora. 1939.

[56] Andrade, Mário de. *Vida Literária*. Pesquisa, estabelecimento de texto, introdução e notas por Sonia Sachs. São Paulo: Edusp/ Hucitec 1993 p. 131.

Com tal preâmbulo, o leitor de Mário de Andrade aguarda um julgamento favorável do livro, e por isso talvez fique perplexo ao ser surpreendido pela avaliação do crítico, para quem o desencanto do autor [*de Planalto*] *dos homens e das ideias* é *o senão principal de seu livro*[57]. A esta observação, que não soa *cheia de simpatia* (como o crítico anunciara que seria sua leitura), seguem-se dez linhas que apontam outros senões do livro, restando apenas uma para os acertos.

Estabelecendo categorias pelas quais distribui os escritores de que se ocupa, Mário de Andrade inscreve Flávio de Campos na categoria dos *definitivos*, categoria com a qual etiqueta autores *que se apresentam com uma firmeza, com uma autoridade um bocado desesperadora*, o que aflige o crítico, para quem *muitos deles são excelentes e sabemos que continuarão nos dando obras excelentes. Mas não nos dão esperanças — essa esperança feliz que a gente depõe nos que ninguém sabe onde poderão chegar*[58].

Esta crítica tão labiríntica parece ter desagradado o jovem escritor que, provavelmente, queixou-se de Mário a Monteiro, certamente à espera de simpatia e solidariedade.

Solidariedade e simpatia que não vieram.

Em carta ao jovem escritor, Monteiro Lobato defendeu vigorosamente o direito do crítico à sua opinião, elogiando a divergência no que tange a gosto estético:

> "Tu és um monstro de orgulho, Flávio. Pois queres atacar ao Mário só porque ele exerceu o seu natural direito de crítica? (...) Se tiras ao crítico a liberdade de criticar, matas a crítica. (...) Mário é um grande crítico. Mário é notabilíssimo. Mário, pelo seu talento sem par no analismo criticista, tem direito a tudo, até de meter o pau em você e em mim. Eu tenho levado pancadinhas dele. Certa feita chegou a publicar o meu necrológio. Matou-me e enterrou-me. Em vez de revidar, conformei-me, e sem mudar minha opinião sobre ele. Ainda esta semana cortei um pedaço de artigo dele sobre a nossa língua, ótimo. Mário é grande. Tem direito até de nos matar à moda dele." [59]

---

[57] Andrade, Mário de. Op.cit. p. 131/132.

[58] Andrade, Mário de. Op.cit. p. 130.

[59] Nunes, Cassiano (org). *Monteiro Lobato vivo.* Rio de Janeiro: MPM Propaganda. Record. 1986 p. 75.

Como o artigo em que Mário de Andrade se ocupa de Flávio de Campos é de 19 de dezembro de 1939, a carta de Lobato deve ser posterior a esta data. Como nela se lê, Lobato expressa profundo respeito à crítica e ao crítico, exemplificando tal respeito com sua própria história de *criticado* por Mário de Andrade.

Como se vê, nestas mal traçadas de 39, um Monteiro Lobato de já quase sessenta anos prega a soberania da crítica e declara profundo respeito pelo pensamento crítico de Mário de Andrade, que ele avalia como *grande crítico*, *notabilíssimo*, *talento sem par*.

Mudou o Natal, ou mudaram eles?

3.

O que mudou com certeza é que em 1939, ao contrário do que sucedia em 1926 tanto Monteiro Lobato quanto Mário de Andrade já tinham suas posições consolidadas no cenário cultural brasileiro, o que não ocorria (nem jamais veio a ocorrer com Flávio de Campos), então com 35 anos. Talvez por isso se possa ler, nesta defesa de Mário de Andrade por Monteiro Lobato a solidariedade que, na cidade das letras, preside às relações *inter pares*, sempre que posições de poder não estejam ameaçadas.

É um apaziguamento similar que ressalta do último texto a ser citado nesta reflexões, artigo de 26 de maio de 1940 no *Diário de Notícias*, no qual Mário de Andrade, revirando o baú das lembranças, sumariza a seu modo as idas e vindas de suas relações com Monteiro Lobato:

> (...) é certo que o artista dos *Urupês* foi o editor cauteloso e hábil, a que deve bastante a literatura brasileira. Eu mesmo lhe devo um favor que precisa ser proclamado. O Sr. Monteiro Lobato, a pedido de um amigo comum daqueles tempos, prontificou-se a editar *Pauliceia desvairada* depois do merecido escândalo que causou a publicação de apenas um dos hórridos poemas desse livro. Mas o Sr. Lobato hesitava muito. Não queria, naturalmente, prestar um desserviço a nossas letras, nem a mim, vago professorzinho de piano, que fazia versos malucos na minhas horas de iluminação. E com isso os originais modorraram meses e meses a fio nas gavetas do grande editor De vez em quando ele retirava o manuscrito do esconderijo, percorria-lhe as páginas e sacudia a cabeça pensativo. Enfim, mandou me chamar, me acolheu muito bem, e disse franco o seu pensamento sobre o

livro, ou melhor, o seu não pensamento, pois confessou não compreender neres daquilo tudo. E me disse: "Você não poderia escrever um prefácio, uma explicação dos seus versos e da sua poética?" A ideia era esplêndida e foi a pedido do Sr. Lobato que escrevi o "prefácio interessantíssimo", a melhor parte do livro, na opinião dos que perdem tempo e verdade gostando um bocado de mim. É certo que os originais acrescentados continuaram dormindo sobre a justa inquietação do editor, até que depois de mais de ano de amadurecimento, ele os devolveu intactos. Ainda não rompi com o Sr. Monteiro Lobato. Rompi depois, quando ele fez a mesma coisa com um livro de poesias do sr. Manuel Bandeira. Na primeira ocasião, matei por escrito o sr. Monteiro Lobato. Mas o sr. Monteiro Lobato, que é a bondade em pessoa, não brigou comigo não. Quando estava morando em Nova York, um dia me mandou uma carta de pazes, na qual, imaginando a possibilidade de serem vertidos para o inglês certos livros meus, me propunha enviasse uma procuração que lhe permitisse cuidar de meus interesses lá na terra grande. Infelizmente, não pude aceitar a generosidade porque, por estranha coincidência, por esse mesmo tempo, a sra. Margaret Hollingsworth, que conhecera os meus livros, e vivia também em Nova York, já estava se dando ao trabalho de me traduzir. E seria uma indelicadeza de minha parte não tratar dos meus negócios diretamente com ela. Nada me impede que eu guarde do sr. Monteiro Lobato uma ternura imensa. Soube ser superior aos meus despeitos e me deu o "prefácio Interessantíssimo."[60]

A leitura sequenciada dos textos aqui reunidos sugere pelo menos duas coisas: a primeira é que a senhorita Margaret, que se propunha traduzir *Macunaíma*, casou e mudou de nome, acrescentando Hollingsworth a Richardson: é com esse nome que ela assina a tradução de *Amar, verbo intransitivo*, que lança em 1933 pela *Macaulay Company*, sob o título de *Fraulein*.

E a segunda é que Mário, traído pela memória, se esquece de que havia, sim, aceito a proposta de Monteiro Lobato de intermediar uma tradução norte-americana de *Macunaíma*.

Mas a traição da memória perde qualquer importância face à *ternura imensa* que Mário de Andrade diz guardar de Monteiro Lobato. Pois, ao fim e ao cabo, ternura, despeito e superioridade também têm peso numa concepção de história literária que faça da noção de *sistema literário* e dos

60 In *Diário de Notícias.26.05.1940 In* Andrade, Mário de. *Vida Literária*. Pesquisa, estabelecimento de texto, introdução e notas por Sonia Sachs. São Paulo: Edusp/ Hucitec 1993. p. 197/198).

rituais aí pactuados, os andaimes a partir dos quais se investigam as nunca lineares relações entre autores, obras e públicos.

Assim, no que as cartas documentam desta complexa e sutil relação entre Monteiro Lobato e Mário de Andrade, vê-se como a pesquisa com a epistolografia abre um feixe de caminhos para os estudos literários[61]. Permite, por exemplo, sair-se do campo de uma história literária restrita, imantada quer pelo *fait divers* da vida privada, quer por relações sociais definidas por convenções, quer ainda pela discussão estética. Pode-se, talvez, pensar na epistolografia — sobretudo na correspondência entre escritores como porta generosa para uma perspectiva de história literária articulada à noção — de Antonio Candido — de sistema literário.

Representando por excelência *forma de comunicação*, cartas trocadas entre cidadãos da cidade das letras têm grande chance de esclarecer os pactos e as mediações pelos quais autores obras e públicos gravitam em torno uns dos outros.

No caso específico da correspondência entre Mário de Andrade e Monteiro Lobato aqui comentada, a consagrada incompatibilidade de posições estéticas torna-se menos linear no cenário mais complexo de um sistema literário no qual um escritor — qualquer escritor — é um ponto articulado de um sistema que transcende a ele.

Pois a história literária é uma formação discursiva. E, enquanto discurso, não é (apenas) um conjunto de indivíduos menos ou mais dotados, nem um punhado de ideias menos ou mais originais e nem tampouco um repertório de procedimentos formais.

É um pouco de cada uma destas coisas, mas é bem mais do que a soma delas.

[61] Devo a Emerson Tin e Raquel Afonso da Silva, que trabalham a correspondência lobatiana em seus respectivos doutorados, discussões extremamente fecundas sobre o papel da epistolografia nos estudos literários.

Obras Consultadas

Andrade, Mário de. *Macunaíma* (o herói sem nenhum caráter) Edição crítica de Telê Porto Ancona Lopez. RJ: LTC Livros Técnicos e Científicos Editora); São Paulo: Secretaria da Cultura, Ciência e Tecnologia. 1978.

Andrade, Mário de. *Vida Literária*. Pesquisa, estabelecimento de texto, introdução e notas por Sonia Sachs. São Paulo: Edusp/ Hucitec. 1993.

Antonio Candido. *Formação da literatura brasileira* (momentos decisivos) São Paulo: Livraria Martins Editora. 1º. vol. 2ª. ed. revista.

Azevedo, C.L., Camargos, M; Sacchetta, V. *Monteiro Lobato: Furacão na Botucúndia*. SP: Editora Senac. 1997.

Bandeira, Manuel. *Estrela da vida inteira. (Belo belo)* Rio de Janeiro: Livraria José Olympio Editora.

Bignotto, Cilza C. *Novas perspectivas sobre as práticas editoriais de Monteiro Lobato* (1918-1925). Tese de Doutorado. Instituto de Estudos da Linguagem. Unicamp. 2007.

Brito, Mário da Silva *História do modernismo brasileiro (I) Antecedentes da Semana de Arte Moderna*. Rio de Janeiro: Editora Civilização Brasileira. P.52-56 . 1964. 2ª. ed. Revista.

Campos, Flávio de. *Planalto*. Livraria José Olympio editora. 1939.

Catálogo de 1923 da *Monteiro Lobato & Cia.*

Chiarelli, Tadeu *Um jeca nos vernissages paulistas*. São Paulo: Edusp. 1995.

Cruz, Estevão. *Antologia da Língua Portuguesa* (para uso dos alunos das cinco séries do curso de Português). Porto Alegre: Editora Livraria do Globo. 1933.

Lajolo, Marisa. *Monteiro Lobato´s New York*. Ensaio aceito para publicação. Revista Brazil/Brasil. Brown University/PUCRS.

Lajolo, M e Zilberman, R. *A formação da leitura no Brasil*. São Paulo: editora Ática, 1996.

Lajolo, M e Zilberman, R. *O preço da leitura*. S.P: Editora Ática, 2001.

Maria Eugênia Boaventura (org). *22 por 22: A Semana de Arte Moderna vista pelos seus contemporâneos*. São Paulo: Editora da Universidade de São Paulo. 2000.

MLb 3.1.00169 cx3 "Fundo Monteiro Lobato", Centro de Documentação Alexandre Eulálio, Instituto de Estudos da Linguagem: Unicamp.

MLb 3.2.00206 cx4 "Fundo Monteiro Lobato", Centro de Documentação Alexandre Eulálio, Instituto de Estudos da Linguagem :Unicamp.

MLb 3.2.00364 cx8 "Fundo Monteiro Lobato", Centro de Documentação Alexandre Eulálio, Instituto de Estudos da Linguagem :Unicamp.
MLb 3.2.00407 cx9 "Fundo Monteiro Lobato", Centro de Documentação Alexandre Eulálio, Instituto de Estudos da Linguagem :Unicamp.
Moraes, Marcos Antonio de (org). *Correspondência Mário de Andrade & Manuel Bandeira.* IEB/EDUSP. 2000.
Nunes, Cassiano (org). *Monteiro Lobato vivo.* Rio de Janeiro: MPM Propaganda. Record. 1986.
Passsiani, E. *Na trilha do Jeca* (Monteiro Lobato e a formação do campo literário no Brasil). São Paulo: Anpocs/EDUSC. 2003.
Rama, Angel: *A cidade das letras.* São Paulo: editora Brasiliense 1982
Ramos Jr, José de Paula Ramos Jr. *A fortuna crítica de Macunaíma — Primeira onda.* 1928-1936 (doutorado, USP). 2006.
Rocha, João Cezar de Castro: *Literatura e cordialidade* (o público e o privado na Cultura Brasileira). Rio de Janeiro: EDUERJ. 1998.Stegagno-Picchio, Luciana: *História da literatura brasileira* RJ: Nova Aguilar; Lacerda Editores/ Academia Brasileira de Letras; 2004; 2ª. Ed. revista e ampliada.

Monteiro Lobato nu e cru, na banheira

Fernando Jorge

Conheci Monteiro Lobato em 1947, na cidade de São Paulo, quando ele estava morando num apartamento na rua Barão de Itapetininga, que lhe havia sido cedido por Caio Prado Júnior, fundador, com Lobato, da Editora Brasiliense, cuja livraria se localizava no térreo do edifício da nova residência do prosador das *Ideias de Jeca Tatu*. Quem me apresentou a Lobato foi o seu amigo Artur Neves, nascido em Ribeirão Bonito, fundador da União Brasileira de Escritores de São Paulo e filho do poeta simbolista Aurélio Neves.

Impressionou-me o aspecto do criador do *Sítio do Picapau-Amarelo*, o seu corpo magro, frágil, o seu rosto pálido, um pouco esverdeado, no qual as sobrancelhas fortes, grossas, unidas, formavam contraste com a cor esmaecida de sua fisionomia.

Ele foi cordial, sorriu, cumprimentou-me, e o Artur Neves deu a seguinte informação:

— Lobato, este jovem escritor pretende ser o autor de um livro sobre o Aleijadinho.

Sentado numa poltrona, no fundo da livraria Brasiliense, o pai da boneca Emilia declarou, olhando para mim de modo profundo:

— Rapaz, não se amofine, mas na minha opinião o Aleijadinho era um santeiro vulgar.

O meu sangue ferveu, penso que até fiquei rubro, ele notou, pois logo quis se mostrar mais suave:

— Não me leve a mal, às vezes exagero.

Meio contrafeito, passei a elogiar o Aleijadinho com certa exaltação. Fitando-me, os olhos do Lobato se tornaram mais vivos e ele parecia estar se divertindo. Sentia prazer, acredito, em chocar, escandalizar. Depois de enaltecer o escultor mineiro, a quem chamei de "gênio indiscutível da nossa arte barroca", Monteiro Lobato se voltou para o Artur Neves e disse:

— Neves, este rapaz tem opiniões firmes e as defende honestamente. Gosto disso.

Agradeci o elogio. Perguntei:

— Que conselho o senhor pode me dar para eu escrever com desembaraço, facilidade?

Coçando o bigode quase branco, ele respondeu:

— Enriqueça, antes de tudo, o seu vocabulário, lendo os bons dicionários da língua portuguesa. Consulte sempre o do Caldas Aulete e o do Antônio de Moraes Silva, cuja primeira edição é de 1789. Eu considero o Moraes um mestre da Lexicografia. Os verbetes do seu dicionário foram escritos com clareza e simplicidade admiráveis. São bem ricos, informativos, repletos de expressões escolhidas com critério apurado. Verbetes que fazem parecer secos, pobres, lacunosos, os verbetes dos outros arroladores de palavras.

Lobato enfatizou:

— Rui Barbosa e Euclides da Cunha foram insaciáveis devoradores de dicionários. O primeiro chegava a corrigi-los e enriquecê-los, enfiando acréscimos nos seus verbetes. Euclides, aliás, desde menino tinha a mania de colocar, nos punhos brancos das suas camisas, as palavras cujo sentido ignorava, a fim de depois as conhecer de forma clara e segura.

Monteiro Lobato me contou que o autor de *Os sertões*, após descobrir dezenas de erros gráficos na primeira edição da sua obra-prima, ficou a noite inteira na oficina onde ela acabara de ser impressa, raspando com um canivete os tais erros. Euclides fez isto em mais de quinhentos exemplares, surpreendendo os tipógrafos da oficina.

— O escritor verdadeiro deve ser assim inflexível, nunca deve aceitar falhas ou erros nos seus textos — sentenciou Lobato.

Perguntei o que é fundamental para redigir com brilho, originalidade. Como quem está lecionando, ele prosseguiu:

— Inimigos de qualquer um disposto a escrever bem são os lugares-comuns, as assonâncias, os cacófatos, o excesso de adjetivação, o uso exagerado dos "ques". Lugares-comuns superbatidos, mais exaustos que os octogenários asmáticos quando sobem uma ladeira: chovia a cântaros, valente como leão, a sorte lhe foi madrasta, o segredo é a alma do negócio, prometeu mundos e fundos, ficou podre de rico, todo excesso é condenável, é o diabo em figura de gente, o dinheiro não traz felicidade, alegria de pobre dura pouco, não queira ser mais realista que o rei, livre como um passarinho, quem é vivo sempre aparece, tem um parafuso a menos na cabeça...

Eu e o Artur Neves começamos a rir e Lobato acrescentou:

— Exemplo de assonância berrante, de eco ultra-sonoro, de aproximação fonética entre vogais tônicas de palavras diferentes: naquele dia ele comia a valer e ia, cheio de alegria, andar pela pradaria.

Depois Lobato continuou, assumindo ares de pedagogo:

— Cacófato famoso, clássico, vocês conhecem, é o do Camões no começo do soneto à Dinamene, jovem chinesa amada por ele: "*Alma minha gentil, que te partiste...*" Maminha, substantivo, diminutivo de mama.

Artur Neves pediu:

— Lobato, dê para nós um exemplo de excesso de adjetivação.

O autor de *A chave do tamanho* se ergueu da poltrona e de forma lenta pronunciou esta frase: a prendada senhorita Adalcinda Robélia Canabrava, de Jacareí, colheu hoje, no jardim risonho da sua preciosa existência, mais uma cândida rosa odorífera.

Registrei logo, num caderninho, a frase melosa e ridícula de cinco adjetivos. Também reproduzi, nesse caderninho, toda a conversa.

Estimulado pela verve de Lobato, eu quis saber:

— Qual foi o escritor que mais o influenciou na formação do seu estilo?

Resposta imediata, certeira como um tiro do pistoleiro Billy the Kid:

— Camilo Castelo Branco. Desde os meus primeiros estudos em Taubaté, mergulhei nos livros violentos, tempestuosos, do misantropo de São Miguel de Seide. Li e reli *Estrelas funestas*, *Luta de gigantes*, *Mistérios de Fafe*, *O olho de vidro*, *A doida do Candal*, *Noites do Lamego*, *Cavar em ruínas*, *A bruxa de Monte Córdova*. Camilo, ao escrever, tinha a mesma naturalidade com que um homem de boa saúde mija, porém esta minha enorme admiração não me impede de reconhecer: às vezes ele claudicava. Vejam este cacófato do seu romance *A corja*, publicado em 1880: "sujeitos de presença grave, um *por cada* vez, entraram pressurosos"... Porcada, segundo o Aulete, é vara de porcos, obra malfeita.

Um tanto solene, após dizer que sabia de cor trechos da prosa camiliana, Monteiro Lobato deixou fluir um desses trechos de sua boca, onde o bigode, um *v* invertido, lhe dava uma certa semelhança com Charlie Chaplin:

"As minhas árvores desconhecem-me nesta linguagem. Estão afeitas a verem-me contemplativo, sereno e enlevado no azul do céu ou no lago verde que lá embaixo se complana como bacia de águas precipitadas das catadupas do Gerez."

Eu e o Artur Neves aplaudimos e elogiamos a sua memória. Após indicar a página de Camilo com esse trecho ("No Bom Jesus do Monte"), ele comentou:

— Ao contrário do que escreveu Cervantes no *Dom Quixote*, a memória tem sido para mim uma boa amiga. Palavras simples, as do espanhol. "Oh, memoria, enemiga mortal de mi descanso".

Dirigindo-se a mim, Lobato me forneceu este conselho:

— Você se acha no início da sua carreira de escritor. Portanto evite a repetição frequente dos "ques" nos seus textos, eles devem ficar o mais possível afastados um do outro. Salientei ao meu amigo, o professor Silveira Bueno, e ele concordou: o uso constante do "que" é o maior responsável pela dureza do estilo, ora como pronome relativo, ora como conjunção integrante. Há poucos dias li num jornal do Rio de Janeiro estas palavras: o deputado *que* o criticou, *que* o chamou de leviano, não permitiu *que* o parlamentar adversário o aparteasse, já *que* o discurso *que* ouviu era do tipo *que* ofende e *que* só merece desprezo. Observem, sete "ques" numa frase, como pedras, um estorvo, no chão de pequeno caminho.

— E a maneira de evitar este defeito? — indaguei.

O quase sósia de Carlitos respondeu:

— Certa ocasião, em 1922, na sede da *Revista do Brasil*, da qual fui o diretor, eu e o Silveira Bueno concluímos: se a oração é integrante, podemos eliminar o "que" com uma vírgula, uma elipse, a omissão de duas ou mais palavras, de vocábulos fáceis de serem identificados. Por exemplo, nesta frase: quiseram que o doente se recolhesse ao hospital. Executada a medida, a frase fica assim: quiseram se recolhesse o doente ao hospital. Existem, além desse, vários recursos para suprimir o "que". Mas se não for possível, devemos alterar a frase, modificar a sua estrutura.

Depois deste conselho, Lobato garantiu:

— Não pensem que sou um gramaticão. Satirizei os gramáticos no meu conto "O colocador de pronomes", escrito em 1924, onde se agita o meu grotesco personagem Aldrovando Cantagalo, maníaco defensor dos dogmas gramaticais da língua de Camilo. Opinião minha, inabalável: quase sempre os gramáticos escrevem corretamente mal.

***

Descrevi para o meu amigo Ênio Silveira, dono da editora Civilização Brasileira, o meu único encontro com Monteiro Lobato. E perguntei se o conheceu:

— Conheci, Fernando. Vou lhe contar algumas coisas interessantes sobre o Lobato. Eu tinha dezoito anos e vivia desempregado, lá em São Paulo. Fiquei, naquele tempo, amigo de uma senhora inteligente, poliglota, chamada Leonor Aguiar. Ela me prometeu arrumar um trabalho e quis apresentar-me, no seu apartamento da avenida Higienópolis, ao Monteiro Lobato, às cinco horas da tarde de um sábado. Fui lá. Encontrei aberta a porta do apartamento. Na porta, colado, vi um cartãozinho com a seguinte frase: “Ênio, feche a porta por dentro”. Obedeci e entrando disse em voz alta: dona Leonor, já cheguei. Ouvi estas palavras: venha aqui, estou no banheiro. Meio constrangido, avancei até o banheiro. E adivinhe o que os meus olhos viram, Fernando.

— Você viu a sua amiga pelada, tomando banho.

— Não, estava vestida, mas havia um homem nu na banheira cheia d’água, sendo esfregado vigorosamente por ela.

— Quem?

— Monteiro Lobato, depressa o reconheci, por causa das suas sobrancelhas espessas, sempre comparadas a uma taturana, às lagartas cabeludas. Fiquei sem jeito, confuso. E Lobato parecia estar deliciado, enquanto a Leonor o esfregava com força, usando escova comprida. Diante da minha cara espantada, ele indagou se eu nunca tinha visto um homem nu. Respondi que sim, mas não naquela situação. Soltou uma risada e pediu para me sentar num tamborete. Acomodei-me e ele perguntou se eu era parente do Waldomiro Silveira, o criador da nossa literatura regional. Sou seu neto, respondi. Lobato o enalteceu e me informou que lançara em 1920, como editor, o livro *Os caboclos*, do meu avô, de contos primorosos, onde se destacavam as narrativas intituladas “Pijuca”, “Os curiangos”, “Faiscador de carumbé.”

— Citou estes três contos dentro da banheira?

— É, citou, mas de súbito ficou de pé na banheira já sem água, completamente nu, e enquanto a Leonor o enxugava, passou a explicar que pijuca é um cogumelo que à noite brilha como fogo azul, que curiango é ave noturna de coloração pardo-amarelada, e carumbé uma gamela de pau, usada nas minas de ouro e de diamantes.

— E depois, Ênio?

— Depois, ainda nu em pelo, de pé dentro da banheira, ele me disse: vou lhe dar um cartão para ser entregue ao Octalles Marcondes Ferreira, a fim de você obter uma colocação na Companhia Editora Nacional, fundada por mim e por ele.

— Cumpriu a palavra?

— Sim, pulou da banheira, mesmo pelado, foi até uma escrivaninha, abriu uma gaveta e pegou o cartão. Escreveu para o Octalles e me disse que no ano de 1929, em Nova York, ele, Lobato, chefiava o escritório comercial do Brasil. Na ânsia de ganhar dinheiro de modo rápido, jogou vultosa quantia na Bolsa daquela cidade, dinheiro que não era seu, mas do governo brasileiro. Aí houve o *crack* da Bolsa e perdeu tudo. Cometera, é inegável, um crime de peculato.

— Que coisa, Ênio! As biografias do Lobato não descrevem esse episódio. O que ele fez para não ser preso e processado?

— Vendeu a propriedade dos seus livros à Companhia Editora Nacional, ao seu ex-sócio Octalles Marcondes Ferreira. Com a venda, pôde repor o dinheiro.

— Você passou a trabalhar nessa editora?

— Passei. Um dia o Lobato apareceu lá na sala do Octalles, eu estava presente. O Octalles me disse, diante do Lobato, que este queria deixar de ser editado pela Companhia Editora Nacional, pois pretendia fundar, com o Caio Prado Júnior, a Editora Brasiliense. Não houve ali nenhuma oposição do Octalles, mas este tirou um documento de uma gaveta e o mostrou ao ex-sócio. Após ler o documento, lágrimas jorraram dos olhos de Lobato. Lágrimas torrenciosas. Emocionadíssimo, ele caiu de joelhos em frente do Octalles e abraçando as suas pernas lhe pediu perdão, porque se esquecera de que havia vendido a propriedade dos seus livros à Companhia Editora Nacional. Magnânimo, Octalles abriu mão, devolveu ao Lobato o direito de dispor, como bem entendesse, dos seus próprios livros, inclusive dos livros de literatura infantil.

— Em seguida o Ênio Silveira perguntou se eu sabia como foi o enterro do Lobato em 1948, no cemitério da Consolação. Respondi:

— O Oswald de Andrade me descreveu de modo cômico esse enterro. Eu não acreditei no que ele me contou, achei que era pilhéria, gozação. Diga-me como foi.

— Fernando, parecia a cena de um filme do Fellini. Você conhece o poeta Rossine Camargo Guarnieri, meu companheiro no Partido Comunista?

— Somos velhos amigos, ele gosta muito de mim. Outro dia declamou, na minha casa, o seu belo poema "Canto da esperança em louvor de Estalingrado", composto no ano de 1946.

— Pois é, lá no cemitério, quando o caixão com o corpo do Lobato ia descer à cova, o Rossine pediu a palavra e trovejou: camarada Lobato, estamos aqui, os teus irmãos do Partido Comunista do Brasil, seguidores do nosso grande líder Ossip Vissarionovitch Stalin, para afirmar que tu foste um companheiro leal, incapaz de desonrar a nossa bandeira, os teus santos ideais, na dura peleja por uma sociedade mais justa, mais livre, mais humana, mais igualitária, mais democrática. Então, nesse momento, o professor Phebus Gikovate berrou: Monteiro Lobato não era stalinista, era trotskista! Rossine, pegando fogo, reagiu: Lobato era stalinista! E o Phebus: mentira, era trotskista, seguidor de Lev Davidovitch Bronstein, mais conhecido pelo nome Trotski! Um gritava: stalinista! E o outro: trotskista! Ambos se engalfinharam, trocando xingamentos, socos, pontapés, bofetões. E caíram na cova aberta. A custo os tiraram do buraco. Um sócio do Clube Piratininga, após a guerra dos dois, opinou: Lobato não era stalinista nem trotskista, era monarquista, um ardoroso admirador de D. Pedro II. Dona Purezinha, a viúva do falecido, misturava as suas lágrimas com risos nervosos.

Concluindo, o Ênio Silveira pronunciou estas palavras:

— E eu, Fernando, embora tentasse me conter, não parei de rir. Creio que até a alma do Lobato, vendo aquilo, explodia em gargalhadas...

Monteiro Lobato: um caipira no *Harlem Renaissance*[62]

Vanete Santana-Dezmann

O termo *utopia* foi tomado por empréstimo do título do livro publicado em 1516 por Thomas Morus (1468-1535) no qual é descrita uma sociedade apresentada como perfeita: uma sociedade na qual as instituições político-econômicas existem com a exclusiva finalidade de proporcionar o bem-estar social coletivo, e na qual vigoram leis justas e iguais para todos. Porém, quando é focalizado o caráter negativo do mundo ideal, tem-se uma distopia.

As primeiras publicações deste gênero literário são *We*[63] (1924), escrito por Yevgeny Ivanovich Zamyatin (1884-1937); *Admirável Mundo Novo*[64] (1931), escrito por Aldous Huxley (1894-1963); *1984*[65] (1949), de George Orwell (1903-1950); e *Fahrenheit 451*[66] (1953), escrito por Ray Bradbury (1920-2012).

O Choque das Raças ou O Presidente Negro, do escritor e editor Monteiro Lobato, foi publicado no Rio de Janeiro entre 5 de setembro e 1º. de outubro de 1926 em capítulos no jornal *A Manhã* e, como livro, sob o título completo de *O Choque das Raças ou O Presidente Negro — Romance*

---

[62] Este artigo aparece, com pequenas diferenças, sob o título "*O choque das raças*: primeiro romance distópico da literatura latino-americana" e, na tradução para o inglês, "*The clash of the races*: first dystopian novel in Latin American Literature", publicado como "introdução" à edição bilíngue de *O Choque das Raças ou O Presidente Negro – Romance americano do ano de 2228*, de Monteiro Lobato, na tradução de Ana Lessa-Schmidt, editada neste ano (2022) nos Estados Unidos pela New London Librarium. Sua base inicial se encontra em minha análise do romance de Lobato publicado no livro *Entre metafísica, distopia e mecenato – inclui a primeira edição de O choque das raças ou O Presidente Negro, de Monteiro Lobato*, pela editora paulista Os Caipiras, em 2021.

[63] Zamyatin, Yevgeny Ivanovich. *We*. Londres: Penguin Books, 1993.

[64] Huxley, Aldous. *Brave New World*. Nova Iorque: Harper Collins, 2000.

[65] Orwell, George. *Nineteen Eighty-Four*. Nova Iorque: Plume, 2003.

[66] Bradbury, Ray. *Fahrenheit 451*. Londrs: Harper Collins, 2008.

americano do ano de 2228, em São Paulo em dezembro do mesmo ano. É, portanto, o segundo romance distópico a vir à tona no mundo e primeiro na América Latina.

Conforme revela em carta ao amigo Godofredo Rangel (1884-1951) no início de julho de 1926, Lobato ainda estava desenvolvendo a ideia do livro, mas já pretendia escrever uma estória[67] que fosse publicável nos Estados Unidos, ou seja, que tratasse de temas interessantes para os leitores norte-americanos e, portanto, para os editores:

> Sabe o que ando gestando? Uma ideia-mãe! Um romance americano, isto é, editável nos Estados Unidos. Já comecei e caminha depressa. Meio a Wells[68], com visão do futuro. O *clou*[1] será o choque da raça negra com a branca, quando a primeira, cujo índice de proliferação é maior, alcançar a branca e batê-la nas urnas, elegendo um presidente preto! Acontecem coisas tremendas, mas vence por fim a inteligência do branco. Consegue por meio dos raios N, inventados pelo professor Brown, esterilizar os negros sem que estes deem pela coisa.
>
> Já tenho um bom tradutor, o Stuart [Aubrey (1844-1918)], e em Nova York um agente[69] que se entusiasmou com o plano e tem boa porcentagem

---

[67] Embora o termo "estória" tenha sido abolido da língua portuguesa, eu o emprego para evitar a necessidade de explicitação de que me refiro a "história fictícia", em oposição a "história não-fictícia".

[68] Referência a *Uma Utopia Moderna* (1905), de H. G. Wells (1866-1946).

[69] Provável referência a Isaac Goldberg (1887-1938), jornalista, autor, crítico, tradutor, editor e conferencista norte-americano, responsável pela tradução para o inglês de alguns contos de Lobato (e de outros escritores brasileiros), bem como por uma biografia de Lobato. Para mais informações, consultar: Goldberg, Isaac. *Brazilian Literature*. Nova Iorque: Alfred A. Knopf, Inc., 1922.

______. *Brazilian Tales*. Clinton, Massachusetts: The Four Seas Company - Colonial Press Inc., 1921.

______. *Informal Preliminary Notes*. In: Goldberg, Isaac. Brazilian Tales. Clinton, Massachusetts: The Four Seas Company. Colonial Press Inc., 1921, p. 9-31.

______. *Renascença literária norte-americana*. Revista do Brasil, São Paulo, nº 103, p. 276-278, 1924.

______. *Studies in Spanish-American Literature*. Nova Iorque: Brentano Publishers, 1920.

______. *The Spirit of Brazilian literature*. Girard, Kansas: Haldeman-Julius Company, 1924. (Série Little Blue Books, 646).

______. *Um novelista do nacionalismo brasileiro*. Revista do Brasil, São Paulo, vol. XVIII, nº 72, 1921.

no negócio. Imagine se me sai um *best seller*! Um milhão de exemplares... (LOBATO, 1944, p. 467)

Há décadas Lobato acompanhava os temas relevantes para os Estados Unidos — por meio de publicações, e talvez também do contato direto com norte-americanos, como Isaac Goldberg. Lobato sabia que o choque entre as etnias branca e negra — "*the negro question*" (qual espaço os cidadãos norte-americanos de origem africana ocupariam na sociedade norte-americana após o fim do sistema escravagista) — e o elevado consumo de produtos para o tratamento de cabelos crespos eram temas constantes na mídia norte-americana. Ao estabelecer uma relação entre dois temas tão populares nas páginas dos principais veículos da mídia norte-americana ao longo das três últimas décadas que antecedem o momento em que escreve *O Choque das Raças ou O Presidente Negro*, Lobato teria a oportunidade de enfocar ambos simultaneamente. Por meio desses dois temas, ainda lhe seria possível passar uma mensagem construtiva e defender os integrantes da etnia negra, causa a que se dedicava ao menos desde 1920, quando publicou o conto *Negrinha*[70] — outro conto da mesma época que também apresenta os sofrimentos a que os escravizados eram submetidos é *Negros ou "Ele e o Outro"*[71], que inclui entre os desfavorecidos um imigrante português de baixo estrato social.

Ao escrever a carta acima parcialmente reproduzida, Lobato também já tinha em mente que o gênero do livro com que pretendia se lançar no mercado norte-americano seria uma ficção científica. *A Máquina do Tempo* (1895), de H. G. Wells, impressionara o público leitor norte-americano, obtendo, consequentemente, muito sucesso. Por isso Lobato acreditava que, se seguisse seu estilo e, ao mesmo tempo, tematizasse os problemas sociais em voga nos Estados Unidos naquele momento, o sucesso seria garantido. Há anos Lobato queria fazer algo assim, e já revelara este seu desejo ao mesmo amigo em uma carta anterior, de 1905:

Ando com ideias dumas coisas à Wells, em que entrem imaginação, a fantasia possível e vislumbres do futuro — não o futuro próximo de Julio Verne, futurinho de 50 anos, mas um futuro de mil anos. Vou semear agora essas ideias e deixá-las se desenvolverem livremente por dez ou vinte

[70] Lobato, Monteiro. *Negrinha*. In: Santana-Dezmann, Vanete; Milton, John (org). *Negrinha trilíngue*. São Paulo: Os Caipiras, 2021.

[71] Lobato, Monteiro. *Negros ou "Ele e o Outro"*. São Paulo: Soc. Editora Olegario Ribeiro. 1921 (data estimada).

anos — então limito-me a fazer a colheita, caso a plantação subsista até lá. (LOBATO, 1944, p. 71)

Tivesse Lobato obtido êxito na tentativa de publicar *O Choque das Raças ou O Presidente Negro* em inglês em 1927 em Nova Iorque, talvez hoje seria apontado ao lado de *We*, de Zamyatin, como inspiração para *Admirável Mundo Novo*, de Huxley. Leis que regulamentam a convivência em sociedade e aparatos de alta tecnologia, ao estilo dos encontrados em *Admirável Mundo Novo*, não lhe faltam. No entanto, fatos que estavam além de seu conhecimento e controle frustrariam sua introdução no mercado norte-americano no momento em que o *Harlem Renaissance* e o movimento *New Negro* davam o tom a Nova Iorque, apoiados pela herdeira do império construído por Madam C. J. Walker[72], a mecenas das artes A'Lelia Walker[73]. Ao atribuir ao alisamento capilar a responsabilidade pela esterilização dos homens da etnia negra dos Estados Unidos de 2228 — retratados em sua distópica ficção científica —, Lobato produz a mais eficiente peça de propaganda contra o alisamento de cabelo: um romance que provavelmente faria muito sucesso dado o espaço que obras relativas à "*negro question*" haviam passado a ocupar desde a ascensão do *Harlem Renaissance*. Além do *best-seller* de 1927, *Nigger Heaven*[74], de Carl Van Vechten, outros clássicos da literatura produzida por integrantes do movimento *Harlem Renaissance* atestam o espaço que o tema abordado por Lobato em seu "romance americano" ocupava no mercado editorial norte-americano à época. Entre eles, destacam-se *Nigger: a novel*[75], de Clement Woods; *Prancing Nigger*[76], de Ronald Firbank; *The New Negro: na interpretation*[77], de Alain LeRoy Locke, e *Home to Harlem*[78], de Claude Mc-Kay. Porém, ao funcionar como propaganda contra o mercado de alisantes de cabelo, o romance de Lobato tocava em um tema particularmente delicado porque

[72] Nascida Sarah Breedlove (1867-1919), foi uma empresária afro-americana, filantropa e ativista política e social. Ela está registrada no *Livro Guinness dos Recordes* como a primeira milionária autodidata das Américas.

[73] Nascida Lelia McWilliams (1885-1931), foi uma empresária americana e padroeira das artes. Ela foi a única filha sobrevivente da Madam C. J. Walker.

[74] Van Vechten, Carl. *Nigger Heaven*. Nova Iorque: Alfred A. Knopf Inc., 1926. Primeiro *best-seller* do mercado editorial mundial.

[75] Woods, Clement. *Nigger: a novel*. Nova Iorque: Dutton, 1922.

[76] Firbank, Ronald. *Prancing Nigger*. Nova Iorque: Brentano's, 1924/1925.

[77] LeRoy Locke, Alain. *The New Negro: An Interpretation*. Nova Iorque: Albert and Charles Boni, 1925.

[78] Mc-Kay, Claude. *Home to Harlem*. Nova Iorque: Harper & Brothers, 1928.

já havia um movimento contra o alisamento de cabelos promovido tanto por integrantes da etnia negra — que o consideravam uma sujeição a um processo de assimilação — quanto da etnia branca, que o usavam para ridicularizar os negros. Um bom exemplo disso pode ser encontrado em um artigo de 1859 em que o articulista do *New York Times* relatou ironicamente os percalços de um Sr. Hodgson, que o jornal denominava "o Grande Desencrespador de Cabelo Africano." (BUNDLES, 2001, p.68) De acordo com o artigo, o homem havia alugado um salão no centro de Manhattan para demonstrar um novo processo de alisamento capilar.

Depois que Hodgson aplicou sua cocção aquecida a "um lado de uma cabeça lanosa" [termo pejorativo para se referir aos cabelos crespos], relatou o jornal, "os caracóis apertados de repente ficaram lisos como a perna de um guaxinim, tão lustrosos quanto as costas molhadas de um castor e com vários centímetros de comprimento." Os espectadores se tornaram caóticos quando uma mulher na plateia declarou que "não abandonaria sua corrida para conseguir cabelos lisos." (BUNDLES, 2001, p. 68)[79]

Posteriormente, em outro artigo, o mesmo jornal acusava o editor do jornal *New York Age*, destinado à comunidade negra, de falta de "orgulho da raça" pelo fato de ele veicular propaganda de alisantes de cabelo em seu jornal. Além disso, o artigo se referia às pessoas da etnia negra por meio de um termo considerado racista: "*negress.*" (BUNDLES, 2001, p. 67).

W. E. B. Du Bois (1868-1963), cofundador e presidente da Associação Nacional para o Progresso das Pessoas de Cor (NAACP, na sigla em inglês), aproveitou a ocasião do falecimento de Madam C. J. Walker para tentar corrigir essa imagem negativa. Ele destacou sua contribuição para a comunidade dos cidadãos negros dos Estados Unidos, bem como para as associações que defendiam seus direitos: "É dado a poucas pessoas o poder de transformar um povo em apenas uma geração. No entanto, isso foi feito pela falecida Madam Walker." (BUNDLES, 2001, p. 276) Além disso, acrescentou que o uso do pente de metal aquecido era a parte menos importante e necessária do processo de tratamento capilar por ela desenvolvido, e ressaltou a importância desse tratamento para a fixação de bons hábitos de higiene e elevação da autoestima das mulheres negras. Mesmo assim, nos anos e décadas que se seguiram, seu nome público — Madam C. J. Walker — tornou-se sinônimo de alisamento de cabelo, embora ela mesma afirmasse que sua maior preocupação era com a saúde e boa apresentação das mulheres de sua etnia:

[79] A tradução desta e demais citações do inglês para o português são minhas.

> "Eu estava a ponto de me tornar totalmente careca," Sarah [Breedlove] costumava dizer a outras mulheres. Envergonhada da aparência "assustadora" de seu cabelo e desesperada por uma solução, ela "orou ao Senhor" pedindo orientação. "Ele respondeu minha oração," ela atestou. "Certa noite, eu tive um sonho e, naquele sonho, um grande homem negro apareceu para mim e me disse o que fazer com o meu cabelo. Parte do remédio era da África, mas eu mandei buscá-lo, misturei, coloquei no meu couro cabeludo e em poucas semanas meu cabelo estava crescendo mais rápido do que nunca." Após obter os mesmos resultados com sua filha e suas vizinhas, tempos depois, diria a um repórter: "Decidi que começaria a vendê-lo."
>
> Mas abrir um negócio não era seu objetivo original. "Quando fiz minha descoberta, não tinha ideia de colocá-la no mercado para benefício de terceiros. Eu estava simplesmente em busca de algo que salvasse ou restaurasse meu próprio cabelo." Esta mistura milagrosa, ela acreditava, era nada menos do que "uma inspiração de Deus," um presente enviado do céu para ela "colocar ao alcance daquelas que apreciam cabelos bonitos e couro cabeludo saudável, que é a glória da mulher." (BUNDLES, 2001, p. 60)

Independentemente de suas intenções iniciais, o fato é que sua fábrica de produtos para tratamento de cabelos crespos a tornou a mulher mais rica dos Estados Unidos, e possibilitou a sua filha, A'Lelia, converter-se na maior benfeitora das artes e das associações de afro-americanos que se empenhavam para conquistar para sua etnia os mesmos direitos que os cidadãos norte-americanos da etnia branca detinham. Assim, A'Lelia se tornou a grande mecenas do *Harlem Renaissance* e, mais que isso, propulsora da ascensão social de sua etnia. Grande parte das organizações em defesa dos negros norte-americanos era mantida por doações da Madam C. J. Walker Co., e inúmeras famílias eram sustentadas pelo trabalho das promotoras de venda de seus produtos. Ademais, escolas profissionalizantes davam a muitas moças e mulheres negras condições de se tornarem algo mais do que lavadeiras e empregadas domésticas. A Primeira Guerra Mundial, o falecimento da Madam C. J. Walker, e a ascensão de concorrentes já haviam abalado um tanto a arrecadação da companhia. A'Lelia não podia permitir que um forasteiro, que não fazia a menor ideia de seu ramo de negócios e do quanto este era importante não apenas para a higiene e estética das mulheres negras, mas principalmente para o financiamento da "revolução negra", colocasse em risco tudo o que fora — e ainda estava sendo — construído. "*O Choque das Raças* simplesmente não podia chegar aos leitores e à mídia, sob pena de alimentar o arsenal do *New York Times* e seus simpatizantes e, ainda, desestimular o alisamento capilar ao apresentar como moral da estória a afirmação de que "Estilo é como o rosto: cada qual possui o que Deus lhe deu. Procurar ter um certo estilo vale tanto como procurar ter uma certa cara. Sai máscara, fatalmente, essa horrível coisa que é a máscara..." (LOBATO, in SANTANA-DEZMANN, 2021, p. 324.)

Décadas após o fracasso da tentativa de publicar o romance nos Estados Unidos, por ocasião da eleição de Barack Obama como presidente (2008), *O Choque das Raças ou O Presidente Negro* se tornou tema de várias matérias por ter previsto a chegada de um homem negro à presidência dos Estados Unidos. Ironicamente, o livro passou a ser acusado de propagar "conteúdo racista," e o autor passou a ser acusado de simpatizante das teorias eugenistas. No entanto, as mesmas palavras dedicadas por Kathleen Pfeiffer a *Nigger Heaven* (1926) poderiam servir para introduzir *O Choque das Raças ou O Presidente Negro*, de Monteiro Lobato:

> *Nigger Heaven* reafirma a importância de não julgar um livro pela capa. O fato de muitos leitores terem feito isso explica o tumulto que causou há cerca de setenta anos, e há boas razões para acreditar que muitos leitores o julgarão com severidade novamente hoje. Isso será uma pena... (PFEIFFER, 2000, p. IX)

Em seu "romance americano", subtítulo do livro, Lobato se revela atualizado em relação a todas as áreas de estudos das ciências — e "para-ciências" — de sua época: Linguística e Teoria Literária, Psicanálise, Sociologia, História, Química, Biologia, Física Quântica, Espiritismo...Como não se revelaria, então, atualizado com relação ao darwinismo, lamarquismo e eugenia? Lobato, conforme demonstra nessa sua ficção científica, interessou-se por toda forma de conhecimento — científico ou ainda não sistematizado cientificamente. Ler e recomendar os artigos de Albert Einstein (1879-1955) e os livros de Francis Galton (1822-1911) ou Augusto Comte (1798-1857) deve ter-lhe sido tão comum quanto ler e recomendar o *Weekly Times*, que lhe informava sobre a saúde de *Her Majesty* (Lobato, 1944, p. 162). Além disso, ler um texto não significa necessariamente concordar com seu conteúdo e, por mais óbvia que tal afirmação se mostre, alguns dos críticos do autor brasileiros parecem ignorá-la. Os que o acusam de simpatizante da eugenia precisam atentar para as duas vertentes (lamarquista e darwinista) a que a teoria de Galton dá origem, e para a presença de princípios eugênicos em nosso cotidiano, atualmente denominados *sanitários*. Por fim, os que acusam Lobato de ser *racista* — por ter exposto de modo tão direto as injustiças a que os africanos, transportados para as Américas como escravos, e seus descendentes foram submetidos, e baseiam sua opinião nas falas das personagens do livro — precisam se lembrar que, embora as falas e ideias manifestadas pelas personagens tenham sido cunhadas pelo autor, elas não necessariamente representam o que o autor pensa. Porém, se se quer atribuir a Lobato as concepções dos personagens pelo irremediável fato de que ele, enquanto autor, cunhou suas falas, as concepções de quais personagens lhe serão atribuídas:

- as do Prof. Benson, que defende que somos todos vibração de éter, apregoa a ética, o estoicismo e condena a ostentação?
- as de Miss Jane, que defende a pureza étnica dos brancos tanto quanto defende a pureza ética dos negros; vê na miscigenação ocorrida no Brasil uma forma de neutralização e destruição, por meio da assimilação, da etnia negra e manifesta a convicção de que devemos ser o que somos, residindo nosso valor justamente em nossas diferenças?
- as de Ayrton Lobo, que mudou tanto seu modo de pensar entre o início e o fim da estória, mas contestou que a miscigenação fosse negativa?
- as de Miss Elvin, feminista ao ponto de considerar que as mulheres pertencem a uma espécie diferente da dos homens?
- as de Miss Astor, ora tão feministas quanto as de Miss Elvin, ora completamente favoráveis aos homens e que, ao conversar com Jim Roy, reconhece que os negros foram escravizados por séculos pelo homem branco, mas lembra que as mulheres o são há milênios?
- as de Mr. Kerlog, que, enquanto parte de uma sociedade composta pelos indivíduos da etnia branca, opõe-se a Jim Roy, mas, enquanto indivíduo, reconhece sua nobreza?
- ou as de Jim Roy, o presidente negro, que defende sua etnia com todos os seus músculos, neurônios e coração?

Quem fala por Lobato em *O Choque das Raças ou O Presidente Negro*? Qual personagem do livro se posiciona por completo contra os integrantes da etnia negra? Nem mesmo Mr. Kerlog, o presidente branco. Só poderíamos afirmar que *O Choque das Raças ou O Presidente Negro* é um livro que se posiciona contra os integrantes da etnia negra em geral se todas as personagens do livro manifestassem esta posição do começo ao fim — coisa que não ocorre em absoluto. Mr. Kerlog afirma com todas as letras reconhecer a grandeza de Jim Roy, e sofre por ser levado por sua própria irracionalidade — o "instinto da raça" — a confrontá-lo. O *instinto*, lembremo-nos, pertence ao âmbito do que é animalesco. Invocando-o, Mr. Kerlog se retira do universo dos seres humanos ao reconhecer e revelar seu caráter irracional — exatamente oposto à qualidade que é atribuída no livro aos homens brancos que emigraram para os Estados Unidos ao contrapô-los aos homens negros para lá transportados. Ou seja, a teoria apregoada pelos representantes da etnia branca ao longo da estória, que os coloca em posição superior, é negada pelas atitudes de seu representante máximo, Mr. Kerlog.

A primeira lição que *O Choque das Raças ou O Presidente Negro* nos deixa é que somos todos — independentemente de nossa etnia, gênero, condição social ou qualquer outra variável — "vibração de éter"; vibração das partículas da Teoria das Cordas[80], portanto, somos todos iguais. A segunda lição: se, olhando em nosso entorno mais imediato, conseguimos reconhecer diferenças entre nós, devemos aceitá-las como o que é capaz de nos tornar únicos e especiais, e não tentarmos mudar, artificialmente, o que somos. Devemos aceitar a nós mesmos como somos e aos outros como são, e valorizar as particularidades de cada um.

Na já referida *Introdução* de Pfeiffer, ela cita James Weldon Johnson[81], que escreveu em sua autobiografia, *Along this way* (1933): "A maioria dos Negros que condenaram *Nigger Heaven* não o leram; foram impedidos pelo título." (PFEIFFER, 2000, p. XVII) Até quando continuaremos condenando livros que nem lemos? Até quando continuaremos 'interpretando' as palavras dos autores conforme nos parece melhor em determinado período da história? Até quando desconsideraremos a alteração do valor semântico das palavras ao longo do tempo, fazendo leituras sincrônicas, quando a leitura diacronia se faz necessária? Até quando continuaremos manifestando preconceitos — conceitos formulados antes da leitura e análise — em relação a determinadas obras literárias?

---

[80] Formulada por uma equipe de físicos que iniciaram suas pesquisas em 1960 e que usa a corda como metáfora: a menor partícula do universo é uma corda; todas as cordas que compõem o universo são idênticas, mas apresentam diferentes padrões vibratórios que são percebidos como diferentes vibrações, ou seja, "A vida na terra [e tudo mais, uma vez que o termo vida é usado no romance também no sentido de universo, como se verá mais à frente] é um movimento de vibração do éter, do átomo, do que quer que seja uno e primário", a corda. (Lobato, in: Santanna-Dezmann, 2021, p. 221-222)

[81] James Weldon Johnson (1871-1938), ativista negro norte-americano nascido em 1871, escritor, advogado e diplomata que atuou como cônsul na Venezuela entre 1906 e 1908 e na Nicarágua entre 1909 e 1912.

Referências

BUNDLES, A'Lelia. *On Her Own Ground: The Life and Times of Madam C. J. Walker*. Nova Iorque: Scribner, 2001.

LOBATO, Monteiro. *O Choque das Raças ou O Presidente Negro — Romance americano do ano de 2228*. In: Santana-Dezmann, Vanete. *Entre metafísica, distopia e mecenato*. São Paulo: Os Caipiras, 2021, p. 217-225.

______. *A Barca de Gleyre*. São Paulo: Companhia Editora Nacional, 1944.

PFEIFFER, Kathleen. *Introduction*. In: Van Vechten, Carl. *Nigger Heaven*. Champaign, Illinois: University of Illinois Press, 2000.

SANTANA-DEZMANN, Vanete. *Entre metafísica, distopia e mecenato* — inclui a primeira edição de *O Choque das Raças ou O Presidente Negro*, de Monteiro Lobato. São Paulo: Os Caipiras, 2021.

Farquhar e Lobato: uma parceria improvável

Enéas Athanázio

I-)

A edição brasileira da monumental biografia de Percival Farquhar (1864/1953) traz um capítulo extra que é uma curiosidade e bem merece um comentário[82]. Nesse breve capítulo, que é um autêntico ensaio, é abordada a posição de ambos em relação aos problemas do país naquela época e a opinião que cada um fazia do outro, ainda que nunca tivessem se encontrado em pessoa. Para Monteiro Lobato, patriota e nacionalista, Farquhar não passava de um perigoso aventureiro internacional que pregava o entreguismo e encarnava o próprio imperialismo. O escritor temia a ação do americano, em especial sua capacidade de abrir portas de maneira não ortodoxa, através de polpudas propinas que, segundo seu biógrafo, eram repassadas por seus advogados e engenheiros bem relacionados, nunca por ele próprio, que seria quacre convicto. Farquhar, por outro lado, encarava as campanhas de Lobato pelo ferro e pelo petróleo com ceticismo e ironia, vendo-as como uma espécie de combate a moinhos de vento por um homem que vivia no mundo da lua e que, por sinal, é o título de um dos livros de Lobato. O tempo mostraria que Lobato estava certo, tanto com a descoberta do primeiro poço de petróleo na Bahia, por coincidência num lugar denominado Lobato, e pelo inegável sucesso da usina de Volta Redonda.

Como se sabe, Lobato costumava escrever ao ditador, no auge de seu poder, tratando-o simplesmente por "Dr. Getúlio" e logo dizendo sem censura tudo que pensava. E assim foi por bastante tempo, até que uma dessas cartas o colocou atrás das grades. É provável que "Dr. Getúlio" con-

[82] Gauld, Charles A. *Farquhar, o último titã*. (tradução de Eliana Nogueira do Vale), São Paulo: Editora da Cultura, 2006, 520 págs.

siderasse que o escritor havia passado do limite tolerável e remeteu uma de suas missivas ao famigerado Tribunal de Segurança Nacional, dando margem ao processo que o levou à cadeia. Esse foi, sem dúvida, um dos gestos mais infelizes de Vargas, manchando de maneira permanente sua biografia. Quanto a Farquhar, no entanto, e bem antes disso, Lobato escreveu a Getúlio alertando-o sobre as intenções nebulosas do americano.

Tomando conhecimento de que Farquhar tinha audiência marcada com o presidente, Lobato se apressa em escrever-lhe para colocar as coisas em pratos limpos. "Lobato advertia Vargas — escreve o autor — de que Farquhar era o "sinistro" imperialista representante da Bethlehem e da U. S. Steel, que vinha com a finalidade de destruir o plano Lobato-Bulcão, destinado a resolver todos os problemas do Brasil" (p. 465). É que Lobato vinha empenhando hercúleos esforços na implantação de uma pequena usina siderúrgica, em São Paulo, em sociedade com o industrial Fortunato Bulcão e o engenheiro de minas Antônio Augusto de Barros Penteado. O escritor e seus sócios advogavam a adoção do chamado Processo Smith, criado pelo Prof. William H. Smith, de Detroit, que Lobato conhecera na época em que atuou como adido comercial nos Estados Unidos. Eles o consideravam ideal para produzir ferro-gusa no Brasil, uma vez que não tínhamos carvão de elevada qualidade e o novo processo permitiria o uso de babaçu e café imprestável para o consumo como combustível. Tratava-se de um processo revolucionário que não exigia altas temperaturas.

Lobato estranhava que Farquhar viajasse ao Rio de avião, numa pressa inusitada, quando o normal seria optar pelo conforto e a segurança de um grande navio. Por que agia assim esse homem já idoso? "Para ganhar tempo — respondia Lobato. — Para organizar a resistência e impedir que seu governo repita a obstrução feita por Bernardes a Itabira. Por trás de Farquhar estão todos os grupos estrangeiros interessados em manter o Brasil como colônia em termos de metalurgia." (pp. 465/466).

Concluiu a histórica missiva apelando a Vargas, "como guardião dos verdadeiros interesses do Brasil", para se precaver contra o americano, enviando documentos, relatórios, artigos e material variado para bem esclarecer a magna questão.

Vargas, no entanto, não parece ter dado maior atenção à advertência. Fosse porque já tinha posição firmada sobre o assunto ou porque a carta se desviasse nos escaninhos burocráticos, não deu resposta. A questão metalúrgica no país ainda rolaria por vários anos, em marchas e contramarchas, até que lhe fosse imprimido um rumo. Nem Farquhar e nem Lobato foram vitoriosos. Aquele sofreu vários e penosos reveses; Lobato viu o decantado Processo Smith ser considerado ineficaz e, por isso, abandonado. Mas nessa altura ele já estava apaixonado por outra causa — a do petróleo.

II-)

Descrente de qualquer providência da parte de Getúlio Vargas, na luta desesperada pelo ferro e pelo petróleo, que lhe tomou dez anos de vida, o incansável Monteiro Lobato se volta para Juarez Távora. Ministro da Agricultura, pasta a que estavam afetos esses assuntos, Távora "era um dos duradouros "tenentes" das revoltas de 1922, 1924 e da Revolução de 1930" (p. 466). Lobato denunciava a aliança de forças poderosas agindo contra os interesses do país e exclamava: "Absurdamente, o governo brasileiro está sendo manobrado nas sombras pelos piores inimigos do país, que se opõem a que o Brasil tenha uma indústria de aço importante, através da qual possamos escapar de nosso lodaçal econômico" (Idem). E num último apelo, escreveu: "Faz três anos que peço, e tudo o que peço é que o Processo Smith seja estudado de modo sério e honesto" (p. 467).

Mais uma vez, no entanto, o pobre Lobato bateu na porta errada. Adepto do liberalismo econômico, em livro publicado anos mais tarde Juarez Távora deixava claro que sempre fora favorável à exploração do petróleo por grupos nacionais ou estrangeiros. Segundo analistas políticos da época, esse livro teria sido uma das causas de sua derrota como candidato a presidente da República. Como seria de esperar o apelo de Lobato só mereceu o silêncio como resposta.

Conforme escreve o autor do livro, tanto Lobato como Farquhar lutavam, cada qual a seu modo, para "criar no Brasil a mentalidade necessária para o estabelecimento da indústria do aço" (p. 467). Essa constituía, até então, uma ideia inteiramente alheia ao brasileiro comum, para quem tal problema não existia. Perdurava o entendimento generalizado de que o Brasil era um país agrícola, voltado à produção agropecuária, e que isso de complicadas indústrias de ferro e petróleo deveria ficar a cargo dos mais desenvolvidos. Em incansável pregação pelos jornais, em artigos e entrevistas, como também pelo rádio e até mesmo proferindo palestras, falas que fazia tomado de terror, Lobato levou tais questões para a rua e as implantou nas cabeças das pessoas. Mas ele temia a ação de Farquhar, ainda mais quando "ouviu falar que os amigos financistas do americano no exterior haviam pressionado Vargas a aprovar Itabira caso não quisesse perder a ajuda deles no financiamento das dívidas do Brasil" (Idem). É fácil imaginar a angústia de Lobato ao se sentir batalhando sozinho, tendo por si apenas a força da palavra, contra pressões de tal magnitude.

"Tanto Farquhar quanto Lobato — escreveu o biógrafo — tentavam convencer a irritantemente indiferente oligarquia brasileira a sair de sua estéril mania de fazer politicagem e a se voltar para o aumento da produção nacional. Só assim seria possível criar o bolo econômico adequado, passível de ser dividido entre os trabalhadores, o capital e os setores da classe média, que emergiam lentamente" (p. 467). Depois de vinte anos vivendo no Brasil, Farquhar fazia observações cortantes a respeito do nosso país. Ele dizia, entre outras coisas, que jamais em sua vida de empreendedor mundial havia gasto tanto em propinas para conseguir que certos brasileiros o deixassem trabalhar pelo Brasil. Dizia também que uma pequena elite nacional vivia de forma predatória, aproveitando o "boom" do café, nos grandes centros e até em Paris, sem qualquer preocupação cívica ou com o futuro do país. "Depois de mim, o dilúvio!"

Estavam as coisas nesse pé, com Lobato derrotado e Farquhar ganhando umas e perdendo outras quando sobreveio um fato inusitado que o escritor encarou com a maior surpresa.

III-)

Em 1942 sobrevém o inesperado. O milionário paulista Olivo Gomes, grande admirador e entusiasta de Percival Farquhar, em certo dia procura Monteiro Lobato. Tinha como objetivo convidar o renomado escritor para escrever a biografia de Farquhar. Surpreso diante da ironia da situação, Lobato parece ter concordado, pelo menos pela curiosidade de ver até onde iriam as coisas. "Após quase uma década de intensa rivalidade com Farquhar, Lobato ficou intrigado com o assunto — diz o autor. — E Farquhar concordou em cooperar com o notável escritor paulista após ler as sete páginas datilografadas do ensaio 'Farquhar e o Brasil', escritas por Lobato" (p. 467). Calculista e frio, o americano deve ter imaginado a honra de ser biografado por Lobato, não apenas o mais famoso escritor da época como uma espécie de homem público sem cargas. Como afirmou

Drummond, Lobato era o herói civil da Literatura. Quanto a Lobato, há ter considerado que, afinal, a luta contra Farquhar era de princípios e nada tinha de pessoal.

É curioso observar que os biógrafos de Lobato, desde os mais categorizados, como Edgard Cavalheiro e Alberto Conte, e todos os demais, não fazem qualquer referência ao assunto. Os volumes de suas Obras Completas, organizados *post mortem* e contendo esparsos do escritor também não recolheram esse texto. Em minhas inumeráveis leituras sobre Lobato, jamais encontrei tais páginas ou qualquer referência a elas. E, no entanto, segundo o autor, o texto "constava de uma lista de ensaios inéditos deixada por Lobato" (p. 471, nota 5). Parece fora de dúvida que o ensaio foi feito, uma vez que o autor o comenta longamente e até transcreve alguns trechos. Em certa passagem Lobato teria dito que Farquhar era o "herói econômico", como, em outra ocasião, havia dito que Henry Ford era o "herói do trabalho."

Mas o projeto não foi adiante. Tudo indica que essa seria uma parceria improvável, se não impossível, porque acredito que se desentenderiam no primeiro encontro. Além disso, um obstáculo imprevisto entrou em cena. Antes que Lobato se lançasse ao trabalho, inclusive entrevistando Farquhar, foi procurado pelo emissário Olivo Gomes. Ele informava ter recebido um recado do Departamento de Imprensa e Propaganda (DIP) de que o governo não via com bons olhos a iniciativa. Afinal, Lobato estivera trancafiado na prisão no ano anterior e era considerado adversário e subversivo. No fundo, temiam que ele produzisse uma obra criticando a burocracia e a inércia nacionais e, mais ainda, que fustigasse a tendência nazi-fascista do governo durante a primeira fase da II Guerra Mundial. Eram tempos de ditadura e só restava obedecer.

Percival Farquhar foi homem de mil negócios e fundou um império econômico — o chamado Sindicato Farquhar, estendendo tentáculos por boa parte do mundo. Nascido em York, na Pensilvânia, estabeleceu a sede de seu grupo em Nova York. Formou-se em Engenharia e Direito. Teve negócios em Havana e construiu ferrovias em Cuba e na Guatemala. Lidou com energia elétrica, bondes, terras, gado, frigoríficos, navegação, celulose e papel, madeiras e minérios. Foi concessionário dos portos do Pará e do Rio Grande, construiu a célebre Estrada de Ferro Madeira-Mamoré, a ferrovia do diabo, em Rondônia, e a Estrada de Ferro São Paulo-Rio Grande, interligando o sul do país. Sonhava implantar uma rede ferroviária transcontinental, ligando todo o continente, e realizou em parte esse propósito. Seu famoso trem internacional, blindado e luxuoso, trafegou desde a Argentina até São Paulo. Ainda conheci e até viajei nesse trem.

A figura de Farquhar ligou-se para sempre à história de Santa Catarina. Ele construiu o trecho da ferrovia entre Porto União (SC) e Marcelino Ramos (RS), cruzando todo o Vale do Rio do Peixe, bem como o ramal até o porto de São Francisco do Sul e a Estrada de Ferro Dona Teresa Cristina. Em Três Barras e Calmon, ambas em SC, montou grandes serrarias operadas pela Southern Brazil Lumber & Colonization Company, empresa apontada como uma das causadoras da Guerra do Contestado e cujas instalações, em Calmon, foram invadidas e queimadas pelos revoltosos. Só nessa região, segundo estimativas, a Lumber, associadas e sucessoras teriam serrado cerca de um bilhão de árvores, sugando toda sua riqueza sem deixar nada em troca. Nem uma obra pública, um educandário, um hospital. Até mesmo a estrada de ferro, causadora de tudo, está desativada. E a região amarga a triste condição de ser a mais pobre do Estado.

O autor, Charles Anderson Gauld (1911/1977), formado em História, foi jornalista e professor, tornando-se mais tarde um brasilianista. Segundo a tradutora, a biografia foi o trabalho de uma vida. E, de fato, a bibliografia utilizada é impressionante.

O sabor da terra na cozinha de Monteiro Lobato[83]

Márcia Camargos

Cidadão-escritor, Monteiro Lobato era a voz do Brasil profundo. Na culinária, assim como fez na literatura, buscou as raízes nacionais mais autênticas. Paulista de Taubaté que revolucionou nossa indústria editorial e despertou a paixão de diversas gerações pelos livros, ele conservou o gosto pela comida caipira, constantemente presente em seus textos. Na descrição de um banquete oferecido por Branca de Neve ao Gato de Botas, no livro *Fábulas*, por exemplo, cita a carne-seca desfiada com angu de farinha de milho, suã de porco com torresmo, mandioquinha frita, lombo com farofa, cuscuz e cambuquira, pratos da melhor tradição culinária de São Paulo e Minas Gerais. Adepto do leitão pururuca, picadinho e feijoada, entre outros petiscos da terra, apreciava a boa comida "mastigável", que nutre e sustenta. Biscoito de polvilho, sequilhos, curau e paçoca eram seus quitutes da roça preferidos, mas não dispensava goiabada cascão, sagu, banana frita e bolo de fubá. Sem falar na rapadura que ele picava e punha no bolso para ir mastigando durante o dia. E, como se pode ver por uma carta de 1903, enviada ao escritor mineiro Godofredo Rangel, Lobato era adepto de um tira-gosto inusitado: "Não és capaz, nunca, de adivinhar o que estou comendo. Estou comendo... Tenho vergonha de dizer. Estou comendo um companheiro daquilo que alimentava S. João no deserto: içá torrado!". Perdendo o medo de parecer estranho, ele divaga, exagerando: "Sabe, Rangel, que o içá torrado é o que no Olimpo grego tinha o nome de ambrosia? Está diante de mim uma latinha de içás torrados que me mandam de Taubaté. Nós, taubateanos, somos comedores de içás", referindo-se às saúvas caçadas no verão quando saem em revoada. Para Lobato, içá era o caviar do Vale do Paraíba, que ele degustava devagar enquanto escrevia.

---

[83] Publicado originalmente na revista Bonifácio, nº5, outubro/novembro/dezembro de 2004, do Instituto José Bonifácio (www.bonifacio.org.br)

Inquieto, com a cabeça o tempo todo na busca de soluções para os grandes problemas de seu País, pouco se sentava à mesa, que rodeava, mordiscando uma coisa aqui, outra ali. Na hora do almoço ou jantar servia-se de feijão com farinha, carne moída com quiabo, picadinho, chuchu e abobrinha. Cozidos em toucinho de porco, esses pratos típicos do interior foram aprovados por Dom João VI na quinta onde, em 1808, teria comido seu primeiro jantar na América, conforme registrado em *Ideias de Jeca Tatu*:

"O Rei trava relações com o tutu de feijão e gosta; já a rainha assusta-se com a travessa de bananas de São Tomé assadas. Dois mordomos confabulam apreensivos. E o trono?" Diante das vacilações sobre onde colocá-lo, o "Rei percebe do que se trata e com a boca cheia de lombo resolve: aqui mesmo, ao pé do guarda-comidas". Junto com a refeição pesada, a falta de boas maneiras é caricaturada: "Finda a janta, o primeiro arroto real ecoa. D. João, contente, de papo cheio, os pés já metidos no chinelão (...) sorve goles de café... e assina a Declaração de Guerra à França".

O nacionalismo lobatiano, sintomático da vontade incontrolável de transformar o Brasil num país desenvolvido e próspero, levava-o a propor a exploração de plantas e frutas nativas como as grumixamas, espécie de cereja silvestre que, se cultivada a sério, não faria feio frente à similar estrangeira. Adido comercial em Nova Iorque de 1927 a 1930 chamou a atenção para o potencial econômico de produtos como o coco babaçu. De volta ao Brasil, disposto a investir no petróleo e na siderurgia, escreveu ao antropólogo e folclorista potiguar Câmara Cascudo que tomou uma bebida que o entusiasmou. "No dia em que vocês abrirem os olhos para o caju", disse, "uma belíssima indústria poderá ser criada. Para vinho, por exemplo, creio que é o caju a única fruta capaz de competir com a uva."

O apego às origens, que o motivou a escrever histórias infantis ambientadas no cenário rural, com personagens inspirados no folclore, estendia-se à gastronomia. Por isso, em *A Criação do Estilo*, ironizava o afrancesamento deslumbrado das elites e investia contra quem plagiava a culinária européia em detrimento das nossas tradições no fogão: "Dentro de um salão Luiz XV somos uma mentira com o rabo de fora. Porque por mais que nos falsifiquemos e nos estilizemos á francesa, Tomé de Souza e os 400 degredados berram no nosso sangue; Fernão Dias geme; Tibiriçá pinoteia e Henrique Dias revê o seu pigmentozinho de contribuição."

Este era o caso de Freitas Vale. Representante de uma aristocracia espelhada em Paris, o Senador-poeta do Partido Republicano Paulista (PRP) apurava o paladar em sofisticados banquetes. Na Villa Kyrial, seu efervescente salão artístico-literário, onde não faltavam étoiles de caviar e côtelettes enigmatiques, as refeições, assim como os versos simbolistas, tinham um tempero francês severamente criticado por Lobato. Em 'Curioso caso de materialização', compilado em *Ideias de Jeca Tatu*, convoca literariamente o escritor português Camilo Castelo Branco para questionar o Trianon, situado num belvedere na Avenida Paulista, onde seria erguido o Museu de Arte de São Paulo (MASP):

"Batizar uma casa de pasto, cá na América, com o nome dum antigo castelo francês, sabe-me a disparate", alfinetou o escritor luso, pela pena de Lobato, e sugeriu que o nome deveria ser *A comedoria paulistana*, ou *Aos bebes da Avenida*, ou À grossa pagodeira, combinando com as funções do negócio. E acrescentava que, outrora, juntavam-se às refeições somente um qualificativo que só dizia respeito ao seu valor culinário ou nutriente — jantar suculento. "Mas este 'jantar chique sabe-me a 'laranja sutil', a 'pão elegante', a 'ananás janota', a 'feijoada distinta de maneiras', a 'batata grácil' e quejandas asnidades". "É a elegância, mestre, é o requinte!", retruca Lobato na voz do interlocutor, explicando que "*Creme Princesse* não passa de uma gemada qualquer e que *Suprême de Turbot* é uma papa de cação de Santos". Aturdido, Castelo Branco retruca: "Mas, amigo, se o que vocês comem é porco e o arroz e se o fato de dar o nome de *marcassin* ao porco, e *riz* ao arroz e *four* ao forno, não melhora o sabor do quitute, por que esta mentira da desnaturalização dos pitéus?" A resposta vem rápida: "Ah, mestre! Como estamos longe do vosso bom senso! A cultura refinou-nos. A civilização cresce em Vila Mariana como mamona", diz, referindo-se ao bairro onde ficava a Villa Kyrial de Freitas Vale. "Adquirimos tanto *gout* que, por instinto, o nosso organismo, num *diner* elegante, repeliria (...) um *plat* nomeado à portuguesa, charramente: arroz de forno, leitão assado". Ao final da conversa, um Camilo muito surpreso ainda pergunta se os paulistanos, então, não podiam comer o que queriam. "Oh, não! Comer o que se quer é regionalismo sórdido. Come-se o que é de bom tom comer. Manducar leitão assado, picadinho, feijoada, pamonha de milho verde, moqueca e outros petiscos da terra é uma vergonha tão grande como pintar paisagens locais, romancear tragédias do meio, poetar sentimentos do povo", ironiza Lobato, ressaltando que, na altíssima roda, até o uso da língua portuguesa estava em vias de se tornar ignominioso. "Que dirá o estrangeiro se nos pilhar a comer (que horror, meu Deus!) tutu com torresmo, esta vergonhosa pitança regional, ou coisas semelhantes?". Na contramão da tendência de imitar Paris, Monteiro Lobato ensina, na sua literatura infantil, que a culinária nacional é uma das mais saborosas do planeta. Principalmente quando saída do fogão de Tia Nastácia que sabia manejar o "violino do gostoso", tirar dele mil harmonias, transformando o mais simples guisado em perfeitas obras primas. Para fazer frente aos "pratos boniteza" para "comer com os olhos", servidos no casamento de Branca de Neve, como faisão recheado de línguas de rouxinol, javali assado ao molho de néctar furtado aos deuses do Olimpo e omeletes de ovos da Fênix, Tia Nastácia oferecia "pratos-gostosura": mocotó à baiana, bem apimentado, quibebe e costela com angu de fubá. Assim, de Heródoto, o historiador grego, a São Jorge, para quem ela teve a "maior honra" de passar uma temporada cozinhando na Lua, não havia quem resistisse à magia de sua comida.

Célebres, os bolinhos de polvilho aparecem na maioria dos livros para crianças. Como conta Pedrinho em *O Saci*, quem os comia uma vez não podia "nem sequer sentir o cheiro de bolos feitos por outras cozinheiras".

De fato, não há que não fique com água na boca ao ler as páginas que falam dos bolinhos. Mal saíam da frigideira eram servidos com café fresquinho, em cenas tão aromáticas como apetitosas. Sua fama alastrou-se de tal modo que a quituteira acabou sequestrada pelo Minotauro para garantir seu suprimento permanente. Mas, no final, acabaram por salva-la de ser devorada pelo monstro, rendido à delícia produzida no labirinto de Creta.

Ainda que apavorada, ao ver o fogão e muita farinha, Nastácia teve a ideia de fritar uns bolinhos. "Me lembrei de todos lá no sitio e disse comigo: Vou fazer pela última vez o que eles gostavam tanto, não para comer, porque numa ocasião dessas o estômago da gente até some". De repente, a fome apertou e o Minotauro foi chegando, lambendo os beiços. Mas aconteceu um milagre. "Viu a peneira com os bolinhos e tirou um. Provou. Ah, que cara ele fez! Aqueles olhos de coisa ruim brilharam. Pegou outro, e outro e outro, e comeu a peneirada inteira. Depois me apontou para o fogão num gesto que entendi que era pra fazer mais". Desde aquele dia ela não parou, pois o apetite do homem boi não tinha fim. E tantas peneiradas comeu que foi engordando, engordando, a ponto de acabar completamente manso, esquecido até da mania de comer gente.

Outra que se encantou com os bolinhos foi Alice, a do País das Maravilhas. Depois de experimentar um, no livro *Memórias da Emília*, arregalou os olhos e pediu a receita. "Receita, dou; mas a questão não está na receita — está no jeitinho de fazer", a cozinheira respondeu.

São justamente esses conhecimentos e especialidades que fazem de Tia Nastácia a detentora do saber popular e da tradição oral na obra lobatiana. Ela representa aqueles que, sem ter realizado um estudo formal, adquirem no cotidiano um aprendizado que não se encontra nos manuais ou enciclopédias. E que nem por isso são menos úteis e importantes como ilustra a observação de Emília em suas *Memórias*:

"Ciência e mais coisas dos livros, isso ela ignora completamente. Mas nas coisas práticas da vida é uma verdadeira sábia. Para um tempero de lombo, um frango assado, um bolinho, para curar uma cortadura, para remendar meu pé quando a macela está fugindo, para lavar e passar roupa — para as mil coisas de todos os dias é uma danada!".

Uma verdadeira fada para toda sorte de doces e quitutes, como a boneca fazia questão de recordar, Tia Nastácia era imbatível nos lambarizinhos fritos e no mexido de galinha que, de tão cheiroso, fez o barão de Münchausen, em *O Pó de Pirlimpimpim*, perder a cerimônia, sentar-se em torno do farnel levado por Dona Benta e dar cabo de tudo quase sozinho. D. Quixote, porém, teve que se contentar só com o café cheiroso, pois os bolinhos Sancho Pança comeu todos — junto com o quem mais havia na copa, incluindo o pernil de porco e a pamonha de milho verde da sobremesa. Ainda pior que Rabicó, o leitão adotado pelas crianças do Sítio, o fiel escudeiro reafirmava, em *O Picapau Amarelo*, sua gulodice e uma admiração sem precedentes: "Nasci para comer, e nesta casa os petiscos têm qualquer coisa que bole no coração da gente. Acredite, senhora Nastácia, que cozinheira como vosmecê nunca jamais houve no mundo — nem haverá. Sou entendidíssimo em toda sorte de comidas, gordas ou magras, de sal ou açúcar, de forno ou fogão, e juro sobre a lança de meu amo que petisqueiras como as daqui, nem no céu".

Embora nacionalista, Monteiro Lobato era um cidadão do mundo. Por meio das viagens aos Estados Unidos e à Argentina ou pelas leituras sistemáticas dos mais variados assuntos, o escritor detinha um vasto conhecimento da história da Humanidade. Este lado cosmopolita de Lobato torna-se patente em *Geografia de Dona Benta*, no qual revela os hábitos alimentares e as práticas culinárias dos habitantes de regiões brasileiras e de longínquos rincões do globo terrestre. Nele, a diversidade dos aromas e sabores encontrados pela turma do Sítio na volta ao redor do planeta, são experimentados pela cozinheira "caipira" sempre aberta a novas experiências.

Em um das passagens, Tia Nastácia utiliza na garoupa que Pedrinho fisgou em alto-mar um ingrediente especial comprado durante a escala na Bahia. "Vou fazê-la recheadinha, com farofa e azeite de dendê..." Dali sairia para o jantar um prato muito mais gostoso do que os peixes voadores do Mar das Antilhas colhidos no tombadilho do navio.

Mais adiante, em Manaus, Tia Nastácia aproveitou para encher a despensa do brigue de postas de pirarucu seco, manteiga de tartaruga e bastões de guaraná preparados pelos índios Maués. Levou ainda várias latas de um doce feito de bacuri que, para sorvete, não tem melhor. Alguns parágrafos depois, a turma encontra-se em Xangai. Ali, ao degustar uma sopa com ninhos de andorinha, Tia Nastácia arregalou os olhos, mas provou a iguaria, acrescentando: "O Visconde me trouxe, sabem o quê? Brotos de bambu! Disse que é o palmito daqui. Eu experimentei — fiz um guisado. Pois não é que é gostosinho? Este mundo, sinhá, este mundo...".

O melhor prêmio que Tia Nastácia dava aos meninos nas grandes ocasiões, contudo, não eram comidas exóticas feitas de ingredientes inusitados. Este consistia numa gemada prosaica, mas tão bem batida que ficava amarela feito manteiga e macia como veludo. Vendo Pedrinho e Narizinho raspar a tigela às 'colheradinhas', 'poupadamente', Emilia e o Visconde entreolhavam-se, entristecendo-se de não serem gente de verdade — gente que come... Só nessas ocasiões a boneca falante sentia inveja da espécie humana — o que não a impediu de ter a ideia brilhante de fazer o livro comestível. Fundindo a fome de saber com a fome fisiológica, em *A reforma da Natureza* Emília propunha que fossem impressos em papel fabricado de trigo e muito bem temperados. A tinta inofensiva à saúde seria estudada pelos químicos. "O leitor vai lendo o livro e comendo as folhas; lê uma rasga-a e come. Quando chega ao fim da leitura, está almoçado ou jantado."

Além disso, cada capítulo teria um sabor diferente. Às primeiras páginas com gosto de sopa, seguiriam-se as de salada, assado, arroz e tutu de feijão com torresmo. As últimas seriam a sobremesa — manjar branco, pudim de laranja, doce de batata. As folhas do índice fariam às vezes do cafezinho. "Dizem que o livro é o pão do espírito. Porque não ser também pão do corpo? As vantagens seriam imensas. Poderiam ser vendidos nas padarias e confeitarias, ou entregues de manhã pelas carrocinhas, juntamente com o pão e o leite". Quem soubesse ler, lia, senão bastava comê-lo. "Desse modo o livro pode ter entrada em todas as casas, seja dos sábios, seja dos analfabetos".

La Fontaine, Monteiro Lobato e o mundo das fábulas[84]

Regina Zilberman

"Dizem que é velho o mundo; acredito; entretanto,
como criança quer ser divertido, ainda hoje."

Jean de La Fontaine, *O Poder das Fábulas*[85]

1. La Fontaine: a fábula enquanto gênero literário

Jean de La Fontaine nasceu em 1621, em Chateau-Thierry, na província da Champagne, França, filho de um oficial do governo responsável pela guarda das florestas. O pequeno Jean estudou numa escola em Reims e, depois, foi para Paris, com a intenção de tornar-se padre. No entanto, nunca levou os estudos a sério e logo voltou para casa, assumindo mais tarde o trabalho do pai. Em 1647, casou, mas em seguida se separou, abandonando igualmente o emprego e retornando a Paris. La Fontaine tinha grande facilidade em fazer amigos e conseguir quem o patrocinasse. Nicolas Fouquet, ministro das finanças durante o governo de Luís XIV, obteve para ele uma pensão desde que escrevesse quatro poemas por ano. Outros

[84] Este artigo desenvolve tema examinado originalmente em "De La Fontaine a Monteiro Lobato: a fábula", publicado em *Para sempre em mim*: homenagem à Professora Ângela Vaz Leão, obra organizada por Lélia Parreira Duarte. (Cf. Duarte, Lélia Parreira (Org.). *Para sempre em mim*: homenagem à Professora Ângela Vaz Leão. Belo Horizonte: CESPUC, 1999. p. 426 – 439.]

[85] La Fontaine, Jean de. O Poder das Fábulas. In: ___. *Fábulas*. Trad. Milton Amado e Eugênio Amado. Belo Horizonte: Itatiaia, 1989. V. 2, p. 93.

patrocinadores seus foram Madame de La Sablière e Monsieur d'Hervart, que o sustentou durante os últimos anos de vida.

O primeiro volume de suas *Fábulas* foi publicado em 1668, contendo os seis primeiros livros da obra; os outros seis apareceram entre 1678 e 1694. Graças ao prestígio alcançado com essa obra, foi convidado para participar da Academia Francesa em 1683. Conforme indica no prefácio, Esopo inspirou suas histórias, e muitas das fábulas originais ali estão, como "A Raposa e as Uvas", "O Corvo e a Raposa", "A Leiteira e o Pote de Leite". Outras são criações suas, como a mais famosa delas, "A Cigarra e a Formiga", introduzida no volume inicial das *Fábulas*.

A época em que La Fontaine viveu não podia ser melhor para os escritores. Luís XIV, soberano que encarnava o Absolutismo vigente na maior parte das monarquias europeias, prestigiava as Letras, que, desde o reinado de Luís XIII, graças à influência do Cardeal Richelieu, inspirador da Academia Francesa, gozavam de um *status* diferenciado, respeitadas e acatadas, enquanto guardiãs da língua vernácula.[86] O romance de Madame de La Fayette, *A Princesa de Clèves*, as tragédias de Corneille e Racine, a comédia de Molière, as *Máximas* de La Rochefoucauld, os *Caracteres* de La Bruyère — eis algumas expressões que fariam da França do século XVII a corporificação por excelência da literatura mais qualificada, digna de ser imitada, como queria o legislador literário em voga, Nicolas Boileau-Despreaux, com sua *Arte Poética*, de 1674. O estilo predominante fecunda o Barroco, que aproveita a lição renascentista — busca-se a harmonia clássica, transparente, explorando sugestões, principalmente histórias, personagens e gêneros, da Antiguidade —, sem ferir a sensiblidade e o individualismo recentemente conquistados com o Maneirismo.[87]

A fábula, tal qual a tragédia praticada por Corneille e Racine, tinha nascido entre os gregos. Seu primeiro usuário foi possivelmente Arquíloco de Paros, poeta do século VII a. C, a quem se atribuem "A Raposa e a Águia"; "A Raposa e o Macaco" e "Koiranos e o Golfinho". Porém, é Esopo o nome virtualmente associado ao gênero, embora sua existência seja de difícil comprovação. Ex-escravo, oriundo da Trácia, teria vivido no século VI a. C.; figura provavelmente lendária, é, contudo, referido por Heródo-

[86] V. Cristin, Claude. *Aux Origines de l'Histoire Litttéraire*. Grenoble: Presses Universitaires, 1973.

[87] Sobre as relações entre o Barroco e o Classicismo francês com a Renascença italiana e o Maneirismo europeu, v. Hauser, Arnold. *Historia Social de la Literatura y el Arte*. Madrid: Guadarrama, 1969. E HAUSER, Arnold. *O Maneirismo*. São Paulo: Perspectiva, 1976.

to, Aristóteles, Aristófanes e Plutarco, este sendo autor de uma biografia do fabulista, em que se misturam ficção e realidade. As fábulas de Esopo foram divulgadas graças a compilações suas aparecidas no século II a. C. e às traduções para o latim, providenciadas pelo poeta romano e igualmente ex-escravo Fedro. Entre os contos imputados a ele, incluem-se os do coelho e da tartaruga, do rato e do leão e a da raposa e as uvas.

La Fontaine representa, para a modernidade, o que foi Esopo na Antiguidade, enquanto criador de histórias memoráveis que se tornaram parte do patrimônio da humanidade, recordadas a propósito de ações exemplares ou de ensinamentos a obter. Foram elas também que conferiram ao gênero estatuto definitivo, com a vantagem adicional, no caso do escritor francês, de ele ter consignado sua inspiração em livros de grande circulação a seu tempo e depois, vertidos para as mais variadas línguas do planeta.

Com efeito, pode-se considerar a fábula um gênero autônomo, com características singulares. Pertence ao campo da narrativa, porque lida com personagens e uma intriga, ainda que essa, seguidamente, se mostre bastante sintética; mas, com La Fontaine, participou do campo da poesia, porque suas tramas se apresentaram em verso, característica que se pode perder com a tradução. Por último, é próprio à fábula, e talvez seja essa a marca que diferencia a forma, resumir o significado da ação numa "moral", expressão que dá vazão ao ensinamento alcançado ao final do relato.[88]

As *Fábulas* de La Fontaine tornaram-se populares entre adultos e crianças, mas foi em especial ao público infantil que o escritor destinou as histórias produzidas. Ele explica sua intenção no prefácio da obra, referindo ao caráter educativo dos textos, a ser absorvido pela criança, em fase de formação de noções morais e hábitos de comportamento: pelas deduções e ilações que se podem tirar dessas fábulas, formam-se os juízos e os costumes, torna-se a criança capaz de grandes coisas.[89]

A alusão à criança pode não surpreender; mas é preciso lembrar que, no século XVII, a infância ainda não gozava do *status* especial, com que vem a ser compreendida a partir do século XVIII, época em que se constituíam a Pedagogia e a Literatura Infantil. No tempo de La Fontaine, e antes, adultos e crianças compartilhavam um universo comum, sem segmentações, que vieram a se estabelecer quando a sociedade burguesa concluiu que cabia conferir atenção especial aos pequenos, pessoas tidas por ainda incompletas a quem era preciso formar e desenvolver. A Educação se

[88] Sobre a natureza da fábula, v. Doderer, Klaus. *Fabeln*. Formen, Figuren, Lehren. München: Deutscher Taschenbuch Verlag, 1977.
[89] La Fontaine, Jean de. Op. cit. V. 1, p. 38.

encarregou dessa função, auxiliada por ciências médicas, a Pediatria e a Psicologia, uma instituição, a Escola, e instrumentos adequados, entre os quais se coloca, em papel de destaque, a Literatura Infantil.[90]

Assim, a preocupação manifestada por La Fontaine quanto ao papel que podem exercer seus textos na formação das crianças sugere que o autor estava atento às modificações sociais e ideológicas que transcorriam à sua época e que ocasionariam a derrocada da classe dentro da qual flertava, a aristocracia francesa a que não pertencia, por força do nascimento plebeu, mas a que seduzia graças à sua personalidade galante. Por sua vez, ao valer-se de um gênero que tinha origem ilustre e destiná-lo ao leitor infantil, La Fontaine responsabiliza-se por um processo igualmente inovador: a fábula, revigorada na perspectiva da poética, pois o autor cria histórias com verve e linguagem literária elevada, passa a se confundir com literatura infantil, sendo englobada por essa última.

Com essas medidas, La Fontaine alçou a fábula à situação da melhor poesia; ao mesmo tempo, conduziu-a ao âmbito da produção literária destinada às crianças, não significando isso que a fábula deixou de se apresentar como alternativa a quem deseje escrever. Escritores como Lessing, Almeida Garrett, Franz Kafka, Berthold Brecht e James Thurber, além dos brasileiros Machado de Assis e Coelho Neto, elaboraram fábulas de qualidade; mas o gênero enquanto tal foi englobado à literatura infantil, de onde não mais se afastou.

O Primeiro Livro das *Fábulas* abre com o texto provavelmente mais conhecido, "A Cigarra e a Formiga"; apresenta também "O Lobo e o Cordeiro", de grande popularidade, assim como "O Corvo e a Raposa" e "O Rato da Cidade e o Rato do Campo". O Terceiro Livro contém outras histórias de prestígio: "O Moleiro, o Menino e o Burro", "As Rãs que Pedem Rei" e "A Raposa e as Uvas", cujo original remonta ao já citado Esopo. "O Parto da Montanha" e "A Galinha dos Ovos de Ouro" aparecem no Quinto Livro, enquanto que "A Lebre e a Tartaruga", igualmente originária da Antiguidade, está colocada no Sexto Livro; o seguinte, de número sete, inclui outra narrativa famosa: "A Leiteira e o Pote de Leite", retomada, tal como "A Cigarra e a Formiga" e os demais elencados, por Monteiro Lobato, na obra que dedica a esse gênero.

[90] Cf. Ariès, Philippe. *História Social da Criança e da Família*. Rio de Janeiro: Zahar, 1979. Shorter, Edward. *The Making of the Modern Family*. Glasgow: Fontana-Collins, 1979. Zilberman, Regina. *A Literatura Infantil na Escola*. São Paulo: Global, 2003.

Ao elaborar os textos, La Fontaine não contradiz a forma tradicional da fábula. Pode-se verificar, desde os títulos, que prevalecem personagens representadas por animais, frequentemente antropomorfizados. Heróis humanos igualmente se apresentam, como a leiteira, mencionada por último, e ainda se encontram intrigas contendo objetos inanimados ou seres da natureza vegetal na situação de protagonistas. De todo modo, é o reino animal que predomina, porque cada um dos bichos pode sintetizar uma característica, de preferência negativa ou, pelo menos, indesejável, do indivíduo. O leão, por exemplo, simboliza o poder do rei, a raposa corresponde à esperteza e à malícia, o lobo configura a opressão e a violência. Essas características repetem-se em todas as fábulas, facilitando o reconhecimento e a identificação da moral; e desenham o quadro de uma sociedade, regida pela autoridade legítima do leão, ameaçada pela prepotência e velhacaria do lobo e suportada pela inteligência da raposa, que precisa valer-se de seus dotes mentais para sobreviver num mundo marcado pela competição, ânsia de poder e falta de confiança.

O desenho de uma sociedade com essas características, representada por um universo zoomórfico que sintetiza as virtudes humanas (ou a falta delas), provém da Idade Média. Otto Maria Carpeaux destaca que a "*sátira zoológica*" remonta aos contos indianos do *Pantchatantra* e ao *Physiologus*, "*livro obscuro da decadência da Antiguidade, no qual as qualidades de animais reais ou fabulosos são interpretadas como símbolos de atitudes éticas e verdades filosóficas*"[91] Mas é provavelmente o *Roman de Renart* a obra mais próxima do fabulário de La Fontaine.

O *Roman de Renart* origina-se no *Ysengrinus*, de autoria do goliardo holandês Nivardus de Gent, escrito em latim e traduzido para a língua vulgar no século XII. Carpeaux resume as propriedades dessa obra clássica:

> A forma definitiva deram-lha os franceses, no *Roman de Renart*. É uma obra coletiva, dos séculos XII e XIII, meio anônima; os nomes, ainda conservados, de alguns colaboradores — Pierre de Saint-Cloud, Richard de Lison — não nos dizem nada. Mas eram, eles também, cléricos, e o romance deve-lhes a forma novelística dos episódios e o *esprit* satírico. No fundo, não é um romance, e sim uma coleção de 27 contos, "branches", na maior parte façanhas de Renart, que engana os outros animais, mais poderosos do que ele ou simplesmente imbecis, de modo que a sátira se dirige

[91] Carpeaux, Otto Maria. *História da Literatura Ocidental*. Rio de Janeiro: O Cruzeiro, 1959. V. I, p. 310.

igualmente contra a aristocracia e o alto clero e, por outro lado, contra o camponês ingênuo. É a sátira de clérigos inteligentes e pobres contra os poderes constituídos.[92]

Carpeaux indica que pelo menos outras duas compilações semelhantes circularam na Europa medieval: o *Van den vos Reinaerde*, do poeta flamengo Willen, que, conforme o historiador, "*criou a personagem de Renart, tão imortal como o são apenas as grandes criações da literatura universal: a inteligência vencendo a força brutal*";[93] e o alemão *Reynke de Vos*, cujo aparecimento em livro deu-se em 1498. Nessas obras, bem como em suas representações icônicas, encontráveis em catedrais construídas no século XV, destaca-se a crítica ao poder, sobretudo o da Igreja, contra o qual se levantavam clérigos descontentes. Mas cabe aludir igualmente aos textos que se valeram da representação alegórica, fundada nas propriedades dos animais, para criticar o poder público e a figura do rei autoritário ou incompetente, como o de Raimundo Lúlio, poeta catalão do século XIII, autor do *Livro das Bestas*, em que aparecem igualmente leões, leopardos, cavalos, ursos e onças para encarnar as várias facetas, via de regra condenáveis, da aristocracia dominante.

La Fontaine escorava-se assim na tradição da fábula, reescrevendo narrativas oriundas de Arquíloco, Esopo e Fedro; mas não contradizia um percurso da literatura europeia durante o período medieval, legado pelos *fabliaux*, de larga circulação na França. Inscreveu-se nessa cadeia histórica, mas incorporou a ela criações peculiares, valendo-se de inspirações retiradas de campos vizinhos. O cordeiro, ente destinado ao sacrifício em narrativas bíblicas como a da oferenda de Abrão a Deus ou em representações do Cristo, cuja inocência simboliza, é colocado na posição de interlocutor do lobo, desde o citado *Ysengrin*, corporificação da violência e da perfídia. Ao contrapor duas figuras emblemáticas, La Fontaine elabora um diálogo que tanto traduz a prepotência do mais forte, quanto a fragilidade da religião e da fé ingênua diante do poder político, que detém o controle sobre todas as alternativas existentes.

O contraste entre a cigarra e a formiga é igualmente invenção de La Fontaine, sendo que o relato estrutura-se de modo similar à fábula do lobo e do cordeiro. A cigarra corporifica a imprevidência, a formiga, o trabalho, a cautela e o olho no futuro, que sobrevive às piores intempéries, ao contrário da outra, incapaz de superar as dificuldades naturais da vida.

[92] Id. p. 312.
[93] Id. p. 312.

Mas os dois animais não se limitam a essa caracterização conservadora: pode-se entender a cigarra, que canta durante o verão e é derrotada pelo inverno, como representação do artista, alheio ao pragmatismo, que repele e que provoca, quando corporificado pela formiga, uma rejeição igual e contrária; pode-se entender também a oposição como expressão da luta de classes, colocando-se de um lado o aristocrata imprudente e, de outro, o burguês precavido, que acumula a riqueza e, depois, não a reparte, numa antecipação do confronto revolucionário de um século mais tarde, em 1789.

Delegando aos animais a tarefa de exprimir as baixezas das pessoas, La Fontaine parece estar julgando a espécie humana de modo sutil. Porém, personagens como o pai e o filho, de "O Moleiro, o Menino e o Burro", o camponês de "A Galinha dos Ovos de Ouro" e a jovem de "A Leiteira e o Pote de Leite" não são melhores, apenas compreensíveis de modo mais direto. Todos são tolos, em vez de ingênuos como o cordeiro, e ambiciosos, mas falta-lhes a esperteza da raposa, o velho Renart indestrutível pelo tempo. A cobiça da formiga e a insensatez da cigarra juntam-se tanto na história da leiteira que faz cálculos extravagantes ao dirigir-se à feira e vê tudo se perder quando a bilha se quebra, quanto na narrativa do casal proprietário da galinha que punha ovos de ouro e que é destruída pela precipitação dos dois, restando o par, no final, tão pobre como era no começo. Os seres humanos são encarados sem qualquer contemplação, enquanto que algumas virtudes manifestadas pelos animais são admitidas e até admiradas.

É aceitando a perspectiva com que La Fontaine examina a humanidade, observada desde o ângulo comportamental e ético, que se pode entender o aspecto didático da fábula. Uma das propriedades desse gênero é o fato de ele encerrar uma lição, sintetizada no ditado com que se finaliza a intriga: "*contra a força não há argumentos*" — eis a conclusão do triste combate entre o lobo e o cordeiro; "*quem tudo quer, tudo perde*" sumaria "A Galinha dos Ovos de Ouro". Nem sempre a frase tem tom proverbial: "A Raposa e as Uvas" consagrou a expressão "*estão verdes*", oração que manifesta o desdém da protagonista, depois de ela não conseguir realizar o seu intento, o de alcançar os suculentos bagos da fruta na alta parreira; "*chorar por sobre o leite derramado*" é igualmente o remate de uma história, o da proprietária da bilha rompida, máxima que não evidencia teor educativo.

Assim, a fábula contém um aprendizado, que se condensa numa expressão exemplar, aplicável àquela e a qualquer outra situação semelhante, o que aponta, de um lado, o pendor didático, de outro, para sua intenção universalizante. As personagens não podem individuar-se, sob pena de se perder o esforço generalista do relato; mas o provérbio que distingue o gênero não é necessariamente doutrinário, pois, se a expressão "*quem tudo quer, tudo perde*" pode ser encarada como manifestação de controle social, fórmulas como "*chorar por sobre o leite derramado*" ou "*as uvas estão verdes*" ironizam o contexto em que se apresentam, dessacralizando o objeto a que se referem.

A fábula, portanto, discute a moral vigente, porque representa comportamentos conhecidos, fazendo-o de modo crítico e extraindo do assunto contado uma lição, que, mais que reforçar padrões dominantes, desmitifica-os e contesta-os. No caso de Jean de la Fontaine, escritor que não parece abrigar nenhuma ilusão relativamente à natureza humana, podendo mesmo ser classificado de pessimista ou, ao menos, cético, a ótica que predomina é a que julga de modo severo, livrando a fábula de uma acusação leviana, a de que assumiria posicionamento doutrinário e apassivante do sujeito leitor.

Assim, se o fabulista espera que, por meio de seus contos, "*form[e]m-se os juízos*", é preciso convir que esses serão críticos, aptos a distinguir o certo e o errado, o legítimo e o arbitrário. Nenhum leitor, grande ou pequeno, tomará o partido do lobo, embora possa fazer parte dele, enquanto membro da sociedade e da vida política; logo, o destinatário dos textos será induzido a avaliar situações em que, eventualmente, ele mesmo estará envolvido, nem sempre ocupando a posição mais justa. A fábula, conforme La Fontaine, propõe-se formadora, mas, porque os critérios ultrapassam o âmbito da interioridade do sujeito, onde residem seus interesses mais imediatos, ela pode ser não apenas emancipadora, mas também um canal para a discussão de questões éticas, sociais e políticas. Dirigida à criança, ela declara enquanto expectativa o desejo de que seus leitores venham a se transformar em cidadãos justos, equilibrados, capazes de discernir valores e posicionarem-se do lado mais adequado.

Nem quando chega a esse ponto La Fontaine pode ser enquadrado aos moralistas, como La Bruyère e La Rochefoucauld, preocupados com a constituição do caráter do indivíduo. Suas histórias valem-se de recursos narrativos para relativizar a possível reprovação das criaturas, quando os casos não são suficientemente graves, para serem censurados ou penalizados. É certo que o lobo devora o cordeiro, e a cigarra não é absolvida pela formiga, atitudes, todavia, condenadas em graus diferentes: o lobo é execrável, mas a cigarra havia sido avisada de que devia zelar por seu futuro, isentando, em parte, a operosa formiga. Além disso, em todas essas situações, a natureza mostra-se mais forte: os protagonistas não fogem a seu destino, o do cordeiro de ser vencido pela força, o da cigarra de ser aniquilada pela imprevisibilidade. O século XVII é também o do renascimento da tragédia, forma preferida da corte de Luís XIV, que revela o percurso da fatalidade e do determinismo consumindo a vida das personagens, e tudo porque suas personalidades não podem se modificar.

Porém, na maioria das vezes, a sentença é amenizada por decorrência de artifícios poéticos. Na história da leiteira, a introdução de cenas cômicas, como a que apresenta o tombo da moça, suaviza a desgraça que o fato representa:

Um tropeço infeliz despeja no chão as vacas, o bezerro, os frangos e o leitão:[94]

Além disso, o devaneio a que a jovem se entrega é legítimo, porque corresponde a um procedimento comum entre as pessoas, o de fazer projeções otimistas diante da possibilidade de um acontecimento favorável. Sonhar com viagens, compras ou melhorias diante das promessas de aumento de salário ou promoção não é comportamento inusitado; o problema é lidar com a frustração, quando o propiciador desses benefícios, como o leite, se derrama pelo chão. O narrador não censura a leiteira por elaborar suas esperanças de modo tão explícito, perguntando: "*Quem não se perde a divagar, / erigindo castelos no ar?*"

A trajetória infeliz da leiteira, contudo, não termina aí; a frustração decorrente da perda se estende ao medo de ser repreendida pelo marido, a quem deve confessar o ocorrido, "*correndo o risco de uma sova*". Pode-se entender a punição anunciada no contexto da situação da mulher no século XVII, e mesmo posteriormente, dominada pelo poder masculino; a reação da moça, contudo, apresenta traços infantis, reproduzindo, nesse caso, a atitude temerosa da criança, quando se comporta mal ou faz algo condenável pelos mais velhos. Essa é igualmente a situação da leiteira, ao final da história, cuja sorte a partir de então desconhecemos, de modo que não se explicita se o temor se justificou.

---

[94] La Fontaine. Op. cit. V. 2, p. 50. La Fontaine

O fato de a leiteira reagir de maneira pueril, enfatizando o castigo talvez a receber, em vez da frustração decorrente da perda do produto até ali considerado tão promissor, aproxima-a da criança. Essa estratégia, segundo a qual as personagens das fábulas com frequência mimetizam a posição do leitor infantil, particulariza a obra de La Fontaine. Na maioria das vezes, ele constrói figuras que são antes imaturas que más, condição vivenciada pela criança, carente da experiência que a faria resolver com sabedoria e prudência os problemas existentes.

Assim, embora a fábula recorra a seres cuja qualidade ética deixa a desejar, evidenciando o descrédito que La Fontaine lança sobre a natureza humana, ela não deixa de ensinar que o aperfeiçoamento pessoal é possível, desde que os indivíduos se disponham a isso, sendo o próprio gênero de grande valia para se atingir esse objetivo. As personagens podem ter gestos "irrefletidos", como a leiteira que desenha castelos no ar; mas o leitor, diante desse acontecimento, meditará sobre seus frutos, apossar-se-á do conhecimento adquirido e terá instrumentos para, diante de conjuntura similar, optar por outra solução.

Eis por que, no caso da leiteira, a punição é antecipada, mas não representada, deixando em aberto ao leitor se efetivamente foi levada a cabo. Uma perda, como a do leite derramado, pode suscitar repreensões como as que a jovem prevê e o leitor intui; mas, tomadas as devidas precauções, em casos similares, ela será evitada, alternativa que se oferece à criança, na expectativa de que essa tenha aprendido algo com a narrativa.

As fábulas de La Fontaine não se popularizaram como literatura infantil por acaso; elas englobam entretenimento e aprendizagem, tal como idealiza a produção ficcional dirigida à criança. A aprendizagem, por sua vez, não se dá como transmissão de valores adultos, e sim assimilação de uma experiência, conforme um processo de identificação. Reproduzindo a situação da criança no contexto das histórias, protagonizada por um herói que traz vários componentes infantis (como os já citados cordeiro e cigarra), ele faculta a associação entre personagem e leitor, que então incorpora componentes da figura fictícia e reparte com ele seus problemas. A solução que se apresentar será igualmente uma saída para suas dificuldades, a serem compreendidas após a reflexão sobre o relato; por isso, o provérbio com que a narrativa encerra é fundamental, pois a "moral da história" é o modo como o destinatário decifra a mensagem do texto e o conteúdo ensinado.

2. A lição de Monteiro Lobato

Monteiro Lobato parece ter entendido a prática de La Fontaine; tal como o escritor francês, ele sabe que a fábula encerra uma "*lição moral*"[95] que não se pode descartar. O brasileiro, contudo, está consciente de que não basta repetir as narrativas, para atingir eficácia similar. Pelo contrário, é preciso recontextualizá-las, de um lado, para confirmar a atualidade delas; de outro, para não contrariar o modelo conforme o qual urdiu seu universo ficcional particular, o Sítio do Picapau Amarelo, habitado por velhos e crianças, seres humanos e bonecos, todos atuando democraticamente sob o eficiente gerenciamento de D. Benta Encerrabodes de Oliveira.

A versão original das *Fábulas*, de Monteiro Lobato, data de 1921,[96] sendo apenas um ano mais nova que *A Menina do Narizinho Arrebitado*, obra com que estreou na literatura infantil. Mas não é esse o texto que atualmente circula, tendo o autor introduzido modificações até chegar à forma definitiva com que o incorporou às *Obras Completas*, organizadas em 1947. A mudança mais importante foi a inclusão dos comentários dos ouvintes das narrativas, principalmente Narizinho, Pedrinho e Emília, que discutem com Dona Benta o significado dos contos, técnica que, no intervalo entre as primeira e a última variante de *Fábulas*, fora utilizada, por exemplo, em *Histórias da Tia Nastácia*, compilação relativa ao folclore brasileiro.

A presença dos comentários emitidos sobretudo pelas crianças particulariza o livro de Monteiro Lobato, se contraposto ao de La Fontaine. Pois, se Lobato modernizou algumas histórias, como "O Reformador do Mundo" ou "O Automóvel e a Mosca", o escritor também procurou polemizá-las, já que os pequenos heróis de seus livros nunca aceitam pacificamente ideias prontas e relatos definitivos. Assim, diante do patrimônio fabulístico, tradicional e, portanto, conhecido, ele adota pelo menos duas posições, procurando inovar e deixando indubitavelmente sua marca.

A primeira dessas posições destaca-se de imediato, pois aparece na narrativa de abertura: ele igualmente inicia com "A Cigarra e a Formiga", conto que, tanto na obra francesa, quanto na brasileira, tem significado similar ao do prólogo na tragédia ateniense do século V a. C.: entre os

---

[95] Lobato, Monteiro. *Fábulas*. São Paulo: Brasiliense, 1956. p. 46.

[96] Cf. Merz, Hilda Junqueira Villela; Brandão, Ana Lúcia de Oliveira; Manzano, Sylvia; Oberg, Sílvia. *Histórico e Resenhas da Obra Infantil de Monteiro Lobato*. São Paulo: Brasiliense, 1996. p. 42.

gregos, como entre os fabulistas, o começo resume a intenção geral do conjunto. La Fontaine elabora um relato polêmico, porque a decisão da formiga nunca foi acatada de modo unânime entre os leitores, e o autor está consciente de que esse resultado ocorrerá. Lobato, de certo modo, opera em cima dessa dualidade, reproduzindo a ação imaginada por La Fontaine, mas, simultaneamente, contrariando o trajeto original adotado pelo antecessor. Aliás, a narrativa principia pela contestação, pois Monteiro Lobato apresenta primeiramente a história da cigarra que, com sua música, distraiu e ajudou as formigas; essas, agradecidas, acolhem a coitada, quando ela fica desabrigada e doente, com a chegada do inverno. Só depois apresenta o relato tradicional, em que a formiga nega ajuda à artista que cantava, enquanto as companheiras labutavam.

Não fica só aí a manifestação de desacordo de Lobato: o provérbio com que encerra a dupla narrativa destaca a importância da cigarra, síntese dos "*artistas — poetas, pintores, músicos*"[97] que o escritor enaltece. Lobato elabora seu texto, a partir da alegoria de La Fontaine, decifrando um de seus sentidos; mas esclarece sua opinião a respeito, valorizando a categoria artística e justificando seu comportamento pouco afeito à vida prática; por outro lado, não condena a formiga por inteiro: no primeiro relato, essa reconhece a dívida para com a cantora que entretinha o trabalhador e a ajuda; depois do segundo relato, Emília contesta o final da fábula, julgando-o equivocado, por desfigurar a natureza, sempre solidária, da formiga enquanto espécie animal. Por sua vez, a reação de Emília, bem como o diálogo subsequente entre os moradores do Sítio, inaugura, como já se observou, a grande novidade das *Fábulas*: os comentários dos ouvintes, representantes dos leitores que serão levados, assim, a reproduzir a atitude questionadora, própria aos netos de D. Benta, técnica que Monteiro Lobato perfilhou não apenas nas antes lembradas *Histórias de Tia Nastácia*, de procedência popular, mas também em boa parte dos livros que adaptou, como *Peter Pan* e *D. Quixote das crianças*.[98]

A primeira posição corresponde, pois, à oferta de mais de uma alternativa para a mesma história, a segunda, à interpolação dos comentários, que explicam, comentam, contestam e relacionam a narrativa ao universo experimentado pelas crianças. Ambas as características aparecem, igual-

---

97 Lobato, Monteiro. Op. cit. p. 4.

98 V. a respeito Zilberman, Regina. A Literatura Infantil e o Leitor. In: Zilberman, Regina; Magalhães, Ligia Cademartori. *Literatura Infantil: Autoritarismo e Emancipação*. São Paulo: Ática, 1982. Lajolo, Marisa. *Do Mundo da Leitura para a Leitura do Mundo*. São Paulo: Ática, 1993.

mente, em "A Menina do Leite", versão de "A Leiteira e o Pote de Leite", de La Fontaine. Aqui, ainda que o texto não modifique a narrativa, embora o condense, suprimindo a alusão ao marido que poderá punir a moça, batizada de Laurinha por Lobato, esse propõe outro destino à personagem. No comentário posterior à última linha da história, Emília se manifesta:

— Viva! Viva a Laurinha!... No nosso passeio ao País-das-Fábulas tivemos ocasião de ver essa história formar-se — mas o fim foi diferente. Laurinha estava esperta e não derrubou o pote de leite, porque não carregava o leite em pote nenhum, e sim numa lata de metal bem fechada.[99]

Narizinho não aceita a alternativa lembrada por Emília e replica:

"*Lembro-me muito bem. A Laurinha não derramou o leite e deixou a fábula errada. O certo é como vovó acaba de contar.*" Avó e neta concordam na sua aceitação da fábula convencional, e Emília se cala, legando ao leitor a escolha entre um ou outro final para o relato. Os comentários, que trazem o conto para o âmbito de quem o consome, não exibem índole doutrinária, até por deixar que diferentes opiniões se manifestem e equiparem-se.

Monteiro Lobato reúne em *Fábulas* mais de setenta histórias, retiradas a maior parte da coleção de La Fontaine. Respeita algumas características da obra original, como a citada abertura em que é repetida a história da cigarra e da formiga. Mas a duplicação do relato surpreende de imediato, impacto ampliado pelo fato de a história contestadora, em que os dois insetos se reconciliam, aparecer primeiro. O diálogo posterior, em que Emília apela à natureza das formigas, e a alteração do provérbio completam a infidelidade da obra brasileira em relação à fonte inspiradora, revelando a faceta paródica, logo, composta segundo o melhor figurino da modernidade, da produção do ficcionista brasileiro.

Com seu livro, Monteiro Lobato leva a fábula às últimas consequências, o que lhe permite, ao relatar o último conto, discutir a natureza do gênero com que lidou até aí. Após relatar "Liga das Nações", *remake* modernizante do texto do Livro Primeiro das *Fábulas*, "A Novilha, a Cabra e a Ovelha, em Sociedade com o Leão", o que faculta ao escritor criticar a entidade que, logo após a Primeira Guerra Mundial, estava encarregada de pacificar

[99] Lobato, Monteiro. Op. cit. p. 46.

a Europa, sem alcançar nenhum sucesso, o narrador nos submete o seguinte diálogo entre a audiência do Sítio:

— Chega de fábulas, vovó! — disse Pedrinho. Já estamos empanturrados. A senhora precisa nos dar tempo de digerir tanta sabedoria popular. Estou com a cabeça cheia de "moralidades".

Dona Benta concordou. (...) Mas, querendo saber se tinham aproveitado a lição, disse:

— Muito bem. Vamos agora ver se não perdi meu tempo. Que é que você conclui de tudo isto, Pedrinho?

— Concluo, vovó, que as fábulas, mesmo quando não valem grande coisa, têm sempre um mérito: são curtinhas...

— Muito bem. E você, filha?

— Para mim, vovó, as fábulas são sabidíssimas. No momento a gente só presta atenção à fala dos animais, mas a moralidade nos fica na memória e de vez em quando, sem querer, a gente aplica "el cuento", como a senhora diz.

— Muito bem. E você, Emília?

— Eu acho que as fábulas são indiretas para um milhão de pessoas. Quando ouço uma, vou logo dando nome aos bois: este mono é o tio Barnabé; aquele asno carregado de ouro é o Coronel Teodorico; a gralha enfeitada de penas de pavão é a filha de Nhá Veva. Para mim, fábula é o mesmo que indireta.[100]

As três respostas sintetizam as marcas do gênero: a extensão dos contos, a lição moral e a "*indireta*", forma sintética de dizer que o leitor relaciona o texto à sua situação imediata de modo simples e eficaz. Ao final, o autor faz metalinguagem, num alargamento de sua prática modernizante, pois, se o início do livro rapidamente leva o leitor para as histórias, aguçando seu interesse, no final permite-se discutir teoricamente o assunto, porque, nesse ponto, o abandono da leitura é inevitável: a obra está terminando. Eis por que o debate se alonga, facultando ainda a discussão da visão de mundo dos fabulistas em questão, já que La Fontaine e Lobato compartilham o descrédito na espécie humana exposto em suas fábulas, concepção manifestada pelos dois bonecos, o sábio Visconde de Sabugosa e a sagaz Emília, com quem fica a última palavra:

[100] Id. p. 187 – 188.

— O que pensa das fábulas, Visconde?

O sabuguinho assoprou e disse:

— Na minha opinião, as fábulas mostram só duas coisas: 1º) que o mundo é dos fortes; e 2º) que o único meio de derrotar a força é a astúcia. (...) Só a astúcia vence a força. Emília disse uma coisa muito sábia em suas Memórias...

— Que foi que eu disse? — perguntou Emília, toda assanhadinha e importante.

— Disse que se tivesse um filho só lhe dava um conselho: "Seja esperto, meu filho!" Se não fosse a esperteza, o mundo seria duma brutalidade sem conta...

— Seria a fábula do Lobo e o Cordeiro girando em redor do sol que nem planeta, com todas as outras fábulas girando em redor dela que nem satélites — concluiu Emília dando um pinote.

Dona Benta calou-se, pensativa.[101]

O mundo das *Fábulas* é dos mais antigos da história da cultura ocidental; atravessou os tempos, de Arquíloco e Esopo até Monteiro Lobato, sem se modificar substancialmente. É porque ele tem muito a dizer a seus ouvintes e leitores, que dividimos com as crianças o desejo de aprender a viver e a entender, de modo divertido, a realidade que nos cerca.

---

[101] Id. p. 188.

Monteiro Lobato e a ficção para crianças

Nelly Novaes Coelho

Personalidade dinâmica e criativa, aberta para a renovação que o século XX, desde os primeiros anos, exigia em todos os setores da sociedade, Monteiro Lobato foi, como sabemos, um homem que perseguiu, com paixão ou obstinação, diferentes ideais ou objetivos — sendo alguns deles (indústria de ferro, extração do petróleo etc.) de importância fundamental para o progresso de nossa terra.

Entretanto, hoje se vê claramente que não foi devido a esse generoso esforço, dedicado às áreas "importantes" da nação, que Lobato cumpriu seu verdadeiro destino, mas sim em um setor, via de regra, minimizado pela cultura "oficial": o da Literatura Infantil e Juvenil.

Hoje é fácil provar que coube a Monteiro Lobato a fortuna de ser o iniciador da Literatura Infantil Brasileira. Lida, hoje, contra o pano de fundo da época que foi escrita, a obra que Lobato construiu para a meninada se revela como ponto de convergência da Tradição e da Renovação. Sua maior novidade e valor, desde seus primeiros títulos, estava no desafio que lançava ao racionalismo tradicional, abrindo as portas da Imaginação para a criatividade que precisava ser liberada...

Essa "liberação", porém, não se fez de chofre. Foi resultado de um longo processo de maturação que, se examinado de perto, revela a autenticidade da criação lobatiana: toda ela gerada por uma funda sintonia do autor com a realidade concreta que a vida lhe ia propondo.

Para compreendermos melhor as peculiaridades formais ou ideológicas que caracterizam a ficção lobatiana para crianças (e a confirmam como marco inicial da Literatura Infantil Brasileira), começaremos aqui pelo seu lento amadurecimento — como projeto global -, no espírito do autor.

As cartas escritas por Monteiro Lobato ao seu amigo Godofredo Rangel, durante toda sua vida, dão-nos preciosos informes acerca da evolução desse "projeto" que germina mais ou menos inconscientemente em seu espírito e, durante anos vai-se revelando cada vez mais nítido e orgânico.

A julgar por essas cartas, a ideia de escrever para crianças lhe surge por volta de 1916, ao analisar a pobreza do que, então, era dado aos pequenos lerem. Em carta de 8/9/1916, entre outras coisas, Lobato diz ao amigo:

"Ando com várias ideias. Uma: vestir à nacional as velhas fábulas de Esopo e La Fontaine, tudo em prosa e mexendo nas moralidades. Coisa para crianças. Veio-me, diante da atenção curiosa com que meus pequenos ouvem as fábulas que Purezinha lhes conta [...] Ora, um fabulário nosso, com bichos daqui em vez dos exóticos, se for feito com arte e talento dará coisa preciosa. As fábulas em português que conheço, em geral traduções de La Fontaine, são pequenas noitas de amora do mato — espinhentas e impenetráveis. Que é que as nossas crianças podem ler? Não vejo nada. Fábulas seriam um começo da literatura que nos falta [...] É de tal pobreza e tão besta a nossa literatura infantil, que nada acho para a iniciação de meus filhos. Mais tarde poderei dar-lhes o Coração de Amicis — um livro tendente a formar italianinhos..."[102]

Não sabemos se, na ocasião, Lobato tentou escrever tais fábulas, reinventadas à brasileira. Se o fez, não publicou. Seu primeiro livro para crianças, *A Menina do Narizinho Arrebitado*, é publicado em 1920, com total sucesso (inclusive, em 1921, foi adotado nas escolas oficiais como "2º livro de leitura").

Sua linguagem coloquial brasileira, bem-humorada, vinha, enfim, romper com a seriedade e rigidez da linguagem escrita culta, de cunho português — que em geral predominava nas traduções da literatura infantil que nos vinha da Europa, via Portugal.

Desde fins do século XIX, alguns intelectuais preocupados com a educação das crianças, tentaram abrasileirar essa linguagem, tornando-a mais acessível à compreensão dos pequenos... Como é o caso de Figueiredo Pimentel que, em 1886, publicara a primeira coletânea de contos infantis, *Contos da Carochinha* adaptando a linguagem portuguesa ao nosso modo de falar. Porém, nas escolas, o que predominava ainda era o magistério lusitano, eram as leituras moralizantes, "exemplares" que, segundo a pedagogia da época, deviam "edificar" os pequenos alunos.

Nesse sentido, é fácil imaginar a lufada de ar fresco que deve ter sido, para as crianças nas escolas, a adoção de *A Menina do Narizinho Arrebitado*

[102] Lobato, Monteiro. *A Barca de Gleyre*. São Paulo, Brasiliense, 1950, t. 2 (p. 104)

de Lobato, como livro de leitura. E mais ainda, o encanto com que os novos títulos foram sendo recebidos. Com eles abria-se, no Brasil, uma nova época para a literatura destinada à criança. (E isso, ao mesmo tempo, em que a literatura para adultos sofria as rupturas e transformações trazidas pelo Modernismo que eclode em 1922).

Cinco anos após sua estreia, Monteiro Lobato já havia publicado cinco livros e tinha títulos traduzidos em vários países (Alemanha, França, Síria, Espanha e Argentina). Entretanto, o verdadeiro "projeto" de sua ficção para crianças ainda não havia se definido claramente em seu espírito. Tanto é assim, que em carta de 7 de maio de 1926, Lobato escrevia a G. Rangel:

> "Ando com ideias de entrar por esse caminho: livros para crianças. De escrever para marmanjos já me enjoei. Bichos sem graça. Mas para as crianças um livro é todo um mundo. Lembro-me de como vivi dentro do *Robinson Crusoé*. Ainda acabo fazendo livros onde as nossas crianças possam morar. Não ler e jogar fora, sim morar, como morei no *Robinson* e n'*Os Filhos do Capitão Grant.*"[103]

O tempo provou que essa ideia foi concretizada e que muitas gerações de crianças, desde então até há alguns anos atrás, encontraram no "Sítio do Picapau Amarelo" e na companhia de seus habitantes, a maneira ideal para viver, com plenitude e alegria.

(É verdade que muita coisa vem mudando no mundo, e as crianças de hoje talvez já não escolhessem esse universo familiar e mágico para viverem, sem a mediação transformadora [por vezes deformadoras] da televisão que o vem adaptando ao consumo de massa — alavanca básica dos novos tempos).

Mas, voltando ao "projeto" acima referido, vemos que, em 1926, quando diz que andava "com ideias" de escrever "livros para crianças", Lobato já publicara: *A Menina do Narizinho Arrebitado* (1920); *O Saci* (1921); *Fábulas* (1922); *O Marquês de Rabicó* (1922) e *A Caçada da Onça* (1924). Eram aventuras independentes que tinham um núcleo comum: o *espaço familiar/maravilhoso* do Sítio do Picapau Amarelo, onde vivam personagens que pertenciam, ao mesmo tempo, ao mundo real dos homens e ao mundo da fantasia: Lúcia, a menina do narizinho arrebitado; sua boneca falante Emília; seu primo Pedrinho; sua avó D. Benta; a cozinheira Tia Anastácia; o leitão Marquês de Rabicó e o sabugo de milho, Visconde de Sabugosa.

[103] Id., ibid., p. 292-293. (grifos nossos)

Nesse ano (1926), Lobato deve ter começado a perceber o alcance dessas suas primeiras experiências isoladas, pois escreve nada menos que quatro novos livros, todos publicados em 1927: *A Cara de Coruja*; *Aventuras do Príncipe*; *Noivado de Narizinho* e *o Circo de Escavalinho*.

Nessa época, Lobato vai para os Estados Unidos, como adido comercial do Brasil. Com a crise econômica que, a partir de 29, se espalha pelo mundo, com a quebra da Bolsa de Valores de New York, — crise que o atinge também duramente —, Lobato encontra em sua produção literária para crianças um meio seguro de sobrevivência econômica.

Em 1930, publica mais dois livros: *A Pena de Papagaio* e o *Pó de Pirlimpimpim*. E no ano seguinte, 1931, enfim o "projeto" global de sua ficção para crianças se define claramente em seu espírito: reúne todos os livros publicados até então, reformula-os quase que inteiramente e publica-os em um só volume, *Reinações de Narizinho*. Sem se dar conta, Lobato escrevera ao longo dos anos uma novela folhetinesca para crianças, um verdadeiro "rocambole infantil" (como ele mesmo o diz em carta ao amigo Rangel).

Selecionando algumas das peculiaridades de estilo, efabulação, mensagem, linguagem, intencionalidade etc., que fazem desse "rocambole infantil", uma obra renovadora e autêntica como criação literária e, acima de tudo, adequada ao espírito dos meninos e meninas, temos:

1. Monteiro Lobato traz o "maravilhoso" do espaço específico em que existia, dentro da literatura infantil tradicional, para dentro do *espaço real*, vivido no dia a dia pelo pequeno leitor. Essa é uma das novidades fundamentais trazidas pela invenção lobatiana: suas estórias não decorrem em nenhum reino maravilhoso, fora do tempo e espaço históricos (como é o caso das estórias tradicionais, *Branca de Neve*, *O Pequeno Polegar* etc.). Pelo contrário, todas as *situações* que estruturam as efabulações de cada livro, radicam no *mundo real* do cotidiano, familiar à meninada e, ao mesmo tempo, evoluem segundo as leis do *imaginário* ou do *religioso*.

Note-se que todas as *situações* narradas em cada livro acontecem (ou começam) no Sítio do Picapau Amarelo, espaço familiar onde vivem pessoas comuns (a avó, netos, empregada, brinquedos, bichos...) que o leitor identifica logo como pertencente ao mundo real que ele habita no dia a dia. Nesse ambiente conhecido e comum, surge de repente um elemento estranho, pertencente ao reino do imaginário, do sonho ou da fantasia. Mas pela naturalidade, com que esse elemento "estranho" passa a integrar o "natural", ambos se igualam ou se identificam como possibilidade de existência.

Plenamente identificado com uma das rupturas mais importantes trazidas pelos movimentos renovadores deste século (a que, desafiando a Lógica tradicional rompe as fronteiras entre Real e Imaginário) Monteiro Lobato funde os dois mundos. Uma das consequências mais importantes dessa fusão é que o "maravilhoso", o "mágico" (aquilo que ultrapassa os estreitos limites da realidade concreta) se mostra possível de ser vivido por qualquer pessoa. Mostra que não é preciso sermos heróis ou heroínas extraordinários, pois qualquer ser humano comum pode viver numa "dimensão maravilhosa" através de sua *imaginação criadora.*

Essa fusão, porém, não foi conseguida de imediato. Foi uma das conquistas da evolução que mencionamos há pouco. O confronto de textos entre a primeira versão das estórias e a definitiva, registrada, por exemplo, no volume atual de *Reinações de Narizinho* mostra claramente a evolução de Lobato no manipular os dois mundos (o chamado "real" e o da "fantasia"), fazendo com que os limites de um e de outro desapareçam. A primeira versão de *A Menina do Narizinho* mostra que seu ponto de partida foi a invenção de Lewis Carroll, quando em 1862 escreve *Alice no País das Maravilhas.* Tal qual Alice que, brincando no jardim, está quase adormecendo quando vê, de repente, passar correndo um coelho vestido, consultando um relógio, e ao persegui-lo entra por uma toca que a leva ao "país das maravilhas"; também a Lúcia de Lobato já ia adormecendo à beira do regato, no sítio da avó, quando sente cócegas em seu nariz e ali vê um peixinho e um gafanhoto, muito bem vestidos e conversando... Acaba por seguir o peixinho-príncipe e entra no maravilhoso Reino das Águas Claras.

Ambas, no final, voltam para a realidade comum, no momento em que acordam: tudo não passara de um sonho... Dessa fórmula inicial, herdada da Tradição (e na qual se mantém os limites entre racional e irracional ou entre real e fantasia...), Monteiro Lobato evolui, como dissemos, para a ruptura e a fusão já referidas. Na versão definitiva, já não há *sono* ou *sonho* "explicando", racionalmente, a convivência das personagens com o maravilhoso. Da mesma forma, só na versão definitiva, Emília se transforma em boneca falante: e os personagens clássicos da Literatura Infantil passam a conviver com o pessoal do Sítio do Picapau Amarelo.

2. Contrariando a "seriedade", o "exemplarismo" circunspecto ou o sentimentalismo que predominavam nas leituras "educativas" que, na época, eram oferecidas às crianças, Lobato, desde seu primeiro livro, introduz o *humor* em suas estórias. Substitui a séria compostura do adulto (que era oferecida como modelo aos pequenos) pela graça, pela irreverência gaiata, ironia ou familiaridade carinhosa. Daí o à vontade com que a criançada passou a "viver" em seu universo de ficção.

3. E finalmente a *renovação de base*: Lobato *reinventa a linguagem literária consagrada pela escrita tradicional*. Da mesma forma pela qual descontraiu as atitudes, ao romper preconceitos, também liberou o estilo literário para crianças de seus esquemas pré-determinados e retóricos, para enriquecê-lo com a experiência linguística familiar à meninada. Agiliza a linguagem narrativa, ao incorporar, ali, a fala coloquial, os modismos ou expressões comuns no dia a dia, em casa, na escola ou no convívio social.

Formado pelo pensamento racionalista vigente no século XIX (e que entrou pelo nosso adentro...) Lobato pertencia a uma época em que havia nítidas fronteiras entre a linguagem falada e a linguagem escrita (esta, rigorosamente controlada por mil regras de uso...). É através da criação literária para os pequenos, que podemos perceber sua gradativa sintonização com as forças inovadoras do Modernismo. Se é verdade que Lobato não foi um adepto fervoroso do Movimento de 22, mas antes, lhe foi hostil (pois à sua índole construtivista devia repugnar a destruição que se fazia, então, necessária), não é menos verdade que, em sua literatura infantil, todas as premissas da criatividade modernista estão dinamicamente presentes. Em relação à linguagem, Monteiro Lobato conseguiu agilizá-la de maneira essencial, a partir de um autocontrole constante, de um policiamento rigoroso dos "excessos literários" e de um aperfeiçoamento gradativo dos textos a cada nova edição...

De certa altura em diante, seu lema como escritor passou a ser: "extirpar o literário", isto é, o desnecessário, o ornamental, aquilo que se mostrasse supérfluo em relação ao projeto básico da trama. Sua intenção de inovar a linguagem literária, aproximando-a do coloquial, está evidente nas incorreções gramaticais que correspondem ao uso familiar; ou na criação de neologismos, quase sempre de intenção humorística, feitos por derivação (processo fácil de ser imitado pela criança), como em: "camarões camaronando", "famiteza", "pernil barrigoide" etc. etc. (a lista é imensa...).

Em seu esforço constante para livrar-se da retórica discursiva", destaquem-se os recursos técnico-expressivos usados por Lobato, pelos quais se valorizam os traços sonoros e visuais do signo verbal. Um dos mais vivos e fecundos é o abundante uso da onomatopeia — processo resultante da intenção básica introduzir a fala familiar, falada, no esquema culto da linguagem escrita... e como esta não registrava os ruídos, Lobato preocupou-se muito em introduzi-los em sua linguagem narrativa. Inclusive, extraiu desse processo, efeitos de grande comicidade...

Monteiro Lobato, um escritor preconceituoso?

E finalmente examinaremos em linhas gerais a reação atual de crianças e adultos, em relação à literatura infantil de Lobato.

Evidentemente, o sucesso ímpar que ela obteve, durante anos, junto a várias gerações de crianças, tem diminuído com o tempo. O primeiro fator, a nosso ver a explicar essa dimunuição de interesse é de ordem civilizacional: em nosso sistema de vida (impulsionada pelos meios de comunicação de massa...), a *leitura* ocupa um lugar secundaríssimo. Daí que, via de regra, as crianças (imitando os adultos...) não leiam a não ser em decorrência de atividades escolares...

A par dessa causa de ordem geral, podemos apontar, entre os possíveis motivos de ordem particular, a *demasiada extensão* de suas narrativas e a diferença de problemas entre os que servem de base às alegres aventuras no Sítio do Picapau Amarelo e os que se impõem à meninada de hoje (consciente ou inconscientemente).

Bem sabemos que o tempo atual é marcado pela velocidade. Daí a pouca ou nenhuma paciência, em grandes e pequenos, para atividades que, como a leitura, exijam capacidade de concentração. Portanto, já o aspecto volumoso dos livros de Lobato (ou de outros da mesma natureza) é fator negativo para a possível atração da criança por sua leitura.

Quanto aos *problemas* que hoje são apontados como ambíguos ou negativo nesse universo, destacamos a *relatividade* dos Valores e a exigência de *liberdade* que ali se afirmam. E por que tais atitudes seriam negativas? Note-se que, se por um lado, na vida real vivemos mais do que nunca no *mundo de mentiras e injustiças*, reiteradamente denunciado por Lobato, através de suas estórias e personagens; por outro lado, a tônica libertária que lhes serve de leito já não é, para as crianças, um problema essencial.

O fato de ser ou não adequado à formação do pequeno leitor, o convívio com as atitudes "realistas", principalmente da boneca Emília, no que diz respeito à *relatividade* da Verdade e da Mentira (ou do Bem e do Mal...), é ainda um problema polêmico, aberto às discussões... Muitos acusam de cínico e perigoso esse relativismo moral, endossado por Lobato. Outros o consideram salutar, porque, como disse o autor em certa ocasião, "não será mentindo às crianças que consertaremos o mundo."

Quanto às *atitudes libertárias*, obsessivamente defendidas, assumidas ou reivindicadas, pelas personagens lobatianas (e acintosamente pela Emília), temos de convir que já não podem causar, nas crianças de hoje, o impacto e o interesse que causaram nas de ontem. Para estas, a irreverência, desobediência e desafio à Autoridade que caracterizam a Emília soaram, sem dúvida, como nova, espantosa e alegre atitude a ser imitada... Para as de hoje, crianças resultantes da "escola nova", da "nova educação" ou das novas relações familiares que o nosso século vem conhecendo, tal "liberdade" é atitude comum. Perdeu atração de novidade que tinha, quando ainda era algo que encontrava obstáculos para se impor.

Por mais que certos "analistas" afirmem que o adulto bloqueia a criança, na verdade, esta já conquistou um espaço próprio na sociedade urbana adulta. Pelo menos no plano das ideias e da consciência dos novos valores, esse espaço já lhe pertence... o que não impede que, ao nível da práxis, ela continue a ser uma das maiores vítimas deste sistema social desequilibrado, em que vivemos. Essa é uma verdade que, entretanto, extrapola as fronteiras do literário, para adentrar a do político, econômico e social... Portanto, o que ainda pode ser apontado como "bloqueio" à livre expansão da criatividade de cada criança, é a persistência, na vida cotidiana, de certos valores que já foram superados pela evolução em marcha, mas que ainda são mantidos pelas forças conservadoras.

É nessa ordem de ideias que não nos parece própria a acusação de "preconceituosa" atribuída a certas obras de literatura infantil ou juvenil, escritas no passado recente, como é o caso da literatura lobatiana. Se preconceitos existem nessa literatura (e são facilmente encontrados), se devem ao fato de Monteiro Lobato ter sido um fiel reflexo da Sociedade e dos Tempos que lhe foram dados a viver. E não, por ter sido, ele próprio, um escritor preconceituoso.

A nosso ver, a maioria das críticas feitas ao universo da literatura infantil brasileira, pelos analistas do "ideológico" que ali pode ser detectado, sofre dessa distorção: apresenta a *literatura* como preconceituosa, em lugar de mostrá-la como fiel transmissora de um *sistema preconceituoso*, cujos valores (ou desvalores) ainda vigentes precisam ser eliminados do nosso viver. (É claro que é essa, a intenção dos "analistas do ideológico", mas não é isso que se evidencia em seu discurso crítico. O que fica, é o ataque à obra analisada.)

No que diz respeito a Monteiro Lobato, há uma ambiguidade em sue universo literário que, por ser polêmico, merece ser examinado mais de perto. Obra inovadora, visceralmente libertária (como poucas das destinadas aos adultos o conseguiram ser, no período modernista ou logo após), a literatura infantil lobatiana apresenta, porém, um lastro conservador iniludível, que corresponde, evidentemente, a valores vigentes (ou em questão) nos tempos em que ela surgiu e evoluiu (anos 20/40). Daí o aparente paradoxo que ela apresenta, hoje, de ser, ao mesmo tempo, *libertária e conservadora.*

A verdade é que nesse "rocambole infantil", cujo universo real/maravilhoso é regido pelas leis da liberdade e da aventura de viver, Lobato criou um verdadeiro *microcosmo* à imagem e semelhança do *macrocosmo* que é este mundo em que vivemos. Assim, o "preconceituoso" que lhe vem sendo atribuído corresponde, simplesmente, aos preconceitos do Sistema: racismo, ênfase nas diferenças de classes, ênfase no indivíduo de exceção, no líder, como possível impulsionador das mudanças sociais etc...

O acusado "racismo" lobatiano (principalmente encarnado em Tia Nastácia) é, a nosso ver, uma mera representação do *racismo açucarado* que, no dia a dia, define a atitude do brasileiro em relação à raça negra. O que esse racismo tem de negativo ("açucarado" ou não), obviamente resulta do racismo que o mundo "branco" disseminou por toda parte, durante seu avanço colonizador na conquista do mundo do Poder e do Progresso, que é o nosso.

Da mesma forma, o acentuado "aristocratismo" de Lobato provém dos generosos ideais liberais, que entregam às minorias esclarecidas a responsabilidade de promover o progresso social e resolver os grandes problemas da humanidade. Nietzschiano convicto, Monteiro Lobato foi dos que via, no indivíduo de exceção, o motor que movia o progresso do homem e do mundo. Daí, o individualismo radical de Emília, que só não é sentido como "feroz" porque a gaiatice e graça com que ela o exerce atenua seu despotismo e desrespeito humano.

Muitos e muitos poderiam ser os fatores controversos a serem analisados, no sentido de se perceber a importância da obra lobatiana como visceralmente representativa da época de transição que o nosso século vem vivendo. Confluir de águas do passado e do presente de seu tempo, a obra de Lobato (principalmente a escrita para a meninada) é das que exigem hoje uma *leitura crítica*, para além da que visa o mero entretenimento.

Em lugar, pois, de ser eliminada do elenco de leituras a serem sugeridas à criançada, ela deve ser dada como proposta de discussão, debate e reflexão. E, sem dúvida, esse corpo a corpo com o texto se transformará em emoção e no prazer do entretenimento...

Lobato acima das tolices

Anderson Braga Horta

Menino ainda, na veneranda cidade de Goiás, para onde nos mudáramos em 1942, foi que me iniciei na leitura como fonte de prazer e, logo, como hábito. Considerado que esse hábito, se não exagero — pelo menos o da leitura de livros, revistas e jornais —, vai se tornando distante do dia a dia de nossa infância e juventude, dizê-lo e repeti-lo pode parecer mania de grandeza, vontade de aparecer... Mas não é nada disso. Brincava de pique, arregalava os olhos para guloseimas, brigava na rua, como qualquer garoto; adorava ouvir histórias inventadas por minha mãe, ao cair da noite, para o pequeno auditório formado por mim e por meus irmãos. Não tínhamos rádio, televisão ainda não havia; cinema, só nos fins de semana, nas matinês de Charlestarrete (Charles Starrett), Biliote (Bill Elliot), Jôni Mac Bron (Johnny Mack Brown), Ropalong Cassídi (Hopalong Cassidy) e dos seriados com o Besouro Verde ou Dick Tracy. (De quando em quando, uma transgressão como Gunga Din ou filmes com Dorothy Lamour, John Wayne, Paulette Goddard, Ray Milland...) Celular? Vídeos? Jogos eletrônicos? Ainda escondidos no futuro. Sobrava tempo para ler.

Poetas e professores, meus pais, direta e indiretamente, incutiram-me desde cedo o gosto da literatura. Havia livros em nossa casa, e eu os lia sem discriminação de gênero ou de faixa etária. Alguns seriam até menos convenientes para um menino, devido a sua complexidade ou temática. Mas nunca me impuseram restrições, e eu lia o que estivesse ao alcance de meus olhos e de minhas mãos.

Lá pelos dez, onze anos, já em Goiânia, meu olhar de leitor se expandiu: comprava e lia todas as revistas em quadrinhos que podia — e eram muitas. Embora preferisse as de heróis de capa e punhos, à maneira do Super-Homem ou do Capitão Marvel, lia-as todas, e com tal fervor que, no Ginásio, passei a desenhar figurinhas assemelhadas na poeira do pátio. Mais tarde, de volta a Minas, cheguei a compor uma historinha (balões e quadrinhos), e certa vez levei um zero em Matemática por desenhar enquanto o professor se perdia em números.

Foi em Goiânia que meus pais, atentos ao interesse filial, me presentearam com os livros infantojuvenis de Monteiro Lobato. Não vou dar sobre esse Lobato das crianças uma opinião de adulto metido a besta. Dou a de maior autoridade no assunto: a do menino que fui. Nunca houve, para ele (nem para mim), autor desse gênero que se lhe comparasse, fosse daqui ou de além-mar. Suas páginas povoaram de superiores maravilhas meu pequeno cérebro infantil.

A leitura de Lobato não me fez preconceituoso. Nem ateu. Nenhum de meus defeitos vem daí. Ao contrário, saía dessa leitura mais rico em imaginação, em reflexão, em capacidade de maravilhamento, em poesia. E ainda no conhecimento precoce de grandes temas e grandes nomes da cultura mundial, a exemplo do *Quixote*, que Lobato habilmente apresenta à curiosidade infantil.

Eis senão quando, vejo pender sobre a fama do escritor a espada da Censura, por pregação ateísta, comunista, sei lá mais o quê. Em verdade, a origem desses ataques vem de décadas; mas há um recente recrudescimento deles. Vã longe a veleidade de esgotar o elenco das reprovações. Há um viés ideológico no hábito de tentar fisgar escorregões nos grandes escritores, e os "achados" dos censores nem sempre são aceitáveis; ou exageram ou fogem totalmente da razoabilidade, e é raro o balizamento da crítica pelas circunstâncias de meio e tempo do autor que fazem assentar no banco dos réus. A esteira de Lobato é pródiga em exemplos, mas prefiro me limitar a dois casos que me acodem com mais frequência. Um deles é a imputação de racismo ao criador de Tia Nastácia, por dizer que a negra velha trepava às árvores como uma macaca. Ora, atribuir a pessoas qualidades simiescas de agilidade, mobilidade, malícia, esperteza não é atitude que tenha por objeto exclusivo esta ou aquela cor ou etnia. Dir-se-ia que a maldade está antes, no caso, em quem critica...

Cedo aqui à tentação de passear por territórios adjacentes do reino da Censura. Num deles, pontificam os que pretendem se extirpem dos léxicos termos como *judiar* e sentidos pejorativos com que empregam alguns a palavra *judeu*; o que, além de irrealista e anticientífico, não resolveria nada — o preconceito está arraigado na vida, o dicionário apenas o registra. Em *judiar*, o nexo socioetimológico se esvaneceu; mas o dogmatismo impermeável dos novos catões lhes dá antolhos para em tudo verem delito, nódoa, preconceito. E a palavra *mulato*? Na formação há de ter sido pejorativa; mas hoje, entre nós, notadamente no feminino, tem conotações fortemente positivas — no âmbito fisiossexual —, resgatado o pecado de origem.

Voltemos a Lobato: os grossos beiços de Tia Nastácia... *Beiço* é o mesmo que *lábio*, mas, embora já tenha emulado com este vocábulo em formas literárias, noutros contextos espaciotemporais, acabou perdendo para ele; permanece entretanto em expressões como *lamber os beiços* ou *fazer beicinho*, de aplicação indiferente a considerações étnicas. Razões espaciotemporais e o contexto linguístico em que se insere a palavra é que lhe dão, eventualmente, caráter pejorativo; e é muito fácil, conforme as circunstâncias, resvalar, em seu entendimento, do realismo para o prejuízo. Grossos beiços podem significar um traço étnico; são um traço físico da simpática Anastácia. Penso que a celeuma em torno disso é sinal de má vontade, e esta má vontade pode implicar preconceito...

Desgraças que tais, infelizmente, vêm sempre acompanhadas. Têm par, estas, na "simplificação" de Machado de Assis, crime idiotizante a que se acumplicia o Estado brasileiro; ou nesse acordo ortográfico absurdo e contraditório que nos impingem, com o argumento, aqui também, de uma suposta simplificação, e com o objetivo de padronização forçada; e no crime hediondo de leso-idioma que seria abolir a dicotomia supostamente maniqueísta certo/errado, preciso/confuso, elegante/tosco para os diversos níveis linguístico-sociais de expressão. Este é, ao cabo, além de delito contra a língua — e contra a cultura, que por meio dela se expressa —, crime contra os menos validos: em vez de considerá-los acima de qualquer crítica, temos a obrigação social de lhes facultar os meios de aperfeiçoar o instrumento linguístico, sem o que lhes fica essencialmente prejudicada a possibilidade de ascensão cultural e social.

Tolices, enfim, como as que se irrogam ao grande Lobato mereceriam ser objeto de entrevistas com alguns de seus personagens. Fora interessantíssimo especular sobre o que diriam a respeito a irreverência da boneca Emília, o arrebitamento de Narizinho, a curiosidade aventureira de Pedrinho e a sabedoria do Visconde.

Monteiro Lobato editor

Laura Sandroni

José Bento Monteiro Lobato foi, sem dúvida, um homem muito à frente de sua época. O alcance múltiplo de sua inteligência, os diversos aspectos da vida social pelos quais se interessava profundamente fizeram-no um ser carismático, lider de muitas causas nern sempre bern compreendidas. Denunciou a miséria de nossas populações rurais quando o ufanismo era a tônica nas elites literárias e dirigentes; lançou as bases de uma indústria nacional do livro quando ainda importávamos serviços gráficos de Portugal; preocupou-se com a distribuição nacional dos mesmos ao verificar quão poucas livrarias existiam no país; acreditou e proclamou como um profeta, a existência de petróleo no subsolo brasileiro, sendo por esse motivo até mesmo preso. Pioneiro em tudo o que fez pagou por isso com o fracasso nas atividades em que se envolveu, mas em cormpensação foi um dos escritores brasileiros mais admirados e reconhecidos em vida, de nossa história literária. O que o diferenciava dos demais é que jamais se contentou em ser um homem de letras fechado em sua sala de trabalho. Preferia entregar-se por inteiro às causas nas quais acreditava e como um Quixote lutar contra os incontáveis moinhos de vento de nossa sociedade de estrutura agrária e arcaica.

Propomo-nos, aqui, a examinar mais detidamente a atividade editorial de Lobato, já que está diretamente ligada ao escritor, aspecto que mais desenvolveu entre todas as suas potencialidades e pelo qual se tornou imortal na história brasileira.

Vejamos alguns dados numéricos que podem nos dar uma ideia da situação do livro no Brasil às vésperas da Semana de Arte Moderna. Em *O livro brasileiro desde 1920*, de Olimpio de Souza Andrade, lemos que em 1919 o país tinha 35 livrarias, que a maior parte das obras que nelas se vendiam eram impressas em Portugal e que as tiragens raramente ultrapassavam os 1.000 exemplares.

Por outro lado, Marisa Lajolo num ensaio intitulado "A modernidade em Monteiro Lobato" informa-nos que em 1920 "a capital paulista tinha uma população total de 579.033 habitantes dos quais 58% eram alfabetizados" o que torna irrisórias as tiragens comuns na época. Essa desproporção entre o público virtual e o consumo real da literatura em circulação, na São Paulo do começo do século, talvez se deva a fatores mais sócioeconômicos do que especificamente literários, como em 1923 dìagnosticava Lobato: "Não há sobras nos orçamentos para a compra dessa absoluta inutilidade chamada livro. *Primo vivere*".

A consciência desse problema da desproporção entre o público potencial e o real, as dificuldades de circulação do livro, a falta de divulgação das informações literárias, problemas que, como veremos adiante são ainda os mesmos com os quais hoje lutamos, fez com que Lobato assumisse o papel de um escritor empenhado em fazer com que seus escritos atingissem o maior número possível de leitores. E ainda dedicado à conquista de um novo públìco que nos interessa muito de perto: a criança. Talvez possamos verificar ao longo dessas reflexões que essa consciência da necessidade da formação do hábito de leitura na infância tenha contribuído decisivamente para que Lobato, desgostoso do público adulto, se decidisse a dedicar o melhor de seu trabalho ao público mirim.

"O meu *Narizinho* do qual tirei 50.000 exemplares — a maior edição do mundo! — tem que ser metido bucho adentro do público, tal qual fazem as mães com o óleo de rícino. Elas apertam o nariz da criança e enfiam a droga e a pobre criança ou engole ou morre asfixiada. Gastei quatro contos num anúncio de página inteira num jornal daqui. Faz de conta que é Gelol. 'Doi Gelol'"

Como aponta Zinda Vasconcellos em seu excelente livro *O universo ideológico da obra infantil de Monteiro Lobato*, o fundador de nossa literatura infantil tinha um projeto bem definido com relação à sua obra: atribuía-se uma missão social de esclarecimento à população. Era um escritor engajado "um cidadão privilegiado, a quem incumbe difundir as luzes, batalhar pelo progresso através da difusão do conhecimento e da razão". Lobato acreditava que podia através de sua obra "fazer a cabeça das crianças". E como veremos adiante estava certo: nossos principais escritores hoje são unânimes em reconhecer a influência decisiva do escritor em sua maneira de ver o mundo e consequentemente naquilo que escrevem.

Voltando a Lobato editor socorremo-nos de Edgard Cavalheiro, seu principal biógrafo em *Monteiro Lobato, vida e obra*, para sabermos exatamente como Lobato decidiu-se à nova profissão de editor.

"Tendo impresso por sua conta, nas oficinas do *O Estado de São Paulo*, mil exemplares de *Urupês*, verificara, ao ter os volumes prontos para venda, que em todo o território nacional existiam somente trinta e poucas casas capazes de receber o livro. Não era possível, por tão poucos canais, o escoamento daquilo que se lhe afigurava um despropósito de volumes. Dirige-se, então, ao Departamento do Correios, solicita uma agenda e constata a existência de mil e tanta agências postais espalhadas pelo Brasil. Escreve delicada carta-circular a cada agente, pedindo a indicação de firmas ou casas que pudessem receber certa mercadoria chamada 'livro'. Com surpresa recebe respostas de quase todas as localidades. De posse de nomes e endereços assim obtidos, procura entrar em contato com os possíveis clientes, escrevendo-lhes longa circular, portadora de original proposta: "Vossa Senhoria tem o seu negócio montado, e quanto mais coisas vender, mais será o lucro. Quer vender também uma coisa chamada livro? V.Sa. não precisa inteirar-se do que essa coisa é. Trata-se de um artigo comercial como qualquer outro, batata, querosene ou bacalhau. E como V.Sa. receberá esse artigo em consignação, não perderá coisa alguma no que propomos. Se vender os tais livros, terá uma comissão de 30%; se não vendê-los, no-los devolverá pelo Correio, com o porte por nossa conta. Responda se topa ou não topa."

"Quase todos toparam, e Lobato passou dos trinta e poucos vendedores anteriores, que eram as livrarias, para mil e tantos postos de vendas, entre os quais havia lojas de ferragens, farmácias, bazares, bancas de jornais, papelarias. O comércio de livros, que modorrava numa rotina galega, ganha impulso insuspeitado. As edições, que antes não ultrapassavam 400 ou 500 exemplares, e assim mesmo muito espacejadas, pulam imediatamente para três mil exemplares, e começam a surgir quatro, cinco, seis e até mais livros por mês".

"'Isto é o melhor negócio que existe!', exclama Lobato, entusiasmado diante dos primeiros resultados. "Dizem que o Brasil não lê! Uma ova! A questão é saber levar a edição até o nariz do leitor, aqui ou em Mato Grosso, no Rio Grande do Sul, no Acre, na Paraíba, onde quer que ele esteja, sequioso por leituras... Livro cheirado é livro comprado, e quem compra lê. Se o Brasil não lia é porque os velhos editores na maior parte da santa terrinha, limitavam-se a inumar os volumes nas poeirentas prateleiras das suas próprias livrarias, e quem quiser que tome o trem, ou o navio, e vá ao Rio comprá-los. Umas bestas! O Brasil está é louco por leitura. Só os editores é que não sabiam disso!...'"

"Essa atitude de Lobato anunciando suas edições como uma mercadoria qualquer foi mais um escândalo nacional. Ninguém aceitava que o livro objeto sacralizado pela elite dominante pudesse transformar-se em simples negócio. Isso era visto como um rebaixamento dos valores intelectuais "que deviam permanecer no santuário, só acessível aos eleitos, e no trazidos para a praça pública, às mãos dos simples mortais".

No início os volumes surgem sob a chancela da *Revista do Brasil.* A editora funcionava na mesma sala da redação, com o mesmo pessoal, agora acrescido de um rapazinho de 19 anos, de nome Otales Marcondes Ferreira, que ali chegara para cuidar da contabilidade. Tenho esperanças, escreve Lobato a Godofredo Rangel, "de que desta brincadeira da Revista do Brasil me saia uma boa casa editora". As esperanças se transformaram rapidamente em realidade. Em março de 1919 a oficina está funcionando, e a firma registrada na Junta Cornercial: Monteiro Lobato & Cia.

Ora, o sistema de Lobato-editor consistia em lançar somente novos. Medalhão não entrava para seus prelos. Não via prazer em soltar livros de múmias acadêmicas, gente rançosa. "Quero tendrons, brotos...," dizia ele. Quando a notícia se espalhou, os originais começaram a chover. Todos os dias, por todos os correios, aportavam ali na Rua Boa Vista, pacotes de papel, trazendo de todos os cantos do Brasil, os mais estranhos originais. Essa pletora de escritores novos deu ao País a impressão de autêntica florescência.

O certo é que o êxito das tiragens excede os cálculos mais otimistas. Em meados de 1920 a organização está bem estruturada, com não pequeno acervo de edições. No ano anterior foram lançadas cerca de quinze obras, num total de quase 60 mil exemplares. E, o que é mais importante, autores novos, ainda inéditos, como Léo Vaz, Hilário Tácito, Paulo Setúbal, Oliveira Viana e outros.

"Apesar de critério tão pouco comercial, Monteiro Lobato acertava. Os resultados materiais eram esplêndidos. O dinheiro pingava diariamente, vindo dos lugares mais distantes, e o negócio crescia tão vertiginosamente, que a firma Monteiro Lobato & Cia., constituída por ele e Otales Marcondes Ferreira, precisou transformar-se em sociedade anônima."

Em qualquer dos gêneros editados por Monteiro Lobato, o que se observa é a preocupação da novidade. Seus editados não vinham repetir chavões há muito repisados. Já ideias debatidas em tais obras eram novas, como novos os processos do editor. Um estudo de qualquer dos catálogos da empresa mostra, desde logo, sobretudo se confrontado com os das editoras existentes, que a Monteiro Lobato & Cia. procura e apresenta originais em todos os campos do conhecimento. E a leitura das milhares de cartas do arquivo de Lobato revela que ele ia diretamente à cata de escritores, procurando descobrir valores, animando os tímidos e indecisos, sugerindo obras e assuntos. Dotado de raro poder fecundante, inúmeros livros surgiam de ideias, apelos e influências exercidas por quem, na época, não era mais lido, mais discutido e... mais vendido. Sirva de exemplo o livro de Oliveira Viana — *Populações Meridionais do Brasil* — concluído graças à insistência com que, em sucessivas cartas, obrigou o sociológo a levar avante o plano concebido.

Também no setor gráfico não é pequeno o serviço que lhe devemos. Antes dele, praticamente não existira entre nós a obra ilustrada. Atraindo artistas como Voltolino, J. Wasth Rodrigues, Di Cavalcanti, Rui Ferreira, Correia Dias, tantos outros mais, valoriza os textos com belíssimas ilustrações, e em lugar das habituais capas tipográficas, vistosos desenhos dão colorido e graça às brochuras.

Apesar da maneira, digamos, amadorística com que eram conduzidos os negócios de Lobato sua empresa prosperou. Otales Marcodes Ferreira encarregava-se totalmente da parte comercial, enquanto a Lobato competia a seleção de originais a serem editados.

"Nossa empresa, dizia Lobato, saiu do nada, é filha de um modesto livrinho e tendo vencido mil obstáculos, já faz honra a São Paulo. Está em nossas mãos torná-la um jequitibá majestoso a cuja sombra todos nós possamos nos abrigar — nos e mais tarde nossos filhos. Mas se não trabalharmos com boa vontade e consciência do que estamos fazendo, o jequitibá não assumirá nunca a majestade que tem na floresta e não dará a sombra de que todos precisamos.

O negócio ia de vento em popa, quando em julho de 1924 rebenta na capital paulista a revolução chefiada por Isidoro Dias Lopes. Durante um mês cessam todas as atividades. Quando, com a retirada dos revolucionários, a cidade começa a se recompor, grandes tinham sido prejuizos.

A Empresa Editora adquirira máquinas e prédios a prestações. Importara papel ern grande escala. Devia muito. Se as coisas corressem normalmente, em três anos tudo estaria pago, e o negócio solidificado. Mas ao pequeno desastre de julho de 1924, sucede, meses depois, outro, este bem maior, e como o primeiro, inteiramente imprevisível. Uma grande seca atinge São Paulo e pela primeira vez na vida da cidade a Light é obrigada a cortar de dois terços o fornecimento de energia elétrica. Ficaram, relembra Lobato, com um maquinário enorme, todo ele movido a eletricidade, sem poder trabalhar. Tentaram a montagem de um grande motor Diesel; no entanto depois de instalado, o motor não pôde funcionar, porque a seca tinha privado todo o bairro do Brás da água necessária para o seu resfriamento. E não foi só. Coincidiu tudo isto com a terrível medida bancária do governo Bernardes: o governo mudou subitamente de orientação financeira, suspendendo o redesconto então feito pelo Banco do Brasil. O resultado foi o pânico em todo o sistema comercial do País. Certa manhã, ao entrarem no escritório, encontraram uma série de avisos bancários notificando-os de que estavam suspensos os descontos das duplicatas. Abria-se, para eles, o buraco que iria tragá-los."

Lobato decide pedir a falência. Otales que se encontrava ern viagern ao sul do país, considerou posteriorrnente que faltou ao amigo um pouco de calma, que a situação poderia ter sido superada. No entanto a oficina foi perdida. Lobato e Otales, vendendo um imóvel da Sociedade recuperam o acervo editorial e tentaram novamente. Em fins de 1925 está formada uma nova empresa a Companhia Editora Nacional. A indústria editorial depois de sete anos de existência pagou com a falência o preço por um único erro de seu idealizador: o de ser deslocado no seu tempo. A ofícina gráfica por ele planejada e realizada e toda a indústria do livro só pôde existir realmente vinte anos depois.

Mas Lobato não se deixava abater de volta da Argentina onde fora nomeado adido cultural, não se satisfez com o número de exemplares vendidos de seus livros no Brasil pela Cia. Editora Nacional e mais uma vez junto com Otales Marcondes Ferreira ele funda em 46 a Editora Brasiliense que até há poucos anos detinha os direitos de sua grande obra.

Homem com uma visão macro do Brasil, Lobato tentou vários empreendimentos além da área editorial: fez a campanha da saúde, lutou pela siderúrgica nacional e criou uma Companhia para descobrir petróleo em solo brasileiro. Foi por isso preso pela ditadura Vargas passando seis meses encarcerado.

No fim da vida concluía: "Passei a vida querendo fazer dinheiro como empresário para poder escrever meus livros. Deu-se o contrário. Acabei ganhando dinheiro com o que publiquei para perdê-lo na indústria."

Nós damos graças por esses livros que Lobato deixou, criando um mundo de sonhos e fantasias onde moraram e moram até hoje todas as crianças brasileiras.

O último encontro com Monteiro Lobato

Paulo Bomfim

Do último encontro com Monteiro Lobato, guardo o *Urupês* com a dedicatória: "Ao Paulo Bomfim, lembrando a bela tarde de 24 de junho de 1948."

Dia frio, feito de arrepios e de passos apressados. A vida caminhava com mãos nos bolsos e chapéu desabado.

Cheguei à Livraria Brasiliense, na Rua Barão de Itapetininga, e subi para o apartamento do escritor. Lá chegando, vou encontrá-lo rodeado de alguns amigos. Edgard Cavalheiro, Fidelino de Figueiredo, Otavianinho Alves de Lima e, se não me falha a memória, Rubens do Amaral. Falava-se de georgismo e da salvação nacional através do imposto único. Lobato quedava-se absorto, distante e friorento, envolto na manta que lhe escondia os pés.

Apenas os olhos brilhavam debaixo das grossas sobrancelhas. De vez em quando um suspiro que vinha de longe, provavelmente do Belenzinho, onde o "Minarete" ressurgia do passado para aportar num presente em que resiste até hoje às unhas aguçadas do progresso.

Quando o silêncio das primeiras sombras desceu sobre o grupo, pedi a Lobato que me falasse de Ricardo Gonçalves.

Parecendo despertar de um sonho, olha-me fixamente e me diz:

— Mas por que você está me pedindo para falar dele agora?

Senti a sensação de haver cometido a indiscrição de escutar a conversa que mantinha com o amigo morto.

A cidade anoitecera. Saímos caminhando pela Barão de Itapetininga. Íamos silenciosos, pressentindo no frio da noite a geada que chegava das *Cidades Mortas*.

Poucos dias depois, na madrugada de 4 de julho, Lobato partia ao encontro de Ricardo Gonçalves.

Monteiro Lobato e outros heróis[104]

Matthew Shirts

Duas ou três crônicas atrás (...), especulei sobre quem seriam os verdadeiros heróis da História do Brasil, os rostos a ser esculpidos numa improvável imitação local da Montanha Rushmore, nos EUA. Uma espécie de seleção que incluísse todas as áreas da atuação humana e não apenas o futebol. Avancei quatro sugestões, que não são necessariamente minhas, mas são figuras que me parecem unânimes num país carente de heróis oficiais: Pelé, Juscelino, Santos Dumont e Machado. E pedi sugestões dos leitores a respeito. Recebi algumas, não tantas quanto esperava, que vão de Osvaldo Cruz a Oswald e Mário de Andrade, passando por Oscar Niemeyer, Ayrton Senna, João Gilberto, Getúlio Vargas, Antônio Ermírio de Moraes, Darcy Ribeiro e Fernando Henrique Cardoso.

Ruminava a respeito da lista na semana passada, numa tentativa vã de chegar a alguma conclusão, quando recebi aqui em casa uma biografia chamada *Monteiro Lobato: Furacão na Botocúndia*, escrita por Carmen Lucia de Azevedo. Márcia Camargos e Wladimir Sacchetta e publicada pela editora Senac. E o Lobato, pensei? Não teria ele um lugar nesta minha lista?

Influenciado pelas críticas dos modernistas de São Paulo e antigo partidário da Semana de 22 e de Anita Malfatti, confesso que nunca fui propriamente um lobatiano, embora tenha lido com gosto e admiração as duas obras sobre os Estados Unidos mais de uma vez.

Mas ao conhecer um pouco melhor a sua vida, por meio deste livro vistoso e bem-feito, recheado com uma iconografia relevante e interessante, sinto-me obrigado a rever até a minha visão do século 20 no Brasil, pelo menos a primeira metade dele. Escrevi esta frase antes de ler a última página do livro, onde, curiosamente, Oswald de Andrade diz algo parecido a respeito do escritor: "Eis um nome que, entre nós, enche a primeira metade deste século."

O que mais me fascina na vida de Lobato é a sua dualidade. O sue imenso respeito pelos Estados Unidos ao lado do seu amor pelo Brasil. Foi um

[104] Publicado em *O Estado de S.Paulo*, de 06/12/1997.

brasileiro nacionalista, sem dúvida, e um americanófilo fanático ao mesmo tempo. É uma mistura curiosa.

Como muitos escritores e intelectuais do seu tempo, era preocupado, sobretudo, com o futuro e com o progresso. Mas, diferentemente de muitos deles, tentava ele mesmo trazer o progresso para o Brasil, quase que com suas próprias mãos. Além de inovar na sua própria prosa para adultos, militou no *Estado*, inventou a primeira editora de livros em moldes modernos do País e escreveu boa parte da literatura infantil produzida até um certo momento no Brasil, sempre com uma preocupação didática. Isto sem falar das suas campanhas em prol das indústrias siderúrgicas e petrolíferas.

Lobato vivia diariamente a convicção de que o Brasil poderia mudar para melhor. Mas, diferentemente de muitos dos seus colegas, detestava a política e o Estado. O progresso viria por meio da tecnologia, acreditava. Ao assistir a uma exibição de robôs nos EUA em 1927, por exemplo, escreveu para uma amiga brasileira já defendendo a automação: "Pois há de crer que o governo americano já substituiu três guardas de uma represa pelos novos autômatos. (...) Quando a ordem telefonada lhes chega, eles agem exatamente como os outros, abrem ou fecham a represa. Não vencem salários nem arredam pé do posto para coisa nenhuma."

E ainda sugere, irônico, que o presidente da República poderia formar o Congresso com dois terços destes homens: "Votariam do mesmo modo que os atuais ao ouvirem telefonadas do Catete e em vez de subsídios consumariam apenas um pouco de lubrificante."

Lobato previu, ainda, as noções de desenvolvimento sustentado, globalização, a Internet e a importância do turismo para o Brasil. É titular na minha seleção de grandes homens do Brasil, sem dúvida.

Monteiro Lobato e Edgard Cavalheiro

Silvio Tamaso D'Onofrio

A primeira biografia que focalizou o escritor Monteiro Lobato foi assinada pelo biógrafo e crítico literário Edgard Cavalheiro, em 1955. A confecção da obra, ao menos em seus momentos iniciais, conta com o auxílio também do biografado, que provê informações e documentos sem os quais o livro provavelmente teria outra dimensão. O trabalho conjunto permite a inferência de um mínimo de negociação entre os dois autores, justificando o interesse na parceria na medida em que, possivelmente, suas mais importantes realizações intelectuais tenham nesse relacionamento sua origem. São obras que marcam, não apenas a literatura, mas a cultura nacional, e a dificuldade de evitar fontes de informação associadas, de alguma maneira, ao nome Edgard Cavalheiro em estudos bio-bibliográficos sobre Monteiro Lobato justifica a expansão do conhecimento acumulado a respeito das relações entre os dois autores. A proposta aqui é fazer uma análise de base cronológica que busque, tanto quanto possível, refletir a respeito das influências dessa sociabilidade em suas produções escritas. Para tanto, serão mobilizados documentos obtidos de manancial oral e impresso, entre esses, material epistolar, objeto inolvidável de investigação.

Segundo Cavalheiro, aproximação com a família Lobato deu-se inicialmente com o filho de Monteiro, também chamado Edgard, à época diretor da União Jornalística Brasileira. O *Ujotabê Jornal*, dessa União, imprimiu cinco artigos de Cavalheiro em 1939[105].

O primeiro encontro entre Monteiro Lobato e Edgard Cavalheiro é descrito na página inicial de *Monteiro Lobato, vida e obra*. Segundo o biógrafo, o episódio estendeu-se, em passeio pela cidade, das dez da manhã até tarde da noite. Cavalheiro havia remetido a Lobato um exemplar de

[105] Cavalheiro, E. Biografia do livro *A barca de Gleyre*. *O Cruzeiro*, Rio de Janeiro, s.d. [1955]. Artigos impressos no *Ujotabê Jornal* depositados no Acervo Edgard Cavalheiro – Centro de Documentação Alexandre Eulalio, Instituto de Estudos da Linguagem, UNICAMP: 17 e 24 ago., 2 set., 7 e 23 nov.

seu livro de estreia, a biografia do poeta romântico Fagundes Varela[106], acompanhado de uma breve mensagem. Lobato, que segundo Cavalheiro "jamais deixou o mais insignificante bilhete sem resposta"[107], enviou de volta uma carta parcialmente reproduzida no início da biografia[108].

Em 2009, através do contato com familiares de Edgard Cavalheiro, foi possível localizar o datiloscrito original da carta em questão, revelando informações em sua integridade. Segundo a historiadora da correspondência Janet Altman, quando da passagem do âmbito privado inicial para publicação, em livro por exemplo, as cartas podem ser "corrigidas, revisadas, truncadas, contextualizadas". Além disso, cartas publicadas em livro são necessariamente reendereçadas, uma vez que não se destinam ao correspondente inicial, mas ao leitor do livro, que faz leitura diversa, em outro momento histórico, tendo o efêmero valor da escrita original já evanescido[109].

Tendo isso em conta, destaque-se mais um trecho da carta citada na biografia, incluindo conteúdo que não foi lá reproduzido:

> Está magistral a sua recomposição do homem e do cenário, o que, aliás, não me admirou, à vista dos trabalhos de crítica de sua lavra que conheço. Quem revela talento num artigo, não falha de o revelar, ainda em maior extensão, num livro — que não passa dum artigo grande. Por que não aparece um dia aqui pelo escritório? Os velhos gostam de conhecer *certos* novos... Com mil agradecimentos do Monteiro Lobato[110].

---

[106] *Fagundes Varela*. São Paulo: Livraria Martins Editora, 1940.

[107] Cavalheiro, E. Prefácio. In: Lobato, Monteiro. *Cartas escolhidas*. São Paulo: Brasiliense, 1959, v. 1, p. 8.

[108] Cavalheiro, E. *Monteiro Lobato, vida e obra*. 2. ed. São Paulo: Companhia Editora Nacional, 1956, v. 1, p. 11-12.

[109] Altman, Janet G. The letter book as a literary institution 1539-1789: toward a cultural history of published correspondences in France. In: *Yale French Studies*, Yale University Press-USA, n. 71, 1986, p. 19 (http://www.jstor.com/stable/2930021, acessado em 10 out. 2013).

110 Lobato, Monteiro. *Carta para Edgard Cavalheiro*. São Paulo, 13 out. 1940. Grifo dele (Acervo Edgard Cavalheiro – Centro de Documentação Alexandre Eulalio, Instituto de Estudos da Linguagem, UNICAMP). Carta integralmente reproduzida em: D'Onofrio, S. C. T. *Fontes para uma biografia intelectual de Edgard Cavalheiro (1911-1958)*. São Paulo, 2012. 394 p. Dissertação (Mestrado em Estudos Brasileiros) – Instituto de Estudos Brasileiros, Universidade de São Paulo, p. 16.

O tom elogioso do comentário, merecido ou não, exemplifica a estratégia lobatiana de agradar a todos que o procuravam solicitando avaliações e prefácios, atitude que gerou grande quantidade de obras de qualidade duvidosa avalizadas positivamente por Monteiro Lobato[111].

Na parte da carta inédita até 2012, Lobato menciona os "trabalhos de crítica de sua lavra que conheço". Pela época desses escritos, outubro de 1940, Cavalheiro acumulava sete anos de experiência na crítica de arte, especialmente literária, e também na biografia, com um total de cerca de 300 artigos publicados, sendo alguns deles textos substanciosos, impressos em grandes veículos nacionais: *Folha da Manhã*, *O Estado de S. Paulo*, *A Gazeta*, *Dom Casmurro*, *Vamos Ler!*, *Revista do Globo*, entre outros[112]. Talvez ainda na esfera elogiosa, Lobato demonstra possuir algum nível de conhecimento do trabalho de Cavalheiro, mesmo sem conhecê-lo pessoalmente.

Outra informação apresentada no bilhete e não sinalizada na biografia, é o destaque sublinhado da palavra certos, em "certos novos". Não há nitidez nas intenções de Lobato quanto a isso.

Ainda antes do evento marcado como o primeiro encontro entre os dois escritores, sabe-se que frequentam as reuniões literárias que ocorriam na Drogaria Baruel, no centro de São Paulo, no final dos anos 1930

---

[111] Mário Donato comenta elogios de Lobato: (na) "década de 40, fiz sobre Lobato um artiguete de que ele não gostou. Falei, em tom brincalhão, da montanha de livros que apareciam com prefácio seu e aventava a hipótese de que ele estivesse fazendo uma campanha de desmoralização dos prefácios. Lobato demorou a me perdoar a brincadeira" (Donato, Mário. O meu Lobato. *Revista da Academia Paulista de Letras*, São Paulo, n. 101, p. 63, out. 1982). Amadeu de Queiroz também rememora o aplauso ao enviar um seu livro para Lobato e dele receber carta, dias depois, "tão exagerada que cheguei a descrer da sinceridade dela. Depois nos encontramos, ele puxou o assunto e eu lhe disse francamente que gostava de mais crítica e menos elogios, principalmente dele, Lobato, que tinha o costume de elogiar calorosamente os literatos, por escrito [...] ele sorriu aquele sorrisinho de troça dele e rematou: '– Meu caro, quem semeia ventos, colhe tempestades. Eu semeio favônios para colher auras...'" (Queiroz, Amadeu de. *Manicuera*. Inédito, 1951, p. 21; Doc. 03, Pasta 13.2, Obras raras, Biblioteca Embaixador José Carlos de Macedo Soares, Academia Paulista de Letras).

[112] D'Onofrio, op. cit., 2012, p. 15. Títulos de alguns dos principais artigos escritos até out. 1940: Knut Hamsun e Rodrigues de Abreu (1934), George Sand (1935), As mulheres na vida de Dostoiewsky (1935), O ensaísta Vianna Moog (1938), Euclides: notas de um fichário (1939), Um retrato de Tobias Barreto (1939), Vida e confissões de Oscar Wilde (1940), Eça de Queiroz e Antero de Quental (1940), Notícia sobre Frederico II (1940).

e início de 40. Contudo, não há registro de que tenham se conhecido, ou mesmo se encontrado, em tais reuniões. Possivelmente porque Lobato não era tão assíduo nas tertúlias, segundo o próprio Cavalheiro[113]. Se o encontro tivesse ocorrido, o biógrafo certamente anotaria pois referiu-se saudosamente à Baruel em textos posteriores. Indagada a respeito, Ruth Guimarães, frequentadora da roda literária, não confirmou encontro entre Lobato e Cavalheiro na farmácia[114].

A aproximação e o desenvolvimento de algum nível de convivência entre os dois autores permitiu que o escritor e tradutor Paulo Rónai, amigo de Edgard Cavalheiro, provavelmente um dos revisores da biografia de Lobato antes do envio da obra para o prelo[115], formulasse uma tese. Em artigo intitulado "Um escritor encontra o seu biógrafo", Rónai defende que Lobato escolheu o responsável por narrar a sua trajetória[116], algo que, na visão do crítico e historiador da literatura José Aderaldo Castello, mar-

---

[113] Cavalheiro, E. Lembranças do carimbamba Amadeu de Queiroz e da Drogaria Baruel. Álbum Drogasil, São Paulo, p. 175, 1954. Para informações sobre a Drogaria Baruel: D'Onofrio, S. C. T. *O Grupo da Baruel e a intelectualidade paulista nos anos 1940*. São Paulo, 2017. 348 p. Tese (Doutorado em História Social) – Faculdade de Filosofia, Letras e Ciências Humanas, Universidade de São Paulo.

[114] Guimarães, Ruth. Entrevista concedida a Sílvio Tamaso D'Onofrio. São Paulo, 24 abr. 2010.

[115] Três meses antes de publicada a obra, Rónai escreve a Edgard: "Estou pois em condições de dar uma lida na biografia do Monteiro Lobato, que aguardo com viva curiosidade" (Rónai, Paulo. *Carta a Edgard Cavalheiro*. Rio de Janeiro, 24 de julho de 1955. Arquivo Nora Rónai). Quem revisou a biografia antes de lançada foi o jornalista e historiador Francisco de Assis Barbosa. Há cartas entre os dois, Edgard e Francisco, na Biblioteca Mindlin (USP), detalhando a revisão. Numa delas escreve Edgard: "Mandei pelo Lima, da Globo, o resto das provas do Lobato. Peço-te o especial obséquio de encaminhá-las, depois de lidas, está claro, ao Paulo Rónai, que me escreveu uma cartinha muito gentil propondo-se a uma leitura cuidadosa das provas" (Cavalheiro, E. *Carta a Francisco de Assis Barbosa*. São Paulo, [1955]; Biblioteca Brasiliana Guita e José Mindlin, Universidade de São Paulo). Ainda na Biblioteca Mindlin, carta de Cavalheiro a Barbosa (12 ago. 1955) confirma outro leitor antes da publicação: Amadeu de Queiroz. Adicional revisor foi Mário Donato, conforme carta a Edgard Cavalheiro. "Você fez uma bela biografia, pode estar seguro", escreve Donato, em texto transcrito em "Lobato e os modernistas" (*O Tempo*, São Paulo, 21 ago. 1955). Sobre tais referências, poder-se-ia relativizá-las com Marc Bloch, para quem documentos não são verdades, mas "vestígios" (2001: 7).

[116] Rónai, Paulo. Um escritor encontra o seu biógrafo. *Diário de Notícias*, Rio de Janeiro, 6 nov. 1955.

ca negativamente a biografia, já que foi obra "'ditada' pelo próprio biografado, uma biografia que se confunde com o próprio depoimento pessoal, de irrestrito louvor, ainda que nos procure convencer do contrário"[117].

Se levada em conta, tese de Rónai evidencia um tipo de recrutamento intelectual que tinha por base fundamental as relações sociais, atitude mais comum na República Velha e que foi sendo substituída pela meritocracia cultural e acadêmica[118]. Tal observação poderia sugerir um aspecto conservador no, normalmente considerado, progressista Lobato.

A tese de Paulo Rónai e de outros[119] desconsidera que, ao lado da produção crítica literária, Edgard Cavalheiro dedicou especial atenção aos estudos biográficos com os quais compôs muitos artigos, alguns de fôlego, eventualmente integrantes da alusão lobatiana aos "trabalhos de crítica de sua lavra que conheço". Dessa forma, não se pode desprezar o interesse que uma figura histórica, Monteiro Lobato, deve ter gerado em um já notório pesquisador e cultor da biografia como era Edgard Cavalheiro, pois de maneira semelhante Lobato instigava, positiva ou negativamente, largos setores da sociedade brasileira, dos meios industriais à política, da intelectualidade à puerícia. Lobato era, enfim, um excelente "ativo" na "economia espiritual" (sugerida por Paul Valéry em 1939) para Edgard Cavalheiro. Portanto, simultaneamente, pode-se dizer também que "um biógrafo encontra a quem biografar". Havia outro motivo para admirar Monteiro Lobato: fora o *Jeca Tatuzinho*, de 1924, versão infantil da conhecida história de Jeca Tatu, a obra responsável pela entrada do infante Edgard Cavalheiro, nascido em 1911, no mundo dos livros[120]. Cavalheiro comentou a imagem de Lobato a um repórter:

---

[117] Castello, José Aderaldo. Biografia e elogio acadêmico. *Anhembi*, São Paulo, nov. 1956.

[118] Miceli, Sergio. *Intelectuais à brasileira*. São Paulo: Companhia da Letras, 2001, p. 79.

[119] Escreveu Rachel de Queiroz: "Para um grande homem, não basta ser um grande homem – é preciso também que encontre um grande biógrafo. E José Bento Monteiro Lobato, com aquela agudíssima inteligência que Deus lhe deu, apercebeu-se disso muito bem e ainda em vida escolheu a pessoa que tivesse as qualidades bem dosadas de talento e de amor para dar conta da tarefa. Um dia, num táxi, trouxe para Edgard Cavalheiro todo o seu arquivo: era uma herança e uma investidura" (Queiroz, Rachel de. Saci pererê. *O Cruzeiro*, Rio de Janeiro, 13 jan. 1956).

[120] As homenagens a Edgard Cavalheiro. *A Folha*, Espírito Santo do Pinhal-SP, 26 fev. 1956 (Arquivo Maria Helena Cavalheiro).

Foi uma das criaturas mais interessantes que conheci. Nenhuma o sobrepuja na riqueza de imaginação, nos repentes mais imprevistos, na originalidade da conduta social e humana. Era, sem a menor dúvida, uma grande figura, e a um espírito como o meu, voltado por tendência inata para os estudos biográficos, aquela personalidade tinha que se impor[121].

Demonstração de seu pendor biográfico, vinte anos antes dessa entrevista, quinze antes de publicada a biografia de Lobato, em um de seus primeiros artigos de jornal, Cavalheiro reclamava mais espaço para "biografias e biógrafos" (expressão que utilizou posteriormente para intitular um ensaio publicado em livro[122]):

Olhando de relance a vasta bagagem que circula por aí, que vemos nós? Ausência total de nomes nacionais. Tudo tradução. Desolador. Um gênero tão atraente, tão curioso. Onde o nosso Maurois? O nosso Ludwig? O nosso Portalés? [...] Não temos biógrafos. Mas ainda é tempo. O campo é vastíssimo[123].

Conhecer Monteiro Lobato, portanto, seria uma oportunidade, e senso de oportunidade foi algo que Edgard Cavalheiro deixou transparecer em algumas de suas produções. Não oportunismo raso, mas o cultivo de certa sincronia, uma atenção voltada também ao calendário e aos eventos mundanos, possivelmente um traço de tino comercial. Nesse sentido, lembre-se, por exemplo, um artigo jornalístico sobre Francisco Glicério publicado no dia exato em que se comemorou o centenário de nascimento do líder republicano. Ou o artigo publicado na data aniversária de um ano de falecimento do senador campineiro Abelardo Cerqueira César, homenageando o extinto; ou a biografia de Fagundes Varela, o primeiro livro a

[121] A preocupação do biógrafo Edgard Cavalheiro: um Lobato vivo, não estátua ou figura de museu de cera. *Diário de S. Paulo*, São Paulo, 11 set. 1955. Entrevista concedida a (?).

[122] *Biografias e biógrafos*. Curitiba: Guaíra, 1943 (Caderno Azul, 12) – obra com a qual disputou o Prêmio Machado de Assis, da Academia Brasileira de Letras. Concorrendo na categoria biografia e crítica literária, Cavalheiro ombreou Lúcia M. Pereira, Sérgio B. de Holanda, Nelson W. Sodré, Gilberto Freyre, e outros (Carneiro, Levi. *Na Academia - 2a. Série*. Rio de Janeiro: Editorial Sul Americana, 1954, p. 306).

[123] Cavalheiro, E. Biografias. *Jornal do Funcionário*, São Paulo, 20 fev. 1935 (Arquivo Maria Helena Cavalheiro).

enfocar a vida e a obra do poeta romântico, publicada poucos meses antes do centenário do seu nascimento; ou a biografia de Federico Garcia Lorca, publicada no aniversário de uma década de falecimento do poeta espanhol; ou a tradução de novelas cervantinas no momento em que se comemorava o quarto centenário do criador de Dom Quixote; ou a publicação, como organizador, do volume *Testamento de uma geração*, obra que enfeixou depoimentos publicados anteriormente nas páginas de *O Estado de S. Paulo*, e cuja gênese, conforme exposto nas páginas introdutórias, liga-se diretamente ao segundo grande conflito bélico de extensões globais — então em desenvolvimento, além de cobrir transversalmente o aniversário de vinte anos da Semana de Arte Moderna. Não por acaso, vários dos escolhidos para depor no inquérito intelectual possuíam algum tipo de ligação com a semana modernista, sendo alguns deles os próprios rapazes de 22: Mário de Andrade, Oswald de Andrade, Sérgio Milliet, Di Cavalcanti, entre outros.

Em 1940 Monteiro Lobato e Edgard Cavalheiro travam o primeiro contato pessoal. Em 1943 são colaboradores em empreendimentos de relevo. Em termos de interação intelectual, durante esses cerca de três anos, como se dá a aproximação entre os dois escritores? Na biografia escrita pelo Cavalheiro, o período 40-43 resume-se, basicamente, a comentar o furor epistolar que culmina com a prisão de Lobato e os acontecimentos durante e pós-calabouço. Há também uma referência equivocada. Trata-se de uma fotografia em que aparecem Lobato, Cavalheiro, Lygia Fagundes e outros. A legenda da imagem acusa o ano como sendo 1941, não obstante, segundo revelou a romancista de *Ciranda de pedra*, essa reunião ocorrera no apartamento em que ela residia, motivada pela conclusão de seu curso universitário no Largo São Francisco. A maioria das figuras retratadas é de colegas da faculdade. Trata-se de um evento dos anos 1945-46, sendo 1941 o ano de seu ingresso na universidade[124].

[124] Telles, Lygia Fagundes. Entrevista concedida a Sílvio Tamaso D'Onofrio. São Paulo, 15 jan. 2010. Segundo Lygia, sua mãe, Maria do Rosário de Azevedo Fagundes, certo dia, fora comprar vermute para receber os amigos da filha que se reuniriam na sua residência, em confraternização pela conclusão do curso universitário. Durante a caminhada, dona Maria do Rosário depara-se com Monteiro Lobato na calçada e o interpela, identificando-se como mãe da jovem que o havia visitado na Casa de Detenção, em 1941. Ela convida o escritor a comparecer ao encontro dos jovens e segreda o fato da filha. Em determinado momento da reunião, Lygia vai atender à campainha e, abrindo a porta, depara-se com Monteiro Lobato segurando o grande buquê de flores que aparece na fotografia: "– Vim retribuir a sua visita", teria dito o autor. A imagem foi também reproduzida num dos "Arquivos implacáveis de João Condé", da revista fluminense *O Cruzeiro*, em 26 jun. 1954. Nesse caso a legenda registra o ano como sendo 1945.

Em fevereiro de 1941 Edgard Cavalheiro concede uma entrevista a Nelson Vainer e afirma que Monteiro Lobato é um de seus autores prediletos, chegando ao ponto de possuir um retrato desse escritor na parede do seu quarto.[125]

Em julho do mesmo ano chega às páginas da imprensa o que parece ser o primeiro artigo de Cavalheiro enfocando Monteiro Lobato. Abordara-o antes, em comentários mais ou menos acessórios, dentro de artigos de temática diversa. Outro é o procedimento agora, quando propõe-se a narrar, pode-se dizer partidariamente, a trajetória de Lobato, sem externar qualquer nível de amizade com o veterano autor.

Em janeiro de 1942, em artigo de periódico recheado de aspas e comentários de Monteiro Lobato, Cavalheiro revela trechos de conversas informais. A certo momento, registra:

> Perguntando a Monteiro Lobato como explicava o fato de ter abandonado a série de admiráveis contos que vinha escrevendo para enveredar no campo da criançada, ouvi esta explicação: "Achava muito fácil ser *conteur*. As histórias já não me despertavam o mínimo interesse criador".

Nuançado de tonalidades elegíacas, o artigo sinaliza os primeiros momentos de uma possível amizade entre Lobato e Cavalheiro. Também flerta com a emotividade: "A criança que mais se diverte com as minhas histórias é a que subsiste ou está renascendo dentro de mim. Eis tudo... Velhice...". Edgard relata a experiência de reler, "com olhos de adulto", a obra infantil de Lobato. Dessa forma, tece considerações filológicas, analisa sucesso comercial, compara com outras obras e aparenta defender a filosofia de Monteiro Lobato quando a escrita é para jovens.

Entrevista diversa do formato pergunta e resposta, nela o futuro biógrafo mistura sua voz com a de Lobato numa crônica sem travessões, criando um texto artificioso. Nas perguntas formuladas, porém, Cavalheiro eventualmente apeia no lugar-comum. Em periódicos dos anos 30 e 40 há outros registros de Lobato respondendo, quase da mesma maneira, ao questionamento relativo à origem de sua literatura infantojuvenil. Lobato não perde a chance dada pelo repórter inocente:

---

[125] Cavalheiro, E. Fala à Brasilidade o escritor Edgard Cavalheiro. *Brasilidade*, [São Paulo?], fev. 1941. Entrevista concedida a Nelson Vainer (Acervo Edgard Cavalheiro – Centro de Documentação Alexandre Eulalio, Instituto de Estudos da Linguagem, UNICAMP).

Quando vocês repórteres me pedem uma entrevista eu fico frio, porque sei que depois de me obrigarem a piscar com uma explosão de magnésio, fazem-me dizer em letra de forma vinte coisas que eu não disse — e dizem de forma muito inversa tudo aquilo que eu realmente disse. Tanto os jornalistas me traíram que eu tomei a deliberação de levar a entrevista no bolso como medida de segurança. — Mas, como sabe o que vamos perguntar? Indagará você, e eu serenamente respondo. — Meu caro, há duas coisas no mundo que contrariam a lei da evolução definida por Herbert Spencer: uma, os nossos circos de cavalinhos; outra, as perguntas dos repórteres. Não mudam. Não evoluem. Eterna e invariavelmente as mesmas[126].

Em maio de 1942, uma carta remetida por Monteiro Lobato a Edgard Cavalheiro é publicada nas páginas de um jornal. Trata-se da resposta ao inquérito jornalístico *Testamento de uma geração*, promovido por Cavalheiro em *O Estado de S. Paulo*, projeto depois transformado em livro. A carta não é a resposta esperada porque, ao invés de atender ao plano proposto, Lobato ironiza a pretensiosa empreitada do destinatário dizendo que levaria onze anos para terminar a redação. Interessa notar, nesse texto que muito provavelmente foi mesmo destinado ao sigilo, e não à publicidade (apesar do desconhecimento de qualquer eventual "ajuste", já que o paradeiro da carta original é ignorado), o reforço da palavra amigo, referindo-se a Edgard Cavalheiro, repetida algumas vezes no texto, e o tratamento de abertura: "Prezadíssimo Edgard Cavalheiro". E finaliza: "Amigo e admirador já exausto por antecipação, Monteiro Lobato"[127]. A carta padrão originária, provocadora dessa resposta, expondo a proposta do inquérito e o convite à participação dos escritores, fora enviada por Cavalheiro nos últimos meses de 1941, segundo suas próprias informações, e impressa no *Estadão* em 16 nov. 1941[128].

[126] Lobato, Monteiro. Monteiro Lobato na torre. *Revista da Academia Paulista de Letras*, São Paulo, n. 25, p. 160, mar. 1944. Entrevista concedida a (?). Providência posterior adotada por Lobato frente a repórteres consistiu em fornecer entrevistas apenas por escrito, relata Cavalheiro em outra passagem de humor (1956: v. 2, 238, nota 4).

[127] Cavalheiro, E. Testamento de uma geração – Monteiro Lobato, Mário de Andrade, Manuel Bandeira, Carlos Drummond de Andrade, Cecília Meireles e Oswald de Andrade. *O Estado de S. Paulo*, São Paulo, 3 maio 1942.

[128] As cópias localizadas dessa carta-convite remetida a outros escritores são também do final de 1941. A de Carlos Drummond de Andrade está sob os cuidados da Fundação Casa de Rui Barbosa/RJ, no Arquivo Carlos Drummond de Andrade, ref. CDA Cp 387. Para Augusto Meyer: Fundação Casa de Rui Barbosa/RJ, Arquivo Augusto Meyer, ref. AMe 54 Cp 54. Para Arthur Ramos: Fundação Biblioteca Nacional/RJ, Seção de Manuscritos, ref. 35, 26, 994.

Em outubro de 1942 Edgard Cavalheiro comenta com um repórter que tem uma grande admiração por Monteiro Lobato, "qualquer dia escreverei um livro sobre ele", arremata, sem mais detalhes[129]. Dezembro marca a publicação de outro artigo de aspecto explicativo, mesmo defensor, de Lobato, nos moldes daquele publicado em janeiro do mesmo ano[130].

Desde esses primeiros anos de sua convivência, percebe-se a tendência do biógrafo a posar como escudeiro de Monteiro Lobato. Muito já se aventou a esse respeito, diz-se que Lobato era um incompreendido, que sua crítica desabotoada criava inimizades e até mesmo que suas altas vendagens descontentavam os colegas de classe. Sabe-se que Lobato não vivia a fase mais feliz de sua vida. Ingressou, é fato, na Academia Paulista de Letras, para ocupar a cadeira de número 39, no último quartel da década de 30. Mas, segundo Edgard Cavalheiro, Lobato não era um espírito academizável[131]. Em 1938 morre-lhe o filho Guilherme, em 41 Lobato é preso. Sobre isso, Cavalheiro revela seus sentimentos:

> Por ter visto o Lobato na cadeia, por tê-lo acompanhado logo após a saída da prisão e ter visto o quanto aqueles 90 dias de encarceramento mataram no grande lidador o ímpeto e o "elan".[132]

Em 43 é a vez do último filho varão falecer, Edgard. A saúde fraqueja e Lobato submete-se a uma cirurgia pulmonar. No campo profissional, demonstra intensa atividade nas lides da tradução, algo que, revela mais de uma vez, permite a fuga das preocupações. As cartas não cessam, inclusive as destinadas às crianças; publica livros, mas incomoda-lhe a censura do Estado Novo, sente-se criativamente imobilizado. Antes da prisão, faltando cerca de cinco anos para sua mudança para o Prata, escreve a Pedro Ferraz do Amaral:

> Terei muito gosto em escrever para a tua rotogravura, mas só escrevo, como sabes, quando tenho algo a dizer — e aquele tenaz barrigudinho não

[129] Cavalheiro, E. Na Livraria Martins. *Diário Carioca*, Rio de Janeiro, 12 out. 1942. Entrevista concedida a Jair Pinto de Araújo (Acervo Edgard Cavalheiro – Centro de Documentação Alexandre Eulalio, Instituto de Estudos da Linguagem, UNICAMP).

[130] Cavalheiro, E. Lobato, escritor infantil. *Folha da Manhã*, São Paulo, 27 dez. 1942.

[131] Cavalheiro, E. Cassiano Ricardo, Monteiro Lobato e a Academia Brasileira de Letras. *Correio da Manhã*, Rio de Janeiro, 22 set. 1956. Diploma de membro da APL, de Lobato, data de 5 de setembro de 1939 (Doc. 115, Pasta 21.5, Obras raras, Biblioteca, APL)

[132] Cavalheiro, E. *Carta a Francisco de Assis Barbosa*. São Paulo, 12 de agosto de 1955 (Brasiliana USP). Destaque presente no original.

me deixa mais dizer o que penso. Daí meu silêncio aqui — só tenho falado na Argentina, onde o barrigudinho ainda não chegou[133].

Esse panorama pode ser de alguma utilidade numa análise da inclinação solidária esboçada nos textos do Cavalheiro. Não justifica, ajuda a compreender.

Até aqui, praticamente nenhuma influência teve Cavalheiro na produção intelectual de Monteiro Lobato. Aos poucos, como se poderá verificar, essa situação vai sendo alterada. A produção intelectual de Cavalheiro, por outro lado, demonstra resultados dessa aproximação com o autor de *Reinações de Narizinho*: alguns artigos, uma ou outra entrevista, uma carta publicada no jornal, além do capital simbólico proveniente da amizade conquistada ao consagrado escritor.

De 1942 ou 1943 é um bilhete de Edgard Cavalheiro para sua esposa, em papel timbrado da Livraria Martins Editora:

Amor: procure na pasta vermelha que está em cima da minha escrivaninha a declaração do Monteiro Lobato autorizando eu e o Carlos Lacerda a radiofonizarmos os seus livros infantis. Ponha num envelope e entregue ao portador. É uma folha de papel branco, escrita à máquina e assinada pelo Lobato[134].

Em abril de 1943 Edgard Cavalheiro e Carlos Lacerda, o chamado demolidor de presidentes, criam um programa radiofônico com a obra infantojuvenil de Monteiro Lobato. Eles próprios são os locutores das apresentações que contam com um elenco de apoio composto por atores adultos e mirins[135]. Sobre essa adaptação de sua obra para o rádio, declara

[133] Amaral, Pedro Ferraz do. Monteiro Lobato. *Revista da Academia Paulista de Letras*, São Paulo, n. 103, p. 95, nov. 1983.

[134] Cavalheiro. E. *Carta a Élide Fecchio Cavalheiro*. São Paulo, [1942-1943] (Acervo Edgard Cavalheiro – Centro de Documentação Alexandre Eulalio, Instituto de Estudos da Linguagem, UNICAMP). Cavalheiro casa-se e vai residir com a esposa em fevereiro de 1942.

[135] As páginas de *A Gazeta* (São Paulo), de 29 abr. 1943, reproduzem fotografia da audição inaugural de "No sítio do Picapau amarelo". Nela figuram, entre outros, Monteiro Lobato e Cásper Líbero. Na edição de 28 abr. 1943 da *Folha da Manhã* (São Paulo) há publicidade do programa. Uma carta de Lobato, a esse respeito, de março de 1943, indica que Edgard Cavalheiro "vai agora iniciar no rádio d'*A Gazeta* uma teatralização das minhas histórias..." (Lobato, op. cit., 1959, v. 2, p. 97-98). Na biografia, Cavalheiro afirma que as radiofonizações ocorreram "por voltas de 1942" (Cavalheiro, op. cit., 1956, v. 2, p. 274).

Lobato: "Sim, a ideia é boa e dará resultado. Acredito que possam realizar um bom trabalho, e que as crianças fiquem satisfeitas"[136]. Não se sabe quantos programas foram ao ar, provavelmente menos de dez, também são desconhecidos os motivos da descontinuidade[137]. O que se sabe é que, um ano depois da primeira irradiação, em carta a Cesídio Ambrogi, escreve Lobato: "Em geral as teatralizações que têm aparecido são um desastre, como a do Carlos Lacerda e E. Cavalheiro"[138].

Em maio de 1943, na primeira parte de dois longos artigos dedicados à compreensão da relação entre Monteiro Lobato e as crianças, Edgard Cavalheiro revela o acesso a um arquivo do criador do Visconde de Sabugosa: "... me levaram a interrogar Monteiro Lobato sobre a sua correspondência com os seus pequenos leitores espalhados pelo Brasil. Com grande surpresa, e não menor alegria, recebo agora uma pasta com pequena parte dessas cartas"[139].

Em junho de 1943 Edgard Cavalheiro e Rolmes Barbosa incluem o conto "Colcha de retalhos", de Monteiro Lobato, numa antologia dedicada a autores nacionais[140]. Lobato autoriza novamente, agora colaborando com a reprodução do texto.

Próximo do final do ano de 1943, Lobato escreve uma carta à sobrinha, Gulnara, afirmando que irá recomendá-la ao Artur Neves e ao Edgard Cavalheiro "para que eles te tenham em alta consideração 'como escritora' e te procurem quando quiserem boas traduções"[141]. É mais um pequeno

---

[136] Lobato, Monteiro. Monteiro Lobato fala de seus livros infantis. [*A Gazeta*, São Paulo?], [22?] [abr?] 1943. Entrevista concedida a (?) (Acervo Edgard Cavalheiro – Centro de Documentação Alexandre Eulalio, Instituto de Estudos da Linguagem, UNICAMP).

[137] Informações adicionais: SODRÉ, Nelson Werneck. *Em defesa da cultura*. Rio de Janeiro: Bertrand Brasil, 1988, p. 283; Lacerda, Carlos. *Minhas cartas e as dos outros*. Túlio Vieira da Costa (Org.). Brasília: UNB; Belo Horizonte: Fundamar, 2005, v. 1, p. 13, 73-80. Arquivo Carlos Lacerda, da Biblioteca Central da Universidade de Brasília, guarda o roteiro de dois episódios, o primeiro deles é *Narizinho no reino das águas claras*.

[138] Lobato, Monteiro. *Carta a Cesídio Ambrogi*. São Paulo, 10 de setembro de 1944 (Arquivo Monteiro Lobato, Biblioteca Infantojuvenil Monteiro Lobato, São Paulo).

[139] Cavalheiro, E. Monteiro Lobato e as crianças (I e II). *O Estado de S. Paulo*, São Paulo, 20 e 27 maio 1943.

[140] Cavalheiro, E. (seleção, introdução e notas); Barbosa, José Almiro Rolmes (seleção, introdução e notas). *As obras-primas do conto brasileiro*. São Paulo: Livraria Martins Editora, 1943.

[141] Lobato, op. cit., 1959, v. 2, p. 109. Destaque do original.

dado, muito primitivo, é certo, mas que pode contribuir na definição da parceria entre Lobato e Cavalheiro.

Em setembro de 1943, cerca de três anos após o primeiro encontro entre os dois autores, e uma dúzia de anos antes da publicação de *Monteiro Lobato, vida e obra*, surge na imprensa o primeiro indício de que poderia haver uma biografia de Lobato, apesar de que, posteriormente, Cavalheiro afirmou à imprensa que "a ideia da biografia só nasceu em 1948, quando do falecimento do escritor"[142]. Não é o que se depreende, portanto, do texto introdutório a uma entrevista que Lobato concedeu à imprensa gaúcha, onde pode-se ler: "Há muita coisa engraçada na vida de Monteiro Lobato que fará a delícia de seu futuro biógrafo (Edgard Cavalheiro já se candidatou)"[143].

Em 1944 os nomes Lobato e Cavalheiro são definitivamente aproximados em empreendimentos literários, tanto que uma publicação dedicada a assuntos esportivos prevê a biografia de Lobato escrita pelo Cavalheiro: "Como amigo de *Arakan* e amigão de Lobato, Edgard Cavalheiro bem que poderia fazer esse trabalhinho, que é quase uma obrigação [...] O biógrafo de Fagundes Varela, pela intimidade e convivência com Monteiro Lobato, fatalmente virá a ser o biógrafo dele"[144]. O interesse esportivo pela vida do grande escritor deriva de carta a Godofredo Rangel, de 1904, em que Lobato afirma ter jogado "vários dias seguidos" pelo clube Palmeiras. "O futebol apaixona e contunde", conclui[145]. Coincidência ou não com o interesse de *Arakan*, esse trecho da carta encontra-se destacado à lápis por um traço lateral e pela grafia da palavra "futebol", no exemplar d'*A barca de Gleyre* que pertenceu a Edgard Cavalheiro[146].

---

[142] Cavalheiro, E. Biografia do livro "A Barca de Gleyre". *O Cruzeiro*, Rio de Janeiro, [1955].

[143] Lobato, Monteiro. Um mundo sem roupa suja. *Revista do Globo*, Porto Alegre, p. 52, 25 set. 1943. Entrevista concedida a Justino Martins. Parênteses dele.

[144] [Tormin, Othelo]. Monteiro Lobato jogador de futebol. *Arakan*, [São Paulo?], out. 1944 (Acervo Edgard Cavalheiro – Centro de Documentação Alexandre Eulalio, Instituto de Estudos da Linguagem, UNICAMP).

[145] Lobato, Monteiro. *A barca de Gleyre*. 5. ed. São Paulo: Brasiliense, 1951, v. 1, p. 63. Apesar do nome, clube citado não é a Sociedade Esportiva Palmeiras, este fundado em 1914 como Palestra Itália.

[146] Edição de 1946, v. 1, p. 63 (Acervo Edgard Cavalheiro – Centro de Documentação Alexandre Eulalio, Instituto de Estudos da Linguagem, UNICAMP). A grafia é de Edgard Cavalheiro.

No mesmo 1944 Lobato aceita integrar o conselho fiscal da nova diretoria da Associação Brasileira de Escritores[147], entidade que tinha em Edgard Cavalheiro um de seus fundadores e incentivadores. Na gestão, o presidente da ABDE era Sérgio Milliet e, na vice-presidência, Mário de Andrade. Não há registro de que Cavalheiro tenha participado nessa integração de Monteiro Lobato.

Voltando aos empreendimentos editoriais, lembre-se, inicialmente, que sai em livro o inquérito intelectual que Edgard Cavalheiro havia publicado anteriormente nas páginas de jornal, *Testamento de uma geração*[148], já mencionado aqui, questionário que foi dirigido também a Monteiro Lobato.

Adicionalmente, os escritores colaboram em três livros: em uma edição comemorativa de vigésimo quinto aniversário da publicação de *Urupês*, cujo prefácio é confiado a Edgard Cavalheiro[149]; no prefácio que Monteiro Lobato faz para uma antologia de contos humorísticos organizada por Edgard Cavalheiro, um dos primeiros volumes editados pela Brasiliense[150] e, finalmente, naquele que talvez seja a mais importante realização editorial a unir os dois escritores: a publicação dos dois tomos de *A barca de Gleyre*, obra informalmente organizada[151] por Edgard Cavalheiro. No prefácio, Cavalheiro apresenta dados que merecem destaque:

> Quando, há cerca de um ano, Monteiro Lobato me proporcionou a leitura de um punhado de folhas datilografadas contendo parte da correspondência trocada com Godofredo Rangel, vi logo o originalíssimo livro que seria a sua reunião em volume [...] aqui estão as "memórias" de um homem, escritas sem ele saber, compostas sem plano preconcebido, realizadas com um máximo de fidelidade e isenção de ânimo[152].

---

147 Cavalheiro, E. Notícias diversas. *Revista do Globo*, Porto Alegre, 6 maio 1944.

148 Cavalheiro, E. (Org.). *Testamento de uma geração*. Porto Alegre: Livraria do Globo, 1944.

149 Cavalheiro, E. Introdução. In: Lobato, Monteiro. *Urupês*. São Paulo: Livraria Martins Editora, 1944, p. 7-18.

150 Lobato, Monteiro. Introdução. In: Cavalheiro, E. (seleção e notas); Nabuco, Araújo (seleção e notas). *Antologia dos grandes contos humorísticos*. São Paulo: Brasiliense, 1944, p. 9-19; Livro publicado em junho.

151 Conferir depoimento de Nelson Palma Travassos, adiante, neste mesmo capítulo.

152 Cavalheiro, E. Estas memórias... In: Lobato, Monteiro. *A barca de Gleyre*. São Paulo: Companhia Editora Nacional, 1944, v. 1, p. V-XIII. Destaque presente no original.

Segundo o fragmento, a leitura das cartas que compõem o livro ocorre em 1943, também indicado pelo prefaciador como sendo o ano em que ele manipulou uma coleção de cartas infantis remetidas a Lobato, mencionadas anteriormente aqui neste estudo. Outro ponto: todos concordam que são memórias escritas "sem plano preconcebido", fiéis e isentas de ânimo, como escreve Cavalheiro. O próprio Lobato, na "Escusatória" que acompanha o prefácio, afirma: "carta é conversa com um amigo, é um duo — e é nos duos que está o mínimo de mentira humana". Não se creia, no entanto, mobilizado pelo discurso de autor e prefaciador, que a correspondência chega intocada ao livro, que não sofre qualquer tipo de edição prévia, que não passa por "ajustes". Lobato, numa das derradeiras do volume, vislumbrando a possibilidade de reunião daquele conteúdo em livro, sugere:

> Achei ótima a ideia de você mesmo bater na máquina as tuas cartas. Farei isso às minhas, e assim as depuraremos dos gatos, do bagaço, das inconveniências. Deixaremos só o bom — como as canas de chupar que a gente atora a ponta e o pé. Depois decidiremos sobre o que fazer[153].

Ressalte-se, também, a inexistência de explicação pela impressão apenas das cartas de Lobato na *Barca*, obra que é vendida como publicação de uma "co-respondência".

Sobre a importância da obra para Lobato e Cavalheiro, evoque-se duas passagens dos escritores. Mesmo não sendo seu livro mais famoso, possivelmente *A barca de Gleyre* seja uma das mais importantes obras de Lobato, ele próprio suspeita disso em carta a Rangel de outubro de 1943, ainda antes do livro ser publicado: "Outra coisa está me parecendo: que na literatura fiquei o que sou por causa dessa correspondência"[154]. Já Cavalheiro declara que "o mínimo que se pode dizer é que constitui um livro único no gênero, não só dentro do quadro da nossa literatura, mas da própria bibliografia universal"[155].

Adicionalmente, em agosto de 1944 Cavalheiro escreve a Nelson Werneck Sodré:

---

[153] Lobato, op. cit., 1944, p. 353 (carta de setembro de 1943).

[154] Lobato, op. cit., 1951, v. 2, p. 360.

[155] Cavalheiro, E. Lobato, a Academia e a "veneta". *Folha da Manhã*, São Paulo, 6 out. 1944.

Escrevi, também, uma introdução para as cartas do Lobato, que a Editora vai lançar, com o título de *A barca de Gleyre*. Um livro interessantíssimo, este. Vais gozar um bocado com os rompantes do Lobato. É o seu livro mais pessoal, o que melhor o explica. Será, a meu ver, o seu grande livro[156]

Em outro momento:

Quando, há dois anos mais ou menos, ele resolveu residir na Argentina, tinha o vago pressentimento de que não voltaria vivo. Sofria do coração; a qualquer momento este poderia fazer-lhe uma surpresa. Sabendo disso, e tendo sido das pessoas que mais insistiram com ele para que publicasse as cartas enviadas a Godofredo Rangel, procurei obter alguns documentos que já conhecia superficialmente, principalmente cartas de figuras ilustres como Euclides da Cunha, Ingenieros, Oliveira Lima, Afrânio Peixoto, Medeiros e Albuquerque, Coelho Neto, Lima Barreto e outros. Sempre que estávamos juntos não me despedia sem "cantá-lo" nesse material. E a resposta era invariavelmente a mesma: "Um dia esvazio a canastra e lhe mando tudo. Mas você precisa mudar de casa; onde você mora não caberá tudo"[157].

Para o escritor e crítico literário Fábio Lucas, *A barca de Gleyre* é "leitura fascinante, de absorvente interesse. O roteiro intelectual e afetivo de Lobato tem ali um retrato vívido. Serve de documento e, mais ainda, de literatura, pois a literatura brasileira estaria diminuída se aquelas cartas não se dessem a conhecer"[158].

É também em 1944, mais precisamente no mês de junho, que Lobato e Cavalheiro tornam-se sócios na Sociedade Livro-do-Mês Ltda., cujo objetivo era indicar o lançamento literário de melhor qualidade, conforme juízo do seu "Conselho de Críticos da Sociedade", responsável pelas apreciações. Esse corpo de notáveis era composto por Monteiro Lobato, Edgard Cavalheiro, Jorge Amado, José Lins do Rego, Rachel

---

[156] Sodré, op. cit., 1988, p. 321.

[157] Cavalheiro, E. O Sítio do Picapau Amarelo era a sua grande fazenda. *Folha da Manhã*, São Paulo, 11 jul. 1948. Entrevista concedida a (?). Destaques no original.

[158] Lucas, Fábio. O mundo das cartas de Monteiro Lobato. *Letras de Hoje (PUCRS)*, Porto Alegre, v. 15, n. 3, p. 59, set. 1982.

de Queiroz, Rui Bloem, Galeão Coutinho e Mário da Silva Brito, todos sócios no empreendimento[159].

São numerosas as referências a "livro do mês" em periódicos da época. Edgard Cavalheiro assinou alguns desses artigos enfocando discussões deliberativas[160].

Enquanto isso, ainda em 1944, e a exemplo de outros anos, Lobato é o autor mais lido nacionalmente. Apenas nesse ano, cerca de 400 mil livros seus são colocados nas prateleiras das livrarias. Sua bem-sucedida trajetória literária reverbera. Comenta Cavalheiro:

> Atualmente Lobato é um homem meio descrente de tudo e de todos. Continua, porém, pautando seus atos e atitudes pelo que lhe dá na "veneta". [...] Ninguém sabe o que ele realmente pensa fazer. Alguns acadêmicos lançaram a sua candidatura para o Petit Trianon. [...] Inúmeros amigos, simples conhecidos e até mesmo estranhos me perguntam — sabem da amizade que me liga ao autor de *Urupês* — se Lobato aceitará ou não sua candidatura. E a todos tenho respondido: se lhe der na "veneta", é bem capaz de aceitar[161].

Múcio Leão, então presidente da ABL, comenta o clima entre os confrades de fardão:

> A todos nós nos doía e pungia que chegássemos àquela investidura, vendo fora dela o escritor que considerávamos o nosso mestre. A vários acadêmicos entrados nessa época ouvi mais de uma vez a declaração de que sentiam vergonha em pertencer ao glorioso grêmio, sem que lá dentro estivesse quem tinha muito mais direito de estar, isto é, Monteiro Lobato[162].

---

[159] O que é a Sociedade Livro-do-Mês Ltda. *Revista do Globo*, Porto Alegre, p. 59, 8 set. 1945. Essa sociedade teve seu próprio periódico, chamado *Atualidades literárias*, com o primeiro número editado em julho de 1946 (Grifo Sete. *Folha da Manhã*, São Paulo, 21 jul. 1946), volume que apresenta o artigo intitulado "... E o livro vem chegando", de autoria de Monteiro Lobato (p. 9-10; Acervo Maria Célia de Castro Amaral). No Acervo Edgard Cavalheiro (UNICAMP) há os números 3, 4, 6, 8, 9, 11, 12, 13, editadas entre 1946-7, de *Atualidades Literárias*. *Folha da Manhã*, de São Paulo, edição de 2 mar. 1947, publicou curiosa charge ilustrando reunião da Sociedade Livro-do-Mês, nela pode-se reconhecer Lobato e Cavalheiro.

[160] Alguns deles, publicados na *Atualidades Literárias*: jul. 1946, out. 1946 e jan. 1947.

[161] Cavalheiro, E. Lobato, um homem de "veneta". *Revista do Globo*, Porto Alegre, 21 out. 1944. Aspas originais.

[162] Leão, Múcio. Vida dos livros. *Jornal do Brasil*, Rio de Janeiro, 14 jun. 1956.

Lobato considera inadmissível integrar qualquer grupo que possua, entre seus membros, Getúlio Vargas, o responsável direto por seu encarceramento, ingressado na Academia Brasileira de Letras justamente no ano em que Lobato é preso. "Só entrarei para a Academia se puserem o sr. Getúlio Vargas de lá para fora, a ponta pés", teria dito Lobato[163].

A aristotélica trama desses acontecimentos de 1944, plena de peripécias e reconhecimento, foi revivida em polêmica jornalística que envolveu Cavalheiro, Múcio Leão, Cassiano Ricardo, Menotti Del Picchia e Jaime Adour da Câmara, entre junho e novembro de 1956, repercutindo a abordagem dos fatos apresentada em *Monteiro Lobato, vida e obra*. Num dos artigos, escreveu Edgard:

> Não é possível tapar o sol com a peneira. Getúlio foi eleito porque era o "dono" do país. Falar, como faz Cassiano Ricardo, em "valor estilístico" da obra do autor de *A Nova Política do Brasil*, só como piada. E piada de mal gosto, em nada digna de um espírito tão lúcido e sutil como o autor de *Poemas Murais*. Que diabo! Não estamos mais em 1941, quando o suplemento da *Manhã*, a propósito dessa eleição, assegurava ser o sr. Getúlio Vargas "um crítico das mais altas qualidades", "autor de numerosos trabalhos de índole literária" (sic!). Quando em trechos desses "numerosos trabalhos" descobriam "o brilho da ideia e da forma do escritor que agora a Academia elegeu". Quando *A Nova Política do Brasil* (essa monótona colcha de retalhos de diversos secretários e escribas) era, pelo referido suplemento, considerada "admirável obra, do mais alto e puro lavor". É forçar muito a nota. Ninguém, em sã consciência, negará ao sr. Getúlio Vargas qualidades de político hábil, um gênio de esperteza e malícia. Mas alegar que o puseram na Academia por seus méritos de escritor é demais. Seria mais nobre reconhecerem o erro[164].

Trata-se de longa controvérsia que foge aos propósitos deste texto. Vale mencionar, ainda na tentativa de recompor as influências entre Lobato e Cavalheiro, que o episódio da recusa à vaga na Academia parece ter sido acompanhado de perto por Edgard Cavalheiro. Sua participação no evento foi, porém, aparentemente incidental, providenciando o envio da carta de desistência para Múcio Leão. Há menção a isso na biografia (Lobato

[163] Cavalheiro, E. Cassiano Ricardo, Monteiro Lobato e a Academia Brasileira de Letras (Conclusão). *Correio da Manhã*, Rio de Janeiro, 29 set. 1956.
[164] Cavalheiro, op. cit., 29 set. 1956. Destaques presentes no original.

chama a carta de "meleca açucarada")[165], e também nos jornais, esta última impressa logo após o falecimento de Lobato:

Lobato estava internado no Sanatório Esperança, convalescendo de grave operação. Um domingo de manhã me chamou. Queria que lhe fizesse um favor: que entregasse ao "capitão" a carta renunciando à candidatura. Diante da minha surpresa em me escolher para aquela missão, explicou: "Você sabe que eu gosto muito do Caio e do Artur. Não quero magoá-los nem discutir com eles. Se souberem que escrevi essa carta, procurarão me dissuadir, e não adianta. Já resolvi desistir, e pronto". E como a conversa continuasse, esclareceu: "Com Getúlio, nem para o céu; o 'capitão' se engana com esse homem"[166]

A respeito de auxílios mútuos, tem-se a impressão que, desde os primeiros momentos de sua convivência, Monteiro Lobato e Edgard Cavalheiro trocam favores. Cavalheiro também mostra-se de utilidade em questões logísticas. Outro exemplo disso é a carta que Lobato envia a Paulo Dantas, confirmando auxílio de Edgard Cavalheiro na remessa de livros[167].

Por seu turno, Lobato auxilia no esclarecimento de informações sobre sua própria pessoa, como ocorre em carta de setembro de 1946: "... o que ele diz não é reflexo de impressões [...] Já as impressões de dona Engrácia estão certas [...] Essa não está inventando". Aparentemente o termo "biografia" ainda não está em uso entre os dois autores, durante essas pesquisas de campo que Edgard empreende. Mais adiante, escreve Lobato: "O arquivo... Nunca tive ânimo de revê-lo, mas suponho que deve conter muita coisa interessante. Felizmente está em boas mãos. Saiba batear, que apanharás algum ourinho nativo"[168]. O arquivo, mencionado, refere-se à grande quantidade de matéria documental que Monteiro Lobato deixou, pouco antes de sua mudança para a Argentina, em 1946, com Edgard Cavalheiro. De acordo com o biógrafo, eram "milhares de cartas e documentos" que, segundo Lobato, nas palavras de Cavalheiro, "talvez se prestasse para reconstituir certa época da vida literária brasileira"[169]. Sobre o material epistolar, comentou Araújo Nabuco em coluna de jornal,

---

[165] Cavalheiro, op. cit., 1956, v. 2, p. 238, nota 2.

[166] Cavalheiro. E. A última lição de mestre Lobato. *Folha da Manhã*, São Paulo, 11 jul. 1948. Aspas no original.

[167] Lobato, op. cit., 1959, v. 2, p. 171.

[168] Lobato, op. cit., 1959, v. 2, p. 196-197.

[169] Cavalheiro, op. cit., 1956, v. 2, p. 13.

"cerca de 1.200 (mil e duzentas!) cartas e dentre elas as dos mais famosos nomes da nossa literatura [...] Quanto 'veneno' não se poderia fazer com esses documentos..."[170].

Em outubro de 1946, Lobato na Argentina, tudo se esclarece:

> Creio que não há razões de vulto para ocultar-lhe meus intuitos: escrever a tua vida, contar aos brasileiros de hoje, de amanhã (e de depois de amanhã, como diria o Apporelly) as lutas, glórias e decepções do velho Lobato. Há muito que penso nisso; agora é uma ideia fixa. O trabalho é grande, demandará algum tempo, mas o assunto — posso dizer com conhecimento de causa — vale a pena[171].

Segundo o crítico literário e professor Antonio Candido, que conheceu pessoalmente Lobato e Cavalheiro, aquele teria ficado muito satisfeito com a confirmação de que sua biografia estava sendo construída[172].

No período em que Lobato está na Argentina, suas ocupações literárias ganham novos contornos. Aventam, ele e Cavalheiro, uma versão da biografia de Garcia Lorca, obra de Edgard recém-publicada no Brasil, para o castelhano. A ideia, no entanto, não progride. Paralelamente, Lobato utiliza de pseudônimo para novas produções, sendo uma delas encomendada pelo governo, em tiragem de 500 mil exemplares. O livro, de exaltação justicialista e dedicado ao público infantojuvenil, era de conhecimento de Edgard Cavalheiro, segundo o jornalista Carlos Rizzini[173]. Afirma Rizzini que o título da obra seria *El Plan Quinquenal para los niños*, e teria sido assinada por "Ricardo". Não se confirmou a existência desse livro, no entanto, quase com o mesmo título é uma obra de Domingo Rafael Ianantuoni, também de 1947, *El plan quinquenal explicado a los niños*. Esse autor, Ianantuoni, aparentemente não era pseudônimo, mas uma pessoa real, de onde se conclui que essa aventura portenha está ainda para ser esclarecida.

---

170 Nabuco, Araújo. Sociedade livro do mês. *Jornal de Notícias*, São Paulo, 28 jul. 1946. Destaques do original.

171 Cavalheiro, Edgard. *Carta para Monteiro Lobato*. São Paulo, 6 out. 1946 (UNICAMP, IEL, CEDAE, ref. MLb 3.2.00452 cx9).

172 Candido, Antonio. Entrevista concedida a Sílvio Tamaso D'Onofrio. São Paulo, 24 jun. 2009.

173 Rizzini, Carlos. Cavalheiro e um breve episódio. *Folha da Tarde*, São Paulo, 2 jul. 1958 (Acervo Edgard Cavalheiro – Centro de Documentação Alexandre Eulalio, Instituto de Estudos da Linguagem, UNICAMP).

Retornando da Argentina em maio de 1947, Monteiro Lobato e Edgard Cavalheiro voltam a se encontrar, como de costume, na casa e no escritório de um e de outro. Numa dessas visitas à Livraria do Globo em São Paulo, escritório chefiado por Edgard Cavalheiro, Lobato deixa a seguinte dedicatória no livro de autógrafos de Rosa Goldemberg, secretária: "À mais bela rosa ‹Bela Helena› que vi depois que cheguei da Argentina, as homenagens do já velho, caduco e mentecapto Monteiro Lobato 1947"[174].

Visitas de Lobato à casa de Cavalheiro também deixaram registros. Mário Donato, por exemplo, comentando seus encontros com Monteiro Lobato, escreveu: "Encontrávamo-nos sempre na casa de Edgard Cavalheiro, que já lhe herdara os arquivos"[175], visitas, possivelmente, posteriores a 1946, que é o ano em que Lobato encaminha para Edgard Cavalheiro o seu arquivo de documentos[176].

Adolfo Jagle, médico de Lobato, registrou o episódio de uma visita, acompanhado de seu paciente, à casa de Edgard Cavalheiro. Lobato recuperava-se de seu segundo espasmo vascular:

> Com as melhoras acentuando-se, deu para visitar os amigos, e estou bem lembrado de uma visita feita à casa de Edgard Cavalheiro, a quem muito queria. Após várias horas de conversa sobre literatura, música, política etc., retirou-se, fazendo-me a seguinte observação: "Que família feliz! Como Edgard soube escolher uma companheira que torna a vida do casal um verdadeiro lar". Observação profundamente humana. Aprofundando-se então a discorrer sobre o casamento, compreensão mútua, e as causas principais dos desentendimentos na maioria das famílias, ele levou o tema longe, sempre com ideias vivas e originais.[177]

O poeta Paulo Bomfim também registrou um desses encontros, agora na casa de Lobato, em junho de 1948:

---

[174] No mesmo caderno de autógrafos há outro texto escrito de punho por Lobato, de uma visita que o escritor fizera àquele escritório em 22 jun. 1944 (Arquivo Rosa Goldemberg Motta); Motta, Rosa Goldemberg. Entrevista concedida a Sílvio Tamaso D'Onofrio. São Paulo, 16 fev. 2012.

[175] Donato, op. cit. 1982, p. 62.

[176] Dessa época deve ser também o bilhete sem data: "Edgard: caberão aí mais estes? Experimenta. Lobato" (Acervo Edgard Cavalheiro – Centro de Documentação Alexandre Eulalio, Instituto de Estudos da Linguagem, UNICAMP); bilhete reproduzido em fac-símile em D'onofrio, op. cit., 2012, p. 34.

[177] Jagle, Adolfo. Lobato perde um doente. *Fundamentos*, São Paulo, set.-out. 1948, ed. 4-5, vol. II, p. 318.

> Cheguei à Livraria Brasiliense, na rua Barão de Itapetininga e subi para o apartamento do escritor. Lá chegando, vou encontrá-lo rodeado de alguns amigos: Edgard Cavalheiro, Fidelino Figueiredo, Otavianinho Alves Lima e, se não me falha a memória, Rubens do Amaral. Falava-se de georgismo e da salvação nacional através do imposto único[178].

Nelson Palma Travassos avalia a amizade entre Lobato e Cavalheiro:

> Lobato teve muitos amigos. Muitos e incondicionais. Atemo-nos entretanto somente a dois deles, que são os que interessam a esta obra. O maior, a quem ele mais distinguia, foi Octalles Marcondes Ferreira, que o acompanhou desde os tempos da *Revista do Brasil*. Era a opinião de Lobato. Mas houve outro, que lhe surgiu no fim da vida, e para quem ele dedicou especial estima — Edgard Cavalheiro [...] a Edgard Cavalheiro Lobato deve a publicação do seu maior livro, *A barca de Gleyre*. Dele partiu a ideia, dele o trabalho seletivo. E foi pena que o arquivo de Lobato não tivesse permanecido em suas mãos, depois da morte do autor de *Urupês*[179].

Amizade estabelecida, biografia publicada, Cavalheiro ainda tentava compreender a distinção recebida de Lobato:

> Não saberia explicar o porquê da estima que Lobato me dedicou. Por ter a mesma idade do filho e ser dele xará? O que sei é que logo após a publicação de *A barca de Gleyre* surpreendeu-me perguntando se queria ficar com o seu arquivo. Eu já havia tido oportunidade de mexer na papelada. E naturalmente aceitei a oferta com inocultável alegria[180].

---

[178] Bomfim, Paulo. Lobato. *Passeios da memória*. Crônica Rádio Cultura FM em 14 nov. 2013, n. 5. (Website: http://www.paulobomfim.com, acesso em set. 2014).
[179] Travassos, Nelson Palma. *Minhas memórias dos Monteiros Lobatos*. São Paulo: Edart, 1964, p. 237-238. A respeito do arquivo, ver Condé, João. Aventuras de um colecionador em São Paulo (partes 1 a 4). *O Cruzeiro*, Rio de Janeiro, 31 out., 7, 14 e 21 nov. 1953. Ainda sobre o arquivo, escreve Cavalheiro para Lobato em carta já referida, de 6 de outubro de 1946: "O 'arquivo' está sendo motivo de crônicas, visitas, o diabo. Tenho me defendido com unhas e dentes, pois todos querem 'coisas'. Uma ova que darei."
[180] Cavalheiro, E. Biografia do livro "A barca de Gleyre". *O Cruzeiro*, Rio de Janeiro, [1955].

Falecido Monteiro, Cavalheiro amplia seu rol de 17 artigos sobre Lobato na imprensa para 43[181]. Em livros, publica notas biográficas[182], prefácios[183] e volumes[184], além do provável livro mais importante, certamente a maior obra da bibliografia cavalheiresca: *Monteiro Lobato, vida e obra.*

[181] Artigos publicados com Lobato morto: Lembranças de Monteiro Lobato. *Diário de Notícias*, RJ, 11 jul. 1948; A última lição de Mestre Lobato. *Folha da Manhã*, SP, 11 jul. 1948; A correspondência entre Monteiro Lobato e Lima Barreto – 2. *Revista do Globo*, RS, 24 jul. 1948; A correspondência entre Monteiro Lobato e Lima Barreto – 3. *Revista do Globo*, RS, 7 ago. 1948; As crianças escrevem para Monteiro Lobato. *Diário de Notícias*, RJ, 3 out. 1948; Morte de Lobato. *Folha da Manhã*, SP, 6 out. 1948; Monteiro Lobato tradutor. *O Estado de S. Paulo*, SP, 24 abr. 1955; Café Guarani. *Correio Paulistano*, SP, 3 jul. 1955; Oblivion, Itaóca. [*Jornal do Brasil*, RJ, 1?] jul. 1955; Monteiro Lobato e a Revista do Brasil. *Revista Brasiliense*, SP, set. 1955; Monteiro Lobato e Manuel Bandeira. *O Tempo*, RJ, 20 nov. 1955; Biografia do livro "A barca de Gleyre". *O Cruzeiro*, RJ, 1955; Monteiro Lobato e o espiritismo. *Revista d'"O Pensamento"*, SP, mar. 1956; Monteiro Lobato e a morte. *Revista d'"O Pensamento"*, SP, abr. 1956; Cassiano Ricardo, Monteiro Lobato e a Academia Brasileira de Letras. *Correio da Manhã*, RJ, 22 set. 1956; Cassiano Ricardo, Monteiro Lobato e a Academia Brasileira de Letras – Conclusão. *Correio da Manhã*, RJ, 29 set. 1956; Lobato e a Academia. *Correio da Manhã*, RJ, 10 nov. 1956; A Bahia de Mataripe e Adroaldo. *Revista Brasiliense*, SP, nov. 1956; O alegre grupo do Minarete. *Almanaque d'"O Pensamento"*, SP, 1956; Monteiro Lobato e Mário de Andrade. *O Cruzeiro*, SP, 9 fev. 1957; Lobato ameaçado. *A Folha*, Espírito Santo do Pinhal-SP, 22 set. 1957; Literatura infantil ou comunismo para crianças. *Revista Brasiliense*, SP, jan. 1958; Estas memórias... *Ciência & Trópico*, Recife, jul./dez. 1981; Influência de Monteiro Lobato. *Ciência & Trópico*, Recife, jul./dez. 1981; Primeiros artigos de Lobato. *Ciência & Trópico*, Recife, jul./dez. 1981; Posição política de Monteiro Lobato. *Horizontes do Mundo*, [S.l.:s.d.], p. 42-44.

[182] Cavalheiro, E. Monteiro Lobato. In: *Homens de São Paulo*. São Paulo: Livraria Martins Editora, 1955, p. 399-449.

[183] Cavalheiro, E. Prefácio. In: Lobato, Monteiro. *Literatura do Minarete*. São Paulo: Brasiliense, 1959, p. 9-20. Cavalheiro, E. Prefácio. In: Lobato, Monteiro. *Cartas escolhidas*. 2. t. São Paulo: Brasiliense, 1959, v. 1, p. 7-11. Cavalheiro, E. Prefácio. In: Lobato, Monteiro. *Conferências, artigos e crônicas*. São Paulo: Brasiliense, 1959. Cavalheiro não chegou a ver esses três livros publicados, obras organizadas e prefaciadas por ele. Sobre a edição delas, escreveu: "Já entreguei ao Caio os 4 livros inéditos de Lobato: 'Literatura do Minarete', 'Conferências, artigos e crônicas' e 'Cartas escolhidas' I e II" (Cavalheiro, E. *Carta a Francisco de Assis Barbosa*. São Paulo, 19 de março de 1956; Brasiliana USP).

[184] Cavalheiro, E. *A correspondência entre Monteiro Lobato e Lima Barreto*. Rio de Janeiro: Ministério da Educação e Cultura/Departamento de Imprensa Nacional, 1955.

Sobre esse livro, destacadas figuras do pensamento nacional se debruçaram e se manifestaram. O historiador e crítico literário Wilson Martins assim resumiu a importância dessa biografia para seu autor: "dificilmente o sr. Edgard Cavalheiro se superará a si mesmo daqui por diante"[185]. Aproximados três anos depois de publicada a biografia e Edgard Cavalheiro falece.

Os familiares de Monteiro Lobato deixaram registros díspares a respeito da amizade entre Monteiro e Cavalheiro, e das consequências dessa aproximação. Certa vez tentaram entrevistar a viúva, Pureza Monteiro Lobato, e ela disse: "Pedem-me dizer alguma coisa sobre Lobato, mas nada de novo tenho a acrescentar depois de publicada a biografia feita por Edgard Cavalheiro"[186]. Em 1956 lá foi ela, Purezinha, acompanhada da filha Ruth, até Taubaté, participar de grande homenagem a Cavalheiro à biografia, em uma edição das Semanas Monteiro Lobato[187]. Ruth Monteiro Lobato, em depoimento dos anos 1980, demonstra mágoa pelo que Cavalheiro haveria feito ao arquivo de seu pai, dispersando-o. Joyce Campos Kornbluh, neta de Monteiro Lobato e sobrinha de Ruth, concedeu entrevista apontando sentido mais ou menos diverso, ao menos no que se refere à parcelo do acervo em propriedade da família de Lobato: "o arquivo foi desaparecendo aos poucos [...] as pessoas foram se servindo lá no arquivo. Achando curiosos, interessante... Leva isso, leva aquilo!"[188].

Segundo Nelson Palma Travassos, no entanto, no livro *Minhas memórias dos Monteiros Lobatos*, cujo trecho em questão foi transcrito aqui, o arquivo não permaneceu com Edgard Cavalheiro. Cassiano Nunes, escritor e crítico literário, deixou, no início dos anos de 1980, testemunho semelhante: "eu soube, e a família conta, que depois que a biografia foi escrita, Dona Purezinha exigiu a volta do material"[189].

---

185 Martins, Wilson. Monteiro Lobato – II. *O Estado de S. Paulo*, São Paulo, 15 mar. 1956.

186 Presença de Monteiro Lobato – Com a palavra, D. Purezinha Monteiro Lobato. *Shopping News*, [São Paulo?], 4 maio 1958 (Acervo Edgard Cavalheiro – Centro de Documentação Alexandre Eulalio, Instituto de Estudos da Linguagem, UNICAMP).

187 Guisard, O. Barbosa. Na IV Semana Monteiro Lobato: Hoje o jantar a Edgard Cavalheiro. *A Tribuna*, Taubaté-SP, 18 abr. 1956 (Arquivo Maria Helena Cavalheiro).

188 Museu da Imagem e do Som, São Paulo, Midiateca, Projeto Memória de Monteiro Lobato, ref. A.0825137.14.

189 Museu da Imagem e do Som, São Paulo, Midiateca, Projeto Memória de Monteiro Lobato, ref. A.0818A e B.

Monteiro Lobato e Tia Nastácia e a tradicional e poderosa e sempre renascente censura literária no Brasil[190]

Alaor Barbosa

Andam querendo censurar e de algum modo proibir, no âmbito do Governo Federal, o livro Caçadas de Pedrinho, de Monteiro Lobato.[191] Em positivo, saudável artigo publicado neste *Diário da Manhã* do dia 9 deste mês de novembro, o competente jornalista e crítico literário Antônio Lisboa informa:

"A Secretaria de Promoção da Igualdade Racial, ligada à Presidência da República, teria recebido denúncia de Antônio Gomes da Costa Neto, mestrando da UnB, de que o livro tem conteúdo racista. O parecer foi aprovado por unanimidade na Câmara de Educação Básica do Conselho Nacional de Educação e publicado no Diário Oficial da União. O documento recomenda que Caçadas de Pedrinho não seja distribuído a escolas públicas, ou que o seja com o alerta de que é 'racista'. (...) "O racismo, visto pelo Conselho Nacional de Educação, estaria no tratamento dado à personagem e a animais como o urubu e o macaco. Tia Nastácia, em certo trecho, é chamada de 'negra'. Noutro momento, o texto diz: 'Tia Nastácia, esquecida dos seus numerosos reumatismos, trepou, que nem uma macaca

[190] Artigo publicado no *Diário da Manhã*, de Goiânia, de 28-11-2010

[191] Em 2010, parecer do Conselho Nacional de Educação recomendou que o livro *Caçadas de Pedrinho* não fosse adotado na relação de obras de leitura obrigatória nas escolas, por seu suposto teor discriminatório, sugerindo, inclusive, que o MEC exigisse da editora que o livro fosse acompanhado de "nota explicativa" contextualizando e esclarecendo o leitor da suposta presença de estereótipos raciais. Depois, por determinação do Ministério da Educação, o veto foi reconsiderado. Em dezembro de 2013, o ministro Luiz Fux, do Supremo Tribunal Federal, rejeitou pedido de liminar para suspender a distribuição do livro pelo MEC em escolas públicas. O mandado de segurança havia sido impetrado pelo Instituto de Advocacia Criminal (IARA). (N. do O.]

de carvão'. Na ótica dos analistas do governo, há racismo também quando o livro fala apenas de animais. Como no seguinte trecho: 'Não é à toa que os macacos se parecem tanto com os homens. Só dizem bobagens'".

Convém assinalar que a ação censorial da Secretaria de Promoção da Igualdade Racial foi provocada por um estudante — de curso de Mestrado, presumo que de Letras — da UnB. Será um adepto do "movimento" ou "corrente" de patrulhamento ideológico ou linguístico do "politicamente correto"? Não sei nem mesmo a origem e consistência desse perigoso "movimento". Será coisa vinda de segmentos fascistas dos Estados Unidos? Tenho profunda e invencível aversão a esse negócio de "politicamente correto", ao meu ver uma das mais ostensivas manifestações do quinhão de mediocridade intelectual da nossa época. "Politicamente correto" é em muitos casos adotar eufemismos hipócritas e falsamente respeitosos como meio de reprimir o pensamento e a expressão da verdade das coisas. Para os defensores do "politicamente correto" não se pode dizer "velho" e sim "idoso" ou "membro da terceira idade" ou "da melhor idade". Não se pode chamar alguém de preto, embora se possa chamar alguém de branquelo. Acho tudo isso quase sempre supinamente ridículo. No campo da expressão política, muita vez perigosamente repressivo e contrário à liberdade de pensar. Não existe, ao meu ver, nada "politicamente correto", pois tudo pode ser expresso ou com verdade ou com erro ou mais ou menos verdadeiro ou mais ou menos errado. Correto é ser verdadeiro. Repito: politicamente correto deve ser e é dizer a verdade. Dizer a verdade é o dever do homem. (Os adeptos do "politicamente correto" certamente me corrigiriam: "dever do homem e da mulher".)

Devo registrar, desde já, que não consigo compreender essa acusação de que se possa externar racismo ao se falar de urubu e macaco ou de outros animais. Não posso deixar de me lembrar, por associação de ideias, de que os animais ditos irracionais costumam ser defendidos pela Sociedade Protetora de Animais.

O livro *Caçadas de Pedrinho*, um dos primeiros da saga do Sítio do Picapau Amarelo, foi editado, a primeira vez, em 1933. A saga — de vinte e três livros — começou em 1921 com o livro *Narizinho Arrebitado*, mais tarde rebatizado com o título definitivo *Reinações se Narizinho*. Na série não se inclui, há muito tempo, o livro *O garimpeiro do rio das Garças*, rejeitado pelo autor depois e apesar de ter alcançado, se não me engano, quatro edições, antes de Lobato editar, com ânimo ordenador e definitivo, as suas Obras Completas, acho que em 1946.

Corre a informação de que por enquanto o processo de censura e parcial — restrita a escolas públicas — proibição está parado, por determinação do ministro da Educação, a fim de ser reconsiderado o parecer. Assim atuando, o Ministro demonstrou prudência. Mas o ideal teria sido o ministro rejeitar desde logo o parecer, fundado em razões e motivos que, por mais ou menos óbvios, seriam os mesmos que vou expor nestes comentários inevitavelmente longos. A questão necessita — exige — análise o mais possível completa e profunda. Este é um país onde tem predominado, no exame de numerosas questões intelectuais importantes, o superficialismo, a leviandade, a irresponsabilidade, a falta de seriedade e profundidade, sem falar no espírito repressivo e castrador dos obscurantismos de vária natureza muita vez dissimulados com a ingênua esperança de enganar os incautos. Por este aspecto, foi contristado, decepcionado e preocupado, que eu já vi, neste caso já rumoroso, neste mesmo jornal, um breve palpite chocantemente leviano de um jornalista (não de Goiás) muito conhecido e o seu tanto prestigioso, que bem revela e documenta o despreparo de gente que devia saber, e muito bem, da imensa responsabilidade que é o escrever sobre temas e problemas relevantes, complexos e delicados, ainda mais em jornal — para um incalculável número de leitores. Felizmente e em compensação me deparei também, é claro que sem surpresa, com três magníficos, lúcidos artigos opostos à censura a Lobato, assinados por pessoas que admiro e respeito. O primeiro, escrito pelo meu eminente professor de língua espanhola na UFG, Atico Villas-Boas da Mota, um grande e lúcido erudito e folclorista há muito tempo reaninhado em sua terra natal, na formosa Chapada Diamantina, tão rica de tudo, inclusive de história. Em seu artigo indignado, muita coisa revelou sobre Lobato, a quem conheceu pessoalmente em Salvador, na ocasião em que lá se representou uma opereta extraída da obra de Lobato por Adroaldo Pereira da Costa. O segundo, de autoria do meu colega de Academia e professor e ensaísta de literatura José Fernandes, lúcida cultura e operante erudição, que se mostrou também indignado contra o erro e injustiça da censura a Lobato. O terceiro, produzido, com muita lucidez, equilíbrio, fidelidade à liberdade criadora e riqueza de informações, pelo muito valoroso poeta e escritor (assim o classifico simplesmente a fim de também lhe fazer a precisa justiça que tanta gente ignorante e imbuída de má-fé lhe nega) José Sarney. No artigo de Sarney, intitulado "Twain e Lobato", devo salientar a informação valiosa, e nova para mim, sobre as acusações de racismo sofridas pelo livro *Aventuras de Huck* (por sinal traduzido no Brasil por Monteiro Lobato), de Mark Twain — uma obra-prima da literatura norte-americana, um dos melhores livros que li até hoje.

Uma das causas do até agora invicto atraso mental dos povos brasileiros tem sido a censura, proibição e perseguição, muita vez policial, de livros e de ideias. Censura literária é um tremendo mal que o Brasil recebeu, por transfusão natural (o Brasil foi parte de Portugal por mais de trezentos anos tanto quanto o Minho, o Alentejo, Trás-os-Montes, Algarve), do seu descobridor, colonizador, povoador, estruturador. A censura literária prévia em Portugal era exercida, desde que lá se começou a editar livros até, me parece, a Revolução Constitucionalista de 1821, por uma dupla de autoridades de naturezas diversas porém bastante promíscuas entre si: o Rei e a Igreja. Não se imprimia livro em Portugal sem o consentimento e autorização formal dos agentes competentes do Rei e da Igreja, os quais, para autorizar, deviam emitir o "nihil obstat" e o "imprimatur". Quem quiser conferir, leia, como amostragem, os livros do Padre Antônio Vieira — um padre! E jesuíta! Padre Vieira viveu, em Portugal e no Brasil, durante quase todo o século 17. Os sermões dele eram examinados e reexaminados por muitos representantes da ortodoxia religiosa e política vigente antes de serem publicados. Um processo burocrático complicado, próprio e típico de uma ditadura feroz, intransigente, perigosa. Foi essa ditadura, em que se promiscuíam Monarquia e Igreja, que assassinou um grande valor intelectual e artístico do teatro português, nascido no Brasil, Antônio José, o Judeu. Morreu, o infeliz, na fogueira da Inquisição. Já no século 18. Para sintetizar o que se pode dizer do plurissecular fechamento das mentes individuais e da inteligência coletiva em Portugal, basta dizer que foi na Península Ibérica que a Santa Inquisição reinou absoluta até já dentro do século 19. Enquanto a Inglaterra e a França e a Itália se renovavam e se vitalizavam intelectualmente, com um Rogério Bacon (franciscano cognominado "Doutor Admirável") fundando, no século 13, a ciência experimental, um René Descartes duzentos e tantos anos depois instaurando o método da dúvida, o Renascimento arejando e fertilizando todas as atividades humanas também desde o século 13, na Península Ibérica a Inquisição asfixiava as consciências com fogueiras que queimavam pessoas em vez de iluminar espaços e com autos-de-fé realizados com finalidades a um tempo punitivas e preventivas. O Iluminismo foi um movimento de libertação intelectual que se pode dizer começou com Rogério Bacon ainda no século XIII. Quando logrou penetrar, tímido e policiado, na Península Ibérica, já era, pois, antigo de quase quinhentos anos na Inglaterra e na França. O tremendo atraso obscurantista da Península Ibérica foi trasladado por Portugal para o Brasil; e aqui foi agravado pelo isolamento, pela distância, pelo violento escravismo de índios e negros, pela truculenta opressão das classes despossuidoras, pela intencional, dolosa ausência de ensino, pelo gosto inumano do privilégio absoluto. Enquanto nas colônias inglesas da América se fundavam universidades e jornais, na América Portuguesa se construíam igrejas e cadeias e pelourinhos e se fundava a tradição dos troncos e chicotes e castrações punitivas com que os senhores da vida e das coisas do mundo simbolizavam o caráter da sua relação com os escravos de toda natureza.

A conquista de uma relativa liberdade de pensar e publicar o pensamento em Portugal foi um dos efeitos positivos das mudanças políticas bafejadas na Europa Ocidental pelo Iluminismo difundido após a Revolução Francesa de 1789. Durou mais ou menos um século — e propiciou a esplêndida floração intelectual e artística do século 19, principalmente com as admiráveis gerações de Almeida Garret, Alexandre Herculano, Camilo Castelo Branco, Ramalho Ortigão, Eça de Queiroz. O advento da ditadura de Oliveira Salazar em 1928 suprimiu-a por quase meio século. A Revolução dos Cravos, em 1974, restabeleceu-a.

Obviamente a falta de liberdade intelectual na Metrópole foi ainda mais absoluta e esterilizadora nas colônias de além-mar. Com a agravante de que nas colônias não se editavam livros, nem com autorização prévia. No Brasil nem mesmo escolas primárias existiam, a não ser as raras fundadas e dirigidas, com o obscurantismo intelectual que lhes era próprio, pela Companhia de Jesus (expulsa de Portugal e do Brasil pelo Marquês de Pombal) — os jesuítas. O que aconteceu em Portugal no século 19 foi mais ou menos, e *pari passu*, o que ocorreu no Brasil, principalmente após a nossa Independência em 1822. Conquistamos, afinal, uma considerável liberdade de pensar e de externar o pensamento. Essa liberdade perdurou durante os dois reinados do Império. A censura literária prévia, da parte do Estado, foi abolida. Durante esse profícuo período de boa liberdade de pensar e tornar público o pensamento, diminuiu muito o atraso intelectual do Brasil. Diminuiu. Poderia ter começado a ser superado, se os benefícios da educação não tivessem se limitado a ocorrer apenas no nível e âmbito das classes sociais privilegiadas. Nossas elites sociais e econômicas não tiveram capacidade e competência para, aproveitando os ímpetos renovadores da Independência de 1822, abolir a escravidão dos negros e multiplicar, na devida quantidade e qualidade, as escolas necessárias. As elites nacionais se contentaram em produzir um pequeno número de bacharéis em Direito, nas nossas duas escolas instaladas em Olinda e em São Paulo, e alguns poucos médicos na Escola de Medicina da Bahia. Na República, durante o longuíssimo período de noventa anos, alternaram-se períodos de relativa liberdade com danosíssimos interregnos de supressão de liberdades, mormente a de pensar e difundir o pensamento. Computado o quatriênio Bernardes, sofremos durante o atual período de república, trinta e cinco anos de ausência de direitos constitucionais, imposta, após 1930, com feroz truculência, pela ditadura do Estado Novo e pela ditadura militar-tecnocrática de 1964-1985. E continuou, contudo, a ser exercida, mesmo nos breves períodos de precária vigência de Constituições mais ou menos legítimas, mais do que na época dos Imperadores, uma feroz e espessa censura posterior, mediante a ação intelectual repressiva, bem radical e intolerante e muita vez anatematizadora e punitiva (com pública e barulhenta incineração de livros), da parte do clero católico e do conjunto de adeptos leigos da Igreja de Roma e dos conservadores e reacionários de várias espécies e graus. Por exemplo: dado que defender interesses nacionais brasileiros tem sido sempre causa de perseguições no Brasil, o livro *A ilusão americana*, de Eduardo Prado, foi proibido de circular no Brasil logo após a instauração da República. Eu ainda alcancei o tempo em que a Igreja Católica esforçava-se, no Brasil, por controlar a formação intelectual, mormente dos jovens, mediante a observância rigorosa do famoso *Index Librorum Prohibitorum* (que eu, um dia, na sala de aula, em Morrinhos, minha terra natal, aos catorze anos de idade, perguntei, mais ou menos para ver a reação, ao Padre Osvaldo Casellato, em uma aula de Português, se não devia na verdade chamar-se *Index Librorum Bonorum*). Quando, um ano depois, já em Goiânia, me pus a ler o romance *A carne*, de Júlio Ribeiro, foi com a consciência e o sentimento de que cometia um ato de transgressão da orientação clerical que recebera em Morrinhos. Essa mesma consciência e sentimento me desafiava agudamente quando nessa mesma época lia e conversava sobre as ideias — menciono-as a título de exemplos — de Charles Darwin e de Karl Marx.

De todos os escritores brasileiros, com certeza o mais combatido, perseguido, censurado e por isso o mais sofrido foi esse paulista de Taubaté por nome José Bento Monteiro Lobato. Desde que começou a publicar seus livros, aos 36 anos de idade, em 1918, foi ele alvo e vítima de algum modo predileta de antagonismos e oposições de natureza política ou religiosa, muita vez violentos, agressivos, intolerantes. De muitos delitos e inconveniências intelectuais e de graves transgressões e erronias políticas, filosóficas, morais e religiosas ele foi acusado durante a sua vida, depois que passou a atuar na vida intelectual e literária do Brasil. De racismo, contudo, que eu saiba, ele entrou a ser acusado não faz muito tempo. Quando traçou, nos artigos "Uma velha praga" e "Urupês", publicados em jornal em 1914 e em livro em 1918, a caricatura do caboclo do Vale do Paraíba na figura do personagem a que deu o nome de Jeca Tatu, contra ele se levantaram e assanharam numerosas vozes de patriotas indignados e revoltados. A procela que contra ele se ergueu demorou a diminuir e nunca se extinguiu de todo. Mas nesse caso as discordâncias não alcançaram estatura de censuras mutilantes, processando-se e ferindo-se no plano meramente intelectual.

Porém, mais de uma vez mobilizou-se contra Lobato o Estado por meio da Polícia. Quando publicou, acho que em 1926, em um jornal do Rio de Janeiro, uns artigos sobre a Rússia Soviética a propósito de um livro de reportagens de um jornalista argentino chamado Adolfo Agorio, foi intimado a comparecer a uma delegacia de polícia, no Rio de Janeiro, a fim de se explicar. A revolução comunista na Rússia era assunto proibido no Brasil. Outros artigos publicou ele em jornal, que lhe trouxeram problemas e ameaças. Um deles, sobre a inutilidade, que ele apontou, da Marinha. Afinal ele foi aconselhado por um amigo, Alarico Silveira, chefe da Casa Civil da Presidência da República, a sair do Brasil. O próprio p residente da República, Washington Luiz, que o estimava pessoalmente, a pedido de Alarico lhe deu um emprego nos Estados Unidos, como Adido Comercial da Embaixada do Brasil. Assim, estrategicamente, saiu Lobato do Brasil.

Ele voltou em 1931. Com a queda de Washington Luiz, por causa da Revolução de 1930 (mais mesmo um golpe militar), perdera o emprego em Nova Iorque. Ele entrou logo a lutar para que o Brasil produzisse ferro e petróleo. Seu livro *O escândalo do petróleo*, que conta a sua luta, editado em 1936, foi proibido pelo governo de Getúlio Vargas em 1937. Durante a ditadura do Estado Novo, de 1937 a 1945, suas entrevistas a jornais eram ou proibidas ou mutiladas. Uma delas, concedida à BBC de Londres, em 1941, além de proibida no Brasil consta que foi a verdadeira causa imediata de ter sido ele condenado, em maio de 1941, pelo Tribunal de Segurança a seis meses de prisão, após ter sido absolvido pelo juiz de primeira instância. O processo criminal em que foi condenado fora motivado por uma carta particular que ele remetera a Getúlio um ano antes, a qual foi considerada desrespeitosa e injuriosa ao Presidente da República, ao presidente do Conselho Nacional de Petróleo, General Júlio Horta Barbosa, e ao Conselho Nacional do Petróleo. Lobato cumpriu metade da pena. Nos primeiros dias foi mantido incomunicável — ele, Lobato, considerado então a maior glória da nossa literatura, lembrado por alguns parara receber o Prêmio Nobel de Literatura, o principal criador da literatura para crianças no Brasil (e que, bem traduzido para o castelhano, era aguardado então, na

Argentina, para ajudar a lançar lá a totalidade dos seus livros da saga do Sítio do Picapau Amarelo), o principal criador da nossa indústria editorial de livros, um estrênuo e exemplar lutador do nosso desenvolvimento. Graças principalmente a um generoso e solidário movimento de intelectuais e à amizade pessoal do Interventor de São Paulo, Fernando Costa, foi indultado. Ele esboçou uma resistência ao indulto, mas terminou se conformando — e saiu da prisão.

Os seus livros para crianças lhe causaram muitos problemas, dissabores, decepções, sofrimentos. O seu principal biógrafo, Edgard Cavalheiro (autor do livro *Monteiro lobato — vida e obra*, editado em dois volumes em 1955, portanto sete anos depois da morte de Lobato), informa: "Por fugir ao convencionalismo e às verdades preestabelecidas, seus livros sofreram tremendas campanhas. *Geografia de Dona Benta*, por exemplo, foi denunciada como obra deletéria, separatista, "sintoma alarmante da desagregação subterrânea do Brasil". *História do mundo para crianças*, informa Edgard Cavalheiro, foi condenado pelo Serviço das Instituições Auxiliares da Escola, do Departamento de Educação da Secretaria dos Negócios da Educação e Saúde Pública do Estado de São Paulo. Condenado por várias razões. Políticas e religiosas. Diz Edgard Cavalheiro: "Mas onde o parecer se assanha, assumindo tom polêmico, é na defesa da 'formação cristã' da família brasileira. 'Quaisquer ironias' — diz o parecer — 'sobre os princípios religiosos, quaisquer conceitos mais ou menos avançados sobre o Deus da nossa fé, reputa-se (*sic*) falta grave contra todo o trabalho educacional'". O parecer cita trechos do livro que considera atentatórios aos princípios religiosos. *História do mundo para crianças* foi proibido também em Portugal e suas colônias (Angola, Moçambique, etc.). Lobato supôs, então, que o motivo do ato proibitório do governo português era o ter ele afirmado que o Brasil foi descoberto por acaso ou o ter mencionado o fato de que o navegador português Vasco da Gama mandou cortar 1.600 orelhas de marinheiros árabes na cidade de Calicut. Também o livro *O poço do Visconde* provocou reações negativas, apesar de propugnar a existência de petróleo no Brasil — nada mais do que isso.

Edgard Cavalheiro informa ainda: "Por essas e outras é que não tarda a surgir, em escolas oficiais, e praticamente em todos os colégios católicos do País, uma ordem absurda, chocante: os livros de Monteiro Lobato devem ser retirados das bibliotecas escolares. As explicações para tais medidas falam em excessivo regionalismo, críticas desairosas ao Brasil, comunismo e outras pelo estilo. Algumas gazetas católicas passam mesmo a publicar, em amplos quadrados, este anúncio: 'CUIDADO! Tornamos a avisar a todos que o livro *História do mundo para crianças* é péssimo e não pode ser lido por ninguém...' No externato do Colégio Sacré Coeur de Jesus, em Laranjeiras, Rio de Janeiro, Capital do Brasil, piedosa Freira solicita de todas as alunas que possuam livros do criador de Narizinho, que os levassem ao Colégio, para certo fim não muito bem especificado. 'Reunidos os volumes, depõe Raul Lima, a Revma. Irmã e educadora fez uma fogueira, com alguns paus de bambu, e queimou-os todos. Um autêntico auto-de-fé. Em pleno ano de 1942! Na Capital do Brasil!"

Conta Edgard Cavalheiro de um boletim de uma tal Liga Universitária Católica Feminina que, depois de louvar o pioneirismo de Lobato em escrever para crianças e a qualidade literária dos seus livros, formula, "do ponto de vista da moral cristã, a condenação de vários trechos dos livros de Lobato".

Finalmente, veja-se este trecho de uma carta de Lobato a uma criança do Rio de Janeiro: "Em mãos a cartinha de 25 do mês passado, sobre a falta de gabinete dentário aí. Que vergonha! Uma escola da Prefeitura do Distrito Federal em que as crianças precisam andar pedindo esmolas para cuidar dos dentes! Vergonha das vergonhas — mas eu não me admiro porque uma Prefeitura que chegou ao ponto de mandar retirar das bibliotecas das suas escolas os meus livros infantis e queimou-os, é naturalíssimo que não pense nos dentes das crianças. É uma Prefeitura amiga da cárie. Querem vocês que eu contribua... Pois não. Vou mandar uma caixa de fósforos para vocês porem fogo nessa escola da Prefeitura. Venham todos brincar no Sítio do Picapau Amarelo. O Quindim virou dentista e bom dentista. Ele trata dos dentes de vocês todas, de graça..."

Edgard Cavalheiro registra, arrematando as informações desta parte do seu livro: "Apesar de toda a perseguição — proibido em bibliotecas oficiais, queimado em colégios religiosos — ao encerrar a série com *Os Doze Trabalhos de Hércules*, Monteiro Lobato é não só o escritor infantil mais lido no Brasil, mas da própria América Latina. 'Pode haver, escreve *El Mundo*, de Buenos Aires — muitos homens e mulheres que não saibam quem foi José Bento Monteiro Lobato. Poucas crianças, porém, o desconhecem. Ser amigo das crianças! Grande proeza, na verdade! Elas, às quais deu tantos relatos plenos de sol, de céus, de alegrias e viagens portentosas, compreenderam-no. Amaram-no. Ele as libertara do primitivismo das histórias de bruxarias. Criara, para as suas imaginações, um mundo, um lugar maravilhoso que reúne tudo — humorismo, fantasia, filosofia, noções científicas, brincadeiras, sonhos, realidades".

Eu testemunhei, em 1957, mais um episódio de censura e condenação da literatura infantil de Monteiro Lobato. Eu estudava no Rio e me lembro bem de quando apareceu, em livrarias, um livro intitulado *A literatura infantil de Monteiro Lobato — ou Comunismo para crianças*. O autor era um padre. Padre Sales Brasil. (Vim a saber, quatro anos mais tarde, que ele era, ou é, pois espero que ainda viva, baiano. Quem me contou foi um colega de trabalho no *Jornal do Brasil*, o talentoso crítico literário Heráclio Sales, que me distinguia com a sua consideração e amizade. Heráclio me revelou que o Padre Sales Brasil era seu primo. Falou do primo lamentando que ele houvesse perpetrado aquele livro de combate a Monteiro Lobato — ao seu ver um erro.) O livro causou celeuma. Foi muito discutido. Eu o li em leitura diagonal, numa livraria. Admirador incondicional, então, de Lobato, não comprei o livro: não quis possuí-lo em casa. Mas o que li dele me bastou para eu escrever um pequeno artigo sobre ele, a que dei o título "O reacionarismo do padre". (Não sei por quê, nunca publiquei esse texto, embora o julgue uma das boas produções intelectuais da minha adolescência. Tenho-o desde então guardado com cuidado. Ainda tenciono publicá-lo. Se meu estado físico vier a permitir que eu o procure entre minha numerosa papelada arquivada, divulgá-lo-ei logo.) Esse livro do Padre Sales Brasil sustenta que os livros de Monteiro Lobato para crianças contêm intencional propaganda e catequese ou doutrinação comunista. Um dos trechos que ele selecionou dos livros de Lobato, me lembro bem, é aquele em que, falando da organização social das abelhas, Lobato põe na boca da abelha-rainha esta afirmação, para justificar o fato de que, após a abelha-rainha escolher entre os zangãos o seu esposo, os demais são sacrificados com a morte: "Estas minhas filhas acham que o sentimentalismo não dá bom resultado em matéria de organização social". Não me recordo, mas há outras afirmações da abelha-rainha durante a visita feita ao Reino das Abelhas que o Padre Sales Brasil deve ter utilizado em sua argumentação. Ei-las: "Aqui não há pobres nem ricos. Não se vê um aleijado, um cego, um tuberculoso. Todos trabalham, felizes e contentes". "Nós não temos governo, porque não precisamos de governo. Cada qual nasce com o governo dentro de si, sabendo perfeitamente o que deve e o que não deve fazer. Nesse ponto somos perfeitas." "Se a menina passasse uns tempos aqui havia de gostar tanto que depois não mais se ajeitaria no reino dos homens".

Em 1958 terminei de escrever, a fim de ordenar meus conhecimentos da matéria e para expressar minha admiração da sua obra, uma pequena biografia de Monteiro Lobato. Pus-lhe o título *Monteiro Lobato das crianças*. Obra de adolescente. Acabei me resolvendo a procurar uma editora que o publicasse. A Editora Brasiliense, que editava os livros de Lobato, e a Editora Civilização Brasileira, que eu sabia ter alguma ligação histórica com Lobato, não se interessaram em editá-lo. Com paciência (indispensável ao autor no se relacionar com editor, nem todos tratáveis e leais), encontrei uma editora que estava sendo fundada por dois escritores, um deles meu conhecido no Calabouço (restaurante de estudantes localizado no Aterro do Flamengo), onde lhe fora apresentado por meu irmão Geraldo, seu colega de trabalho no IAPI, o poeta e contista paraibano Edson Guedes de Morais, e o outro, que eu conhecia muito de nome, o contista e romancista maranhense, ótimo caráter também, Rodrigues Marques, que se interessaram em editar meu pequeno livro. (Ambos se tornaram para sempre bons amigos meus. Edson, felizmente, ainda vive. Em Recife.) Seria e foi o primeiro lançamento da Editora Caminho. O livro ficou bem editado, com capa muito bem desenhada pelo próprio Edson Guedes. E foi lançado em uma tarde-noite de autógrafos no Museu e Escola Nacional de Belas Artes, na Galeria Macunaíma, na esquina da Rua México e Araújo Porto Alegre, no dia 26 de março de 1960. Eu não vi tudo o que se escreveu sobre meu livro (eu me pretendia ficcionista de valor, embora principiante, e passara a me envergonhar de ter produzido e publicado uma biografia, que entrei a considerar prejudicial à imagem de escritor que eu queria projetar de mim, e por isso não me interessei em acompanhar a "fortuna crítica" daquelas pobres primícias, e muito menos cuidei de o divulgar), mas Rodrigues Marques me afirmou que ele foi considerado por alguns críticos "o melhor lançamento do ano, no gênero" (suponho que o gênero biografia). Com o passar do tempo e tendo, assim me sentia, me afirmado suficientemente como ficcionista, resolvi reassumir e revalorizar o meu livro sobre Lobato, e diligenciei, já morando em Goiânia, reeditá-lo, devidamente reelaborado. Meu grande amigo Taylor Oriente, que me dissera ter fundado uma editora com o intuito precípuo de editar meus livros, realizou duas belíssimas edições dele: uma em 1969 e a outra, terceira, em 1975, ambas com ótimas ilustrações de Maurício Roriz.

Poucas semanas depois de editado aquele meu despretensioso trabalho (com o qual, no entanto, eu quisera me mostrar à altura não de Lobato, mas do lirismo de Antoine de Saint-Exupéry), fui procurado na redação do *Jornal do Brasil* por um rapaz, que se me apresentou como representante de um Instituto Israelita Brasileiro, com sede em Laranjeiras, no Rio. Ele me procurava a fim de me convidar a participar, na qualidade de jurado, de uma sessão de tribunal de júri simulado que devia julgar a obra de Monteiro Lobato para crianças. Os jurados, em número de sete — conforme a praxe e tradição —, após ouvirem a acusação e a defesa, profeririam, em voz alta, o veredicto para decidir se Lobato era comunista ou não, nocivo ou não aos seus leitores infantis. O texto era de autoria de Dinah Silveira de Queiroz — e por sinal eu o vira, algum tempo antes (se não me trai a memória) publicado em páginas centrais da revista *O Cruzeiro*, do Rio. Aceitei, muito satisfeito e valorizado, o convite. Realizou-se a sessão do júri na sede do Instituto Israelita, na Rua das Laranjeiras. Muito bem organizado e conduzido. Infelizmente, na minha aversão a aparecer, não mobilizei o jornal em que eu trabalhava para documentar o acontecimento. Se o Instituto Israelita o registrou em fotografias, não fiquei sabendo. O muito que fiz foi convidar um amigo, José Barbosa do Rosário, mineiro de Araguari, o qual compareceu e assistiu a tudo. Além de mim e de Dinah Silveira de Queiroz, recordo-me apenas de dois jurados: Viriato Corrêa, o grande, imortal Viriato Corrêa, e de uma professora de letras da Faculdade Nacional de Filosofia. Acho que os papéis de Acusador e de Advogado de Defesa foram desempenhados por representantes do Instituto Israelita. Ao proferir o meu voto, ousei (com vinte anos de idade eu era o caçula absoluto dos jurados) sustentar uma tese que até hoje me parece a mais certa e verdadeira: para se decidir se os livros de Monteiro Lobato são nocivos ou benéficos às crianças, o que deve ser verificado não é se são veiculadores de ideias comunistas ou não, mas, sim, se as suas ideias são verdadeiras ou errôneas, válidas ou inaceitáveis, positivas ou negativas. Por esse critério, eu julgava os livros de Monteiro Lobato benéficos aos seus leitores mirins. O resultado do júri foi Monteiro Lobato absolvido por sete votos a zero. (Lamento muito, hoje em dia, não ter aproveitado aquela ocasião, tão propícia, para fazer amizade com Viriato Corrêa, de quem conhecia — forte presença material e intelectual na minha casa no tempo de menino em Morrinhos —, pertencente provavelmente ao meu irmão Eurico, o livro *A bandeira das esmeraldas*, e com Dinah Silveira de Queiroz, de quem só vim a ter oportunidade de me aproximar vinte anos mais tarde, em Lisboa, ao lançar lá um romance meu editado em Goiânia). Dessa reunião memorável guardei uma relíquia, que conservo com carinho na minha discoteca: um disco com a gravação de uma sinfonia denominada *O judeu através dos tempos*, muito bela na sua soleníssima grandeza épica.

Em 1989, na Universidade de Brasília, escolhi para assunto da minha dissertação no curso de Mestrado em Literatura Brasileira (um meio e caminho que adotei para superar, ainda a tempo, as deficiências inerentes ao desenvolvimento autodidático) a literatura de Monteiro Lobato. Meu enfoque seriam os seus livros de ficção, antes e bem mais do que os que lhe documentam as numerosas atividades de publicista e, digamos, empresário. Minha orientadora — brilhante, competente, dedicada, atenciosa, amiga, bondosa — foi a professora e escritora, muito talentosa, Margarida Aguiar Patriota. Minha dissertação, um tanto liberta e escoimada das características inerentes às dissertações acadêmicas, foi publicada, onze anos depois (em 2002) depois de apresentada diante da banca de examinadores (Margarida Patriota, Domingos Carvalho da Silva, Cassiano Nunes) valente e competentemente, pela Editora Projecto, fundada em Brasília por um talentoso e valoroso poeta e intelectual paraense, Reivaldo Vinas, com o título *Um cenáculo na Paulicéia — Um estudo sobre Monteiro Lobato, Godofredo Rangel, José Antônio Nogueira, Ricardo Gonçalves, Raul de Freitas e Albino de Camargo*. (Essa edição feita por Reivaldo Vinas, devo assinalar, constituiu uma confortadora reparação moral e intelectual, ainda tempestiva e com os devidos juros, da tremenda injustiça que me atingira seis anos antes: na véspera de imprimir-se esse livro, uma editora pública de Goiânia cancelou a edição, inconformada, de forma provincianamente errônea, intelectualmente obtusa e moralmente injusta, com o fato de a Editora Brasiliense, de São Paulo, haver aceito editar uma espécie de síntese ou extrato resumido do texto, que afinal apareceu com o título *O ficcionista Monteiro Lobato*. Reivaldo Vinas, consciência arejada e saudável e corajoso com naturalidade, quando lhe mostrei o livro e contei-lhe do resumo editado pela Editora Brasiliense, me disse simplesmente: "Não tem problema. Eu edito o texto integral". E Reivaldo atualmente trabalha na reedição desse livro.)

Vamos ao mérito do caso *Caçadas de Pedrinho*, ora em exame no Ministério da Educação. Vou reproduzir mais extensamente o trecho do livro apontado como expressivo de racismo. Ei-lo:

"Só então a pobre negra se convenceu de que tinha errado. Correu qual uma desvairada às pernas de pau que Pedrinho lhe tinha feito. Nada achou. A Cléu se havia utilizado delas. Olhou aflita para a escada. Bobagens, escada! As onças também trepariam pelos degraus. Seus olhos esbugalhados procuravam inutilmente a salvação.

— Trepe no mastro! — gritou-lhe a Cléu.

Sim, era o único jeito — e tia Nastácia, esquecida dos seus numerosos reumatismos, trepou, que nem uma macaca de carvão, pelo mastro de S. Pedro acima, com tal agilidade que parecia nunca ter feito outra coisa na vida senão trepar em mastros".

Me parece obscura, nesse trecho, a locução "macaca de carvão". Suponho que Lobato quis dizer "macaca com cor de carvão", ou "macaca cor de carvão", para incluir, na comparação, a cor preta de Tia Nastácia. Que há de racismo em comparar-se, dada a aparência e a cor, alguém, de cor preta, a macaco? E há comparações não fundadas na cor, e sim, por exemplo, na agilidade dos macacos, que são mais ou menos triviais. Veja-se este importante, notável, significativo exemplo, que se encontra em Lobato mesmo, no livro *Reinações de Narizinho* (7ª edição, 1957): "Felizmente era tempo de jabuticabas. No sítio de Dona Benta havia vários pés, mas bastava um para que todos se regalassem até enjoar. Justamente naquela semana as jabuticabas tinham chegado 'no ponto' e a menina não fazia outra coisa senão chupar jabuticaba. Volta e meia trepava à árvore, que nem uma macaquinha". Que os patrulheiros da linguagem literária reparem nesse trecho: a branca (apenas moreninha) Narizinho comparada a uma macaquinha!

Já foi observado que todas as pessoas se parecem cada qual com uma espécie de bicho. Pescoço de cobra, nariz de águia, olhos de coruja, cabeça de jacaré, boca de jacaré, porte de urso, corpão de elefante ou de baleia, pisado ou andar de gato... Inúmeras as associações de seres humanos com bichos. Muitos apelidos, nem todos depreciativos, saem dessas associações. Do meu tempo de menino, em Morrinhos, posso recolher numerosos exemplos ilustrativos. Tinha um sujeito, que às vezes jogava futebol com nós (melhor que conosco), apelidado de Meleta: ele era mesmo ver um tamanduá meleta. O Jacaré, bem mais velho, um veloz ponta-direita, tinha mesmo cara de jacaré. Havia uma família de Coelhinhos; eu pensava que Coelho fosse o nome (sobrenome) daquela gente, embora se parecessem mesmo com coelho. Um dia vim a saber que o nome deles era outro: Coelho era apelido, sugerido pela semelhança. Um tal de Geraldinho tinha o apelido de Compadre Rato, e ele tinha mesmo cara e cacunda de rato. O Gatão jogava de goleiro e parecia um gato enorme. Por causa do cabelo, havia um menino apelidado Porco Espinho. Um outro, semelhante em vários aspectos, tinha o apelido de Luiz-Cacheiro (Ouriço-Cacheiro). Cara e tipo de macaco, de mico, de gorila, sabiá, buldogue, sapo, perereca — muitos existiam em Morrinhos no meu tempo de menino. O Mico, valoroso beque-central do JK Futebol Clube, tinha mesmo cara de mico. Um grande craque do futebol de Morrinhos, um negro que foi toda a vida meu amigo apesar de bem mais velho do que eu, era, dada a semelhança, conhecido por Tiziu. Uma mocinha do Colégio das Freiras, por ser pintadinha (sardenta), pegou o apelido de Angolinha. A filha de um antigo juiz da comarca era comparada a uma Siriema e assim chamada por causa da magreza e das pernas finas. Os apelidos expressavam antes carinho e intimidade do que desconsideração, ou desrespeito, ou zombaria.

Ao reagirem com ressentimento e rancor contra essas coisas, alguns negros manifestam, assim me parece, excessiva susceptibilidade — efeito, provavelmente, das opressões e humilhações secularmente sofridas durante a escravidão e mesmo depois da abolição da escravidão.

Em um romance que terminei de escrever há pouco tempo, aparece uma personagem, uma mulher negra que administra um apartamento onde se alugam quartos para rapazes, em Copacabana, no Rio de Janeiro, que o personagem narrador acha parecida com miquinha. Não existe movimento do "politicamente correto" que me tire o direito de dizer que o personagem narrador enxergava essa semelhança. A "turma" do "politicamente correto" não pode policiar os pensamentos dos personagens de um romance.

Lendo-se os livros de Lobato, verifica-se que a personagem Tia Nastácia é sempre e invariavelmente referida com respeito, carinho e elevada consideração humana pelo autor. Cozinheira insuperável. Mulher infinitamente bondosa para com todas as pessoas — para com todos os seres. Companheira e amiga fiel e leal de Dona Benta, que não poderia viver sem ela. Tia Nastácia, que nasceu ainda no tempo da escravidão dos negros no Brasil, é uma filha perfeita da cultura e das condições sócio-econômicas em que nasceu e vive: ignorante, analfabeta, sem instrução e sem educação, crédula, supersticiosa. Porém, dotada de uma poderosa sabedoria de mulher do povo: repositória e depositária de estórias, lendas, fábulas, que ela sabe contar de modo perfeito. As referências duras, ásperas e rudes e aparentemente desrespeitosas a ela se devem mais à personagem Emília — sempre irreverente em relação a todas as pessoas, até mesmo com Dona Benta, a matriarca e rainha daquele reino democrático, um oásis de liberdade, um território privilegiado e único de liberdade. De tão irreverente e desbocada que é, Emília, aliás, me parece uma personagem que o autor devia ter desenhado com espírito crítico, para que ela não servisse como exemplo de uma cerebrinidade nociva: Emília é a principal responsável pela ausência de bondade e ternura nas estórias de Lobato, embora seja também um exemplo admirável de coragem pessoal e de intransigente amor à justiça, traços que fazem dela um "alter ego" de Monteiro Lobato.

Monteiro Lobato, o homem e o escritor, não era racista. Não se encontra em seus escritos nem uma manifestação de preconceito racial. Ele foi um homem — eis o adjetivo qualificativo que mais o sensibilizou em vida e que lhe foi concedido pelo crítico literário e pensador católico Tristão de Ataíde (Alceu Amoroso Lima) — essencialmente libertário. Se não compreendermos, ou descompreendermos a sua aversão à arte moderna (especialmente a pintura) como preconceito, podemos afirmar que ele foi um homem e um escritor absolutamente livre de preconceito de qualquer natureza. Essa premissa nos permite compreender certas expressões verbais que se encontram nos seus escritos como expressões de uma linguagem entranhadamente emanada da cultura de sua época. Expressões que lhe escaparam, digamos assim, de modo contraditório ao seu modo e estilo de ser e de escrever. Monteiro Lobato era um homem e um escritor que questionava tudo, e sempre de modo original, próprio, independente, criador. Sendo assim um homem e escritor que não empregava uma palavra ou uma locução qualquer sem antes questioná-la bem, sem lhe verificar a exata significação e o possível completo alcance e repercussão, como explicar certos deslizes de linguagem, verdadeiras gafes e foras, que ele perpetrou como se fosse um escritor que escrevesse com o automatismo dos inconscientes ou dos distraídos ou dos que usam a imprecisa e às vezes inaceitável (por causa da rudeza e asperidade agressiva) linguagem do povo? Essas expressões verbais são, ao meu ver, um dos elementos que, fazendo datadas — e muito marcantemente datadas — as suas criações literárias, conspiram para torná-las em parte ou perecíveis ou necessitadas, para se conservarem legíveis e compreensíveis e acessíveis, de explicações que as situem devidamente no contexto histórico em que foram produzidas. Quanto a isso, não há como fugir aos fatos. Pois que os casos são frequentes, mais ou menos numerosos, vou citar apenas dois exemplos. Um, ocorrente em um conto para adultos, um conto que é, aliás, uma obra-prima, do livro *Negrinha*: "O jardineiro Timóteo". Está lá este trecho com desastrada expressão: "O casarão da fazenda era ao jeito das velhas moradias coloniais: — frente com varanda, uma ala e pátio interno. Neste ficava o jardim, também à moda antiga, cheio de plantas antigas cujas flores punham no ar um saudoso perfume d'antanho. Quarenta anos havia que lhe zelava dos canteiros o bom Timóteo, um preto branco por dentro". Outro, que é bastante frequente em quase todas as estórias, em Reinações de Narizinho: "Dona Carochinha botou-lhe a língua — uma língua muito magra e seca — e retirou-se furiosa da vida, a resmungar que nem uma negra beiçuda".

Estes são casos típicos de contraditórios descuidos de Lobato no ato de escrever. Escritor sumamente preocupado, repito, com a significação e exata propriedade das palavras, como pôde empregar este infeliz lugar-comum usado pelo povo — "um preto branco por dentro"? Com o cuidado devido, teria escrito: "um preto, como diz o povo, branco por dentro". Assim ele teria inserido a expressão imprópria e preconceituosa no contexto e responsabilidade da cultura popular.

Há já bastante tempo eu tenho constatado e dito que a obra literária de Monteiro Lobato vem enfrentando, com várias dificuldades, desde antes da morte física dele, o teste do tempo que tudo envelhece e corrói e supera, a prova da difícil durabilidade, o desafio da sobrevivência, a barreira da aceitação pelas gerações de leitores que se sucedem. Não há, repito, brigar com os fatos: e o fato é que os livros de Monteiro Lobato para crianças são cada vez menos lidos. Anos atrás (acho que em 1996), a Editora Brasiliense fez uma nova edição do primeiro livro da saga lobatiana, *Reinações de Narizinho*, com notas explicativas de passagens e locuções consideradas incompreensíveis por leitores de agora. Os herdeiros de Lobato não aceitaram esse tipo de edição, parece que por considerarem que as notas alteravam o texto original. Originou-se então um conflito, que até então as pessoas situadas fora da relação da Brasiliense com a família de Lobato julgavam impossível ou muito difícil de ocorrer, e que, convertido em conflito judiciário, determinou uma ruptura definitiva entre as partes.

O que eu sinceramente penso sobre este dificílimo problema é que alguns livros de Lobato para crianças (*Viagem ao céu*, *O saci*, *A chave do tamanho*, com certeza) poderão sobreviver à corrosiva ação do tempo, mas outros, talvez a maioria, infelizmente não. Isso porque existem neles problemas que, pertencendo aos textos, só podem ser explicados e resolvidos mediante prólogos largamente explicativos e por notas igualmente explicativas. Há casos em que o problema é de estrutura e da essência da narração, e então se apresentam inquestionavelmente insolúveis. Casos de erros de narrativa. Ontem mesmo (domingo, 21 de novembro de 2010), relendo *Reinações de Narizinho*, verifiquei este problema: o personagem Rabicó aparece na parte inicial da narrativa antes de ter sido introduzido nela, o que acontece logo adiante; e a personagem Narizinho, que na parte em que Rabicó é introduzido na narrativa se mostra bastante zelosa da vida dele (trata-se de um leitão permanentemente ameaçado de ser morto pela cozinheira Nastácia), na parte antecedente demonstra completo e desapontador desapego a ele e até comete a maldade de pedir ao personagem Tom Mix que o mate a faca para ela comer torresmo dele no dia seguinte. Essa contradição da narrativa é insolúvel. Não há como concertá-la.

Mas as dificuldades para o julgamento da obra de Monteiro Lobato para crianças são muitas, complexas, difíceis. Não posso analisá-las neste espaço. Dado que já o fiz bastantemente no meu livro *Um Cenáculo na Paulicéia*, remeto os leitores a esse livro. Que o façam com espírito honesto e reto — o espírito honesto e reto com que escrevi esse livro.

Monteiro Lobato hoje

Cassiano Nunes

A leitura de boa parte da obra de Monteiro Lobato, que acabo de fazer, naturalmente me induz a estabelecer uma distinção entre os nossos escritores, que tem muito em comum com a que Philip Rahv, nos Estados Unidos, elaborou no seu famoso ensaio "Rosto Pálido e Pele Vermelha". Rahv concentrou sua atenção no evidente antagonismo entre Henry James e Walt Whitman, ou seja, o artista aristocrata e o poeta plebeu. Refinamento e complexidade contra naturalidade e singeleza. O polimento da cultura oposta à imediatez rústica, sem normas exigentes. Escritor ainda mais pele-vermelha que Whitman foi, na literatura norte-americana, Mark Twain. Semelhante divisão, pondo-se de lado a circunstancialidade singular das letras norte-americanas, pode ser estabelecida na literatura do Brasil, e para ela proponho as denominações de *estetas* e *espontâneos*, mais correspondentes ao exemplo nacional. Os primeiros se caracterizando pelo respeito a uma escala de valores artísticos e intelectuais, provenientes do árduo exercício da autoeducação, defensores de elevados padrões estéticos e capazes, até um certo ponto, do pensamento abstrato. Os segundos, naturais, primitivos, improvisadores, apegados ao real, mais férteis que exigentes na sua produtividade, incapazes ou desdenhosos das elaborações artísticas refletidas e das congeminações estéticas. No Brasil, a meu ver, os autores que melhor encarnam esse cotejo de antípodas são Machado de Assis e Monteiro Lobato. Talvez o acervo de leituras de Lobato e suas preocupações literárias da época da mocidade, revelações surpreendentes de *A Barca de Gleyre*, pareçam desmentir nossa sugestão no tocante a esse autor, mas a verdade é que, através da passagem dos anos, o escritor paulista cada vez menos foi se tornando literário e, cada vez mais, aficionado da oralidade e da improvisação. Em dois estudos anteriores sobre o escritor de *Urupês*, *Mark Twain e Monteiro Lobato*: um *Estudo Comparativo* e *Monteiro Lobato*: *uma Teoria do Estilo*, creio que deixei bem evidenciado os traços principais do caráter literário do escritor taubateano e também das ideias determinantes de sua obra. A releitura, que acabo de fazer, a que acima me referi e que corresponde a um retorno ao universo lobatiano (Lobato revisted), consolidaram os pontos de vista expostos, e tal confirmação se deu com toda a naturalidade, sem qualquer esforço da minha pessoa. É realmente incrível a semelhança do espírito de Lobato com Mark Twain. Suas ideias e suas obras apresentaram afinidades surpreendentes. E Machado de Assis contém finuras e escrúpulos que lembram Henry James ou um Hawthorne. Certos movimentos literários entre nós foram integralmente de estetas, como o parnasianismo, outros predominantemente de espontâneos, como o da *literatura do Norte*, bem representada por Lins de Rêgo e Jorge Amado. Dentro do próprio romantismo, os indianistas foram meticulosamente estetas (não esqueçamos que Machado de Assis foi poeta indianista), enquanto os poetas de índole mais popular — letristas à espera do violão gemente —, como Casimiro de Abreu, se inclinaram mais para a facção dos espontâneos. No modernismo, Mario de Andrade, de quem lembro bem a conferência "O Artista e o Artesão" e muitas digressões rigorosas de crítico, foi indubitavelmente um esteta, ao passo que, na mesma posição vanguardista, Ascenso Ferreira e até mesmo Raul Bopp, se impõem como encarnações da espontaneidade. Certamente será difícil apresentar exemplificações puras, extremes, dessas duas posições adversas, mas uma das linhas sempre com clareza, prevalece no trabalho dos escritores.

Há em Lobato, curiosamente, uma evolução que se realiza, de modo inverso à norma. Geralmente os jovens partem de suas experiências vitais, de arrogante ativismo, para a meditação crepuscular dos gabinetes e bibliotecas. Ao contrário, Lobato à medida que foi vivendo, paulatinamente foi trocando o convívio dos livros pela ação e linguagem dos autores consagrados pela própria linguagem, isto é, a linguagem caseira, do quotidiano. Esta se tornou o instrumento de sua inventiva, caracterizada por um dinamismo muito acima da média. De modo que curiosamente foi Lobato que veio realizar na prosa, com simplicidade e sem premeditação, na sua maturidade, o que me parece ter sido ideal idiomático do modernismo da primeira hora — *a língua certa do povo/ a língua errada do povo. Porque ele é que fala gostoso o português do Brasil* —, enquanto certos modernistas foram mais e mais se devotando a uma prosa complexa, de laboratório. *Macunaíma*, de Mário de Andrade, anuncia claramente Guimarães Rosa. E provavelmente, na obscuridade, Joyce apontava para ambos o caminho da alvorada... Não é destituído de toda a razão que Sérgio Milliet acusa a prosa de Lobato de *sem mistério*. Aliás, certeiros ou galhos, possuem os comentários de Sérgio Milliet sobre Lobato o maior interesse. Creio que nenhum outro crítico brasileiro se ocupou tanto com o criador de Narizinho. Ao comentar o lançamento de *A Barca de Gleyre*, o crítico faz a apologia do seguinte trecho de Lobato, conceituando o estilo:

"Estilo é a última coisa que nasce num literato — é o dente do siso. Quando já está quarentão e já cristalizou uma filosofia própria, quando possui uma luneta só dele e para ele fabricada sob medida, quando não é susceptível de influenciação por mais ninguém, quando alcança a perfeita maturidade da inteligência, então, sim, aparece o estilo. Como a cor, o sabor e o perfume de uma fruta, só aparecem na plena maturação."

Como veem a infalível concepção orgânica, naturalista, por mim, fartamente comprovada no ensaio sobre a teoria do estilo de Lobato. Sérgio Milliet concorda com a explicação, contudo admoesta: *Mas a bela advertência não parece ter sido aproveitada integralmente pelo próprio Lobato, pois embora tenha trazido para a literatura temas inéditos, pequena foi sua contribuição estilística*. Discordo do crítico sensível. O que justamente Lobato cria e apresenta ao público ledor brasileiro é um estilo singelo e contudo extremamente pessoal — uma espécie de ovo de Colombo do estilo — e o seu triunfo editorial extraordinário como que comprova o valor da sua *trouvaille* inegável. O que Milliet teria razão em lamentar seria o afastamento voluntário de Lobato do núcleo essencial da arte literária, da área de ficção, do que, num sentido lato, podemos chamar de universo poético. (É verdade que, na literatura infantil, encontrou o ersatz para essa deserção). Estranhamente, e de certo modo lamentavelmente, Lobato que obtém sucesso extraordinário como contista, com relativa facilidade, na época mesma em que os clarins do modernismo convocam os escritores para as tarefas literárias inovadoras, se retrai, se retira do mundo literário, que acusa de irreal, indigno de um cidadão sensato. O reconhecimento do atraso brasileiro mais seu utilitarismo se conjugam, e por certo explicam a sua quase escandalosa evasão. Em suma, a arte literária imaginativa deixou de merecer os seus cuidados e, bem adestrado, Lobato vai usar seu talento de escritor noutra área da comunicação, de informação, de ensinamento, de persuasão, de proselitismo e até de mera propaganda. A sua literatura infantil, então, se intensifica, e nela mesma expande o seu didatismo. Para a ficção brasileira, esse desvio representou uma perda, mas para a cultura do país, cultura no seu sentido sociológico, o proveito foi enorme. Segundo Gilberto Freyre, o próprio Rui Barbosa veio a conhecer a realidade do Brasil através da lição de Lobato. O ato de renúncia, que Mario de Andrade se atribuía — a troca de estético pelo social — foi de maneira mais cabal realizado pelo prosaico Lobato.

Lobato se atola no praticismo de negócios e campanhas, diz adeus à problemática literária que lhe inspira tantas cartas excelentes, e se torna pragmático, quase filistino. Inovador, utopista mesmo, no plano econômico, o novo Lobato vai-se tornando convencional, descuidoso, no tocante à Arte. Como que procurando justificar seu ativismo burguês, satiriza o beletrismo, torna-se cada vez mais impermeável aos novos estilos, esquecido de alguns momentos de luminosa compreensão na juventude. Apaga-se na vida literária, o que fora o criador e agitador de umas das décadas mais fecundas, da nossa história cultural, especialmente no campo literário. Nessa autoconvencionalização, percebo sinais de uma agressividade dirigida contra si mesmo, masoquismo. Mas o seu estilo não se convencionalizou, embora não fosse mais um estilo para a arte literária, mas, sim, para a comunicação. O estilo de Lobato não deriva, como os de Mário de Andrade e Rosa, premeditadamente, de uma remanipulação da língua. Lobato segue direção inversa: a da simplicidade mais direta, o da expressão mais espontânea. Mas não cai na banalidade, redimido que foi pelas qualidades do seu espírito criativo, inquieto. O que lera e assimilara refletidamente, em numerosos anos de isolamento, o consolidara e fortalecera: tornara-o aquele escritor individual, merecedor dos seus próprios ditirambos ao personalismo. Enfim, era um escritor topetudamente ele mesmo. E conseguia vitorioso, empregar, flexível e expansivo, a linguagem do povo, atingindo, certeiro, a mentalidade deste. Esse sucesso popular, que ele algumas vezes reconhece, se explica pelas mesmas razões do êxito de sua literatura infantil. Como escritor, Lobato não se infantilizava ao se dirigir às crianças como tantos literatos que julgam as crianças *pequenos idiotas*. Lobato não *desce* quando escreve histórias infantis. Os seus recursos continuam praticamente os mesmo empregados na literatura para adultos. Há, apenas, uma mudança de clave.

A concepção de estilo de Lobato, que provém do romantismo e de Goethe, estabelece uma analogia entre a organicidade dos elementos da natureza e os da criação literária. Daí frequentemente ao falar sobre os estilos, Lobato, que se expressa de maneira visual, pictórica, e que usa para dar vazão a um didaticismo congênito, empregar imagens referentes à *genética, fisiologia, patologia e biotipologia*. Imagens de gestação ou parto, alusões ao ato de urinar, ao aparecimento de tumor ou a tal forma do nariz, constituem o material favorito para comparações e símiles, quando decide definir a caracterização de um estilo. Muito interessado, fui encontrar metáfora diurética em Camilo, o que me leva a pensar que essa teorização romântica, pode ser principalmente de influência camiliana. A criação literária como elaboração meditada, com propósitos estéticos peregrinos não mereciam a simpatia de Lobato. Sua constante critica a Flaubert é sintomática de sua posição imediatista. Seus argumentos avizinha-se dos da carinhosa correspondente do autor de *A educação sentimental*, George Sand. Teria conhecido Lobato a correspondência tão rica de inteligência e sensibilidade, entre Sand e Flaubert? Nela se chocam as duas posições adversas, mas há um verdadeiro e mesmo fulgor nas duas defesas. Sobre Flaubert, paradigmaticamente assim se expressou o autor de *Cidades mortas*: "Flaubert me dá ideia dum pedreiro que faz livros. Em vez de expluí-los, exsudá-los, defecá-los". Retorna a rude metáfora fisiológica. De fato, o autor paulista quer que o ato literário primordialmente tenha o automatismo de uma função metabólica. É o ideal romântico de um escritor que se considerava um ávido burguês, um feroz materialista... Mas sem dúvida, o pragmático, o didata natural e ensaísta, o utilitarista, o divulgador, o contador de histórias para crianças (sempre procurando ser, em sua obra para os petizes, tão útil quanto agradável), agarra essa maneira de escrever pelo pescoço, subjuga-a, e obriga-a a servi-lo, em prol dos seus interesses particulares — melhor diria, de sua vocação, de seu instinto criador —, e principalmente em favor de sua missão de patriota, de seu apostolado prático, de homem rude que não se sentimentalizava, que não mitificava, mas que levou avante, até a sacrifícios extremos, a sua ânsia de enriquecer o Brasil, isto é, de, na nossa terra, vencer a miséria, a estupidez e a morte. Quixotesco, com amargor contemplou o desdém, a crítica ferina e as derrotas, que arrebentam a alma. Mas, como escritor, como comunicador, imprimiu na consciência do seu povo a ideia da luta pelas grandes causas, das quais dependia, e ainda depende, o destino mesmo da nacionalidade.

Duas características muito simples, e por isto mesmo muito eficazes que podemos observar com facilidade, distinguem a obra literária integral de Monteiro Lobato, revelam-se fundamentais na elaboração da mesma, e explicam, de imediato, o seu sucesso popular enorme, e, de certo modo, incomparável no Brasil. A primeira consiste no profundo respeito pela individualidade, no reconhecimento enfático mesmo da sua soberania, concomitante com o repúdio do imitativismo, da aceitação passiva das modas, da admiração babosa, desprovida de qualquer senso crítico, que é representativa da atual sociedade de consumo. (Felizmente, Lobato só testemunhou os primórdios desta era dominada pelo totalitarismo publicitário, que nos ameaça de engendrar outros tipos de totalitarismo). A segunda consta de um vínculo estreito, indissolúvel com a vida, em todos os seus aspectos, em todas as suas manifestações. Enfim, manifestações ampla, aberta, ensolarada, de confiança, curiosidade e amor. Lobato foi, pois, um individualista obstinado, rebelde às convenções, ao formalismo, à mascarada social, defensor da sua independência, da sua solidão, até aos pontos extremos da grosseria ou de agressividade. E, no entanto, poucos brasileiros sentiram como ele, devido ao seu apego à realidade, a responsabilidade social. Responsabilidade social que não foi apenas existente no silêncio, mas expressa com coração e até vivida com sacrifícios, dramaticamente. Mas não mitificou seu patriotismo veraz, provado, ao contrário de tantos que fazem do nacionalismo ufanista, base de conforto e privilégios. Formado na refrega do civilismo, leitor apaixonado de Rui na juventude (admirou Rui pela vida toda), Lobato foi o que se pode dizer, sem nenhuma retórica, com absoluta objetividade, um herói civil. Salientou-se como umas das ultimas encarnações do cidadão independente sem compromisso nem temores, e realmente desapareceu no átrio de uma época em que se identificaram massificação, criminalidade subversiva e prepotência, não sem antes ter conhecido um cárcere ditatorial. Morreu decepcionado mas creio que não desesperançado com respeito ao futuro do Brasil. Não foi, entretanto, um caso único de intelectual lutador, na história de nossa República. Tem muito em comum com o grande escritor e infortunado, que foi Lima Barreto. Lobato, aliás, não fortuitamente, foi admirador e até editor do autor de *Triste fim de Policarpo Quaresma*. São ambos as duas grandes figuras da nossa ficção pré-modernista, setor literário que nossos modernistas — excetuando Oswald — com bastante autossuficiência e injustiça, ignoraram.

Nas admiráveis cartas a Godofredo Rangel, que constituem *A Barca de Gleyre*, um volume único nas nossas letras que seria motivo de orgulho pra qualquer literatura, Lobato moço concita seu companheiro de Minas a escapar à influência dominadora dos consagrados. "Seja você mesmo, ele adverte, porque ou somos nós mesmos ou não coisa nenhuma. Ser exceção e defendê-la contra todos os assaltos da uniformização: isto me parece a grande coisa."

Em certo momento, essa exaltação do eu chega a parecer um voluptuoso egocentrismo: "O maior prazer do nosso egoísmo é gozar a sensação de nossa personalidade — pelos ouvidos, ouvindo-nos — pelos olhos, vendo-nos — pela inteligência, introspeccionando-nos. O resto do mundo só nos importa pelos acréscimos, ou o emprosperamento que traz para o nosso eu. Porque afinal de contas, somos cada um de nós o centro do Universo."

Alguns anos depois, afirmava a sua indiferença pela opinião alheia e a sua admiração pelos que não se incomodam com o julgamento do próximo. Lobato elogia, então, os que "desprezam a plateia; são os que são para si sós, sem público, e vivem suas vidas individualmente por força de incoercível individualismo e nada mais. Quantos fazendeiros não há por ai tremendamente eles mesmos, superiormente eles próprios perante a sua consciência, os seus colonos, os seus porcos de ceva? Estes homens dispensam plateia. São indiferentes ao barulho chamado palmas e ao barulho assobios."

Em suma, Lobato ficou sempre fiel ao individualismo que, na juventude, lhe foi inspirado por Nietzsche, e segue-te! Transpondo para o campo da Arte essa defesa do individual, Lobato prega uma autoeducação estética, que conduza a uma pura, imediata, reflexão do Narciso escritor nas águas límpidas da criação artística. Eis como postula, aos seus companheiros, o moço taubateano a sua estética de projeção personalista:

"Estamos moços e dentro da barca. Vamos partir. Que é nossa lira? Um instrumento que temos de apurar, de modo que fique mais sensível que o galvanômetro, mais penetrante que o microscópio: a lira eólia do nosso sentido estético. Saber sentir, saber ver, saber dizer. E tem você de rangelizar a tua lira, e o Edgar tem que edgardizar a dele, e eu de lobatizar a minha. Inconfundibilizá-las. Nada de imitar seja lá quem for, Eça ou Ésquilo. Ser um Eça II ou um Ésquilo III, um sub-Ésquilo, sujeiras! Temos de ser nós mesmos, apurar os nossos Eus, formar o Rangel, o Edgar, o Lobato. Ser núcleo de com de cometa, não cauda. Puxar fila, não seguir."

Segundo o ideal de Lobato, para a expressão de sua individualidade, o artista devia naturalmente achar uma linguagem tão diáfana que permitisse, sem nada de permeio, o aparecimento da sua personalidade em sua unicidade, caracterização e idiossincrasias. Estudos de estilística que se faziam ainda não há muito antes da invasão da torrente estruturalista, colocavam justamente a sua maior atenção no registro de tais traços específicos, Bergson parecia não querer outra coisa quando escreveu que *a arte do escritor consiste em fazer-nos esquecer que emprega palavras*. E esclarecer ainda o seu pensamento com estas observações: a Harmonia que busca (o escritor) é uma certa correspondência tão perfeita que, levadas pela elaboração de frases, as ondulações do seu pensamento se comunicam ao nosso e, então, cada uma das palavras, tomada individualmente, não se conta. Nada mais há que o sentido móvel, a corrente dinâmica que atravessa as palavras, nada mais que dois espíritos que parecem vibrar diretamente sem intermediários, em uníssono. Lobato reiterou frequentemente a organicidade da sua criação literária. Frases como estas pontilham frequentemente a sua existência inteira:

"Sempre escrevi por exigência orgânica, quando qualquer coisa em meu organismo exigia a impunha a fixação do pensamento em palavras, para alívio interno. Nunca escrevi por sugestão externa."

Daí o seu método de criação, desprovido de qualquer rigidez: Não horas prediletas — minhas horas são as que coincidem com a disposição. A sua lição se centraliza nesta confissão de *A Barca de Gleyre*:

"E por falar em estilo: quando deixamos a ideia correr o fio da pena sem nenhuma pré-concepção quanto à maneira ou regra, e, pois, não procuramos fazer o estilo, é justamente quando temos estilo. Receita: quem quiser estilo, jamais o procure."

É claro que o escritor se forma antes de se dedicar à profissão; como nos outros ramos de trabalho. E forma-se assimilando valores. Através dessa assimilação das contribuições alheias, consolida-se, ganha forças, e faz a si mesmo, próprio individual, único. Este trecho da carta de Lobato a Rangel explicita bem o processo da formação do escritor:

"O que me increpas no estilo, é certo. Reconhecendo-o e é deliberadamente que sorvo as brutezas de Camilo. Esse galego soa a carne crua numa terra, a que avaliar pelo amarelão do estilo comum, os escritores só se alimentam de marmelada branca. Em todas as literaturas, eu procuro sempre o carnívoro os Kiplings, os Menckens, os Gorkis — e ponho os alfenins de banda: Pierre Loti, Catulle Mendés e mais mimos de Vênus. Meu regime dietético é dos cloróticos: Ferro Bravais, bifes vermelhos, coisas bem azotadas."

Evidentemente, acreditava na individualidade irredutível do estilo de cada escritor autêntico. Esse individualismo não o compreendia Lobato como conduzindo ao Hermetismo, a um personalismo misterioso, exigindo *chaves*, análises complexas, curso decodificadores em Oxford ou Cambridge. Há uma ingenuidade ou melhor uma genuidade em Lobato, que faz o crente da missão comunicadora da literatura; vê mesmo nela uma função primordial. E daí então essa declaração sincera:

"Compreendo o estilo em literatura como fiel mensageiro encarregado de transmitir ao leitor as ideias do autor. Servo, escravo, próprio que deve ter as qualidades dos bons serviçais: brevidade, simplicidade, humildade, fidelidade, passividade. Há-os, porém, petulantes pernósticos, servos mal-educados que não dão o seu recado sem que preambulem por conta e fiquem a maçar o leitor com exibições alheias ao caso."

Considerando bem esse trecho, encontramos, julgo, a explicação por que Lobato estava fadado — o trecho é do *Mundo da lua*, obra da mocidade — a renunciar à literatura por amor à comunicação. Ou melhor, Lobato levaria a literatura para a comunicação, fazendo obra pessoal e estética, sim, mas relacionada, de modo direto, com intensa e apaixonada missão social. A opção por uma língua viva, sanguínea, ginasticamente flexível, era determinante. A língua popular, numa estilização individual, seria a sua eleita. No mesmo *Mundo da lua*, Lobato anota:

"Como é viva a língua do povo! E como é fria e morta a língua erudita, embalsamada pelos grandes escritores! Inda ontem o verifiquei ao trocar meia dúzia de frases com a carapina que está aqui reconstruindo o telheiro."

Lobato, com propósito muito clarividente e moderno — não esqueçamos que vigorava a República Velha e sua concepção literária obsoleta de prosa parnasiana à Coelho Neto, estilo oratório à Rui (o lado mau de Rui) e gramatiquices à Candido de Figueiredo —, impunha-se como grande comunicador, isto é, defensor de causas da maior importância para a sobrevivência da nacionalidade, e porta-voz da *maioria silenciosa*, ou seja, da maioria sem voz, pois os Jecas Tatus não apenas silenciavam, na verdade não cogitavam de qualquer reivindicação ou mesmo apelo. Aceitavam a miséria conformadamente como os fenômenos naturais. Consistia a população cabocla em humanidade rebaixada, aviltada pela pobreza e pela enfermidade. E, claro, que todos esses predicados e intuições, de autor que refletia sobre o estilo em literatura, preparavam o escritor para sua maneira de escrever que fizeram dele o escritor afortunado, que, sem dúvida alguma, foi. Algumas de suas qualidades, semelhantes às de Mark Twain e outros autores, que se imortalizam com obras que atraíram tanto adultos como crianças, determinariam naturalmente a realização e o sucesso da saga de Narizinho Arrebitado, do universo mágico do Sítio do Picapau Amarelo. Porque, num sentido lato, não há escritores exclusivos para a infância. Há apenas escritores que possuem qualidades que as crianças aprovam e apreciam.

O traço fundamental do escritor Lobato, a meu ver, é a fantasia, a capacidade inventiva, que, por sua vez, é dinâmica, terrena e visual. O dinamismo da imaginação de Lobato a todo instante, mesmo nos artigos em que propugna medidas econômicas ou alterações de ordem política, como qualquer editorialista normal, nos sugere fortemente o desenho animado. Não foi sem razão que o criador de Narizinho exaltou Walt Disney. Que este não tenha chegado a descobrir Lobato é fato lamentável e devido talvez apenas à inexistência, na época, de um política cultural *agressiva* do Brasil. A imaginação lobatiana nada tinha de nefelibata. De irrealista ou de artificial. Partia da terra firme, de uma memória enraizada no ecológico, de uma vivência cálida, arraigada no chão regional do Vale do Paraíba. O sentido visual — que ele mesmo reconheceu — dá concretude, forma e cor a tudo o que explica, substancializa mesmo o abstrato. Como escritor, Lobato foi sempre um didata, que parecia ter prenunciado, como tantas outras coisas, o sistema de ensino audiovisual. Aliás, já tive a oportunidade, há anos de salientara visualidade possível da literatura escrita, na sua especificidade, fato não reconhecido por certo defensores fanáticos da transferência da literatura para o campo plástico. Como essa imaginação especial efetivou estilisticamente a sua expressão em trabalhos literários que não tinha nada a ver com a ficção, artigos, relatos, conferências, é o que agora procuraremos indicar.

Para Lobato, as palavras estão ligadas às coisas, como num livro de figuras, num álbum de estampas, e, portanto, despertam uma visualização repentina, que se resolve espontaneamente em ação, em dramatização. Acompanhemos o processo sequentemente. O relato de simples manuseio de dicionário nos oferece, de modo didático, a relação visual de Lobato com as palavras. Leiamos o trecho de uma carta que enviou a Rangel em 1909:

"Mandei vir o dicionário de Aulete, que é ainda melhor e estou a lê-lo. Aventura esplendida, Rangel! Os vocábulos são velhos amigos nossos que pelo fato de diariamente nos acotovelarem nos bruaá da Língua não nos merecem atenção curiosa e indagadora que damos às palavras estrangeiras. Pelo fato de frequentar uma parente, você chega a ponto de não poder descrever-lhe a cara — e no entanto é capaz de até desenhar de memória a cara dum estranho que viu ontem. Daí o valor da leitura do dicionário encontramos individualizado como soldados em quartel, cada um com o seu número, o seu posto, perfilado e obedientes, quando os defrontamos. No dicionário encontramos um *cavalo*. Na rua, vemos passar cavalos. Quem é você? e ele é muito sério: substantivo masculino. Quadrúpede doméstico, solípede, ramo ou tronco que enxerta, banco de tanoeiro etc., etc. A gente regala-se com o mundo de coisa que o cavalo é e, muitas vezes, também nos regalamos com as cavalidades do dicionarista."

Os fatos naturais, visíveis ou invisíveis, são por ele explicados analogicamente por uma exemplificação animada, por uma parábola ou anedota, por ele mesmo inventadas na hora, que nos fazem não só entender, de modo cabal, o processo antes para nós obscuro, mas igualmente gravá-lo na memória para sempre. Já salientei, certa vez, a força imaginativa, a vividez miraculosa, com que, de maneira espontânea, resolveu numa carta a Rangel explicar a origem da febre, comparando os fagócitos a bombeiros... Walt Disney, de quem vi desenhos animados didáticos, feitos na época da *Good Neighbourhood Policy*, não daria cinematograficamente uma explicação mais movimentada, fantasiosa e divertida.

É fato patente que a rica imaginativa de Monteiro Lobato nunca se retrai, nunca desaparece na sua produção de escritor, mesmo quando, como jornalista, trata dos assuntos mais prosaicos, e o mesmo também ocorre com o seu humor saboroso, suculento. Fantasia e comicidade se amalgamam naturalmente na sua obra, formando uma unidade harmoniosa sui generis. O cômico, tingido às vezes de amarugem, é um dos traços mais distintivos do autor de "O Fígado Indiscreto" e tantos outros contos humorísticos que, como bem notou Isaac Goldeberg, contém um sabor próprio, um travo agridoce, sugerindo Mark Twain ou Tchekov. Essa qualidade de Lobato, a graça, que tem passado despercebida a grande parte dos intelectuais brasileiros, não foi, ao que parece, reconhecida logo pelo próprio Lobato, que pretendia mesmo salientar, no seu livro de estreia, o lado trágico... Tão pouco os moços se conhecem! Foi Lobato, ouso afirmá-lo, o maior humorista brasileiro, e cada vez mais os nossos círculos intelectuais irão descobrindo a veracidade desta afirmação. Até nas próprias cartas escritas no presídio, Lobato evidenciou o seu talento de humorista. Bons tempos aqueles em que, no Brasil, um homem preso ainda podia dar vazão ao seu senso de humor! Porém quando denunciou, numa carta ao governador de São Paulo, as torturas sofridas por companheiros de cárceres, que tinha a pouca sorte de não serem celebridades como o autor de *Urupês*, Lobato não fez graça, porque a maldade e a covardia não têm graça nenhuma. O humor de Lobato frequentemente se exercitou na sátira, na caricatura, na zombaria, na gozação ou espinafração, de que é excelente exemplo a carta simples e gostosa que escreveu para três meninas que lhe pediram um óbulo para a instalação de um gabinete dentário aí.

"Que vergonha! Uma escola da Prefeitura do Distrito Federal em que as crianças precisam andar pedindo esmolas para cuidar dos dentes! Vergonha das vergonhas— mas eu não me admiro porque uma prefeitura que chegou ao ponto de mandar retirar das bibliotecas das suas escolas os meus livros infantis e queimou-os, é naturalíssimo que não pense nos dentes das crianças. É uma prefeitura amiga da Cárie. Asinus asinum fricat, diz o latim. Qui ressemble, s'assemble, diz o francês. Para tal Prefeitura só mesmo a cárie dentária.

Querem vocês que eu contribua... Pois não. Vou mandar uma caixa de fósforos para vocês porem fogo nessa escola da Prefeitura — venham todos brincar de Sítio do Picapau Amarelo. O quindim virou dentista, e bom dentista. Ele trata dos dentes de vocês todas de graça..."

Era assim Lobato: inventivo, jovial, irreverente. Grande humorista na verdade, e como os que hoje, com melhores meios de divulgação, atuam no Brasil — lembrou Millôr Fernandes, o popular Vão Gogo, Jaguar e Ziraldo —, não lhe faltou consciência social. Sua graça tem um ressaibo, uma cica, uns laivos de azedo, que aumentam ainda mais a sedução do que escreve. Assim a maneira humorística, aparentemente depreciativa, com que descreve o amavio da Pátria, comparando-a a uma goiaba podre, em cujo caldo se satisfazem os próprios vermes da fruta:

"Comparo os homens a bichos de goiaba; a pátria é a goiaba, e quanto mais podre melhor. Quem sai de sua terra é bicho que sai da goiaba; pode ir para um lugar lindo, mas passado certo tempo começa a debater-se de saudade daquele caldo de goiaba cor-de-rosa em que nasceu, em que se desenvolveu, e biologicamente, é o seu habitat ou borralho."

Trata-se de um humorismo realista, até doloroso, contem um *pathos* que lembra os grandes clássicos espanhóis.

Lobato ria do formalismo pedante, zombava do ufanismo irrealista, dava piparotes na impostura. Acabou com o correr dos anos, compreendendo que não tinha temperamento acadêmico. Previu mesmo, muitos anos antes que isto acontecesse, que, na Academia Brasileira de Letras, acabariam por entrar os presidentes da República... Enquanto fora os Lobatos, os Lima Barreto, os Martins Fontes, os Jorge de Lima constituiriam a turma do *sereno*. Sem deixar de ter uma boa parte de razão, certa vez declarou que todas as condecorações não passam de lata. Seguindo com rigor uma tradição clássica, fez a crítica dos costumes do seu tempo. Mas, e até certo ponto talvez seja uma pena, diferentemente de Vão Gogo e seus colegas por mim citados, Lobato, que sonhou ser um bom pintor, e pintou como amador, não desenhou, não insistiu na feitura de *charges*, à maneira do seu amigo Belmonte, o criador de Juca Pato, a contraparte urbana de Jeca Tatu. Contudo, toda a sua obra é desenho, desenho com movimento, com voz, desenho mágico... desenho animado.

Fantasia, o filme de Walt Disney que uniu desenho animado e grande música, entusiasmou Lobato, deixou-o, como ele próprio disse, *estarrecido*. Disney, afirmou o escritor paulista, criou grande coisa nova, a conjugação da fotografia com imaginação. E acrescentou:

"O desenho genial de Disney permite que todas as criações da imaginação possam ser fotografadas e projetadas com riqueza dos sonhos. Uma arte, pois, absolutamente nova e jamais prevista."

O escritor Lobato lamentou, então, a estreiteza específica da arte literária ante as possibilidades criativas do cinema do Disney:

"*Inania verba*... Que impotência a nossa ao tentar dizer de Disney, com esta coisa frosseira e elementar que é a palavra escrita!"

Mas é assim tão restrita a Literatura, área a que se devotou Lobato por toda a vida? Parece-me que a própria obra de Lobato constitui um cabal desmentido da pobreza, do atraso da literatura escrita. Há nela uma visualidade, uma movimentação, uma teatralidade, que mantém arregalada a atenção de qualquer leitor, culto ou popular. Os livros de Lobato oferecem o espetáculo sensacional de uma personalidade que vibra e que faz vibrar, oferece um cinema íntimo que fruo voluptuosamente, de uma poltrona na minha casa, no silêncio e na solidão.

Com que recursos principais de estilo e de língua contou Lobato para a obtenção dessa vitoriosa *performance*? Em primeiro lugar, devemos indicar que a tendência natural do espírito de Lobato é tudo ver analogicamente, alegoricamente, metaforicamente, predicado que não apenas enriquece o escritor, como artista, mas também o didata, que existiu sempre ancilar no autor em questão. A metáfora pura, tão cara aos poetas, aparece só infrequentemente em lobato, mas símiles e comparações abundam em suas páginas. Difícil encontrar artigo ou carta (as cartas de Lobato são porventura as mais notáveis das letras nacionais), em que as comparações não apareçam numerosas; às vezes chegam mesmo a acumular-se. Lobato tinha horror a explicações sem exemplos concretos, vivos. Manifestava forte ojeriza contra a linguagem abstrata. Tudo isto se relacionava com um tipo de imaginação que chamarei de animista. Nas coisas, nos fenômenos naturais, nos processos sociais, em tudo, enfim, Lobato descobria a correlação com figuras ou fatos, elementos materiais, frequentemente derivados do seu mundo quotidiano na infância, o caipira. Lobato reconhecia-se um tipo fundamentalmente visual. Eu acrescento o lúdico ao visual. A imaginação de Lobato adulto tem muito em comum com a do menino. Defendendo os brinquedos improvisados pelos meninos pobres da roça, porque neles as crianças exerciam melhor a sua imaginação, Lobato revelou-nos que, na meninice, num sabugo ou chuchu, ele via pessoas ou utensílios... Pela vida afora, Lobato continuou a perceber nos objetos semelhanças com pessoas ou animais, e a correlacionar umas coisas com outras, o que produziu um enriquecimento estético e dinâmico em tudo o que escreveu. Através de analogias, tudo o que descreve se torna nítido, mas plástico, cromático. Esse seu pendor também explica, na sua literatura infantil, a criação de um Visconde de Sabugosa, oriundo de um sabugo, e a humanidade sanchopancessa do Marquês de Rabicó... *O mundo encantado de Monteiro Lobato* devia naturalmente redundar nessa coleção de livros infantis que é, decerto, a mais significativa da cultura ibérica. Note-se que não há provavelmente na Espanha e no casto mundo da cultura espanhola, área que ao universo uma das mais ricas literaturas, uma criação de literatura infantil, capaz de ombrear com a do pai de Narizinho. Gilberto Freyre, que tem propagado no Brasil, entre tantas coisas interessantes, uma hispanofilia, que conta com o meu aplauso entusiasta, seria bem capaz de chamar o Lobato caboclo de *gênio ibérico*. E não lhe faltaria razão.

A propensão mais natural, pois, de Lobato é antropomorfizar, personalizar. Reparem como descreve a chegada do café ao Brasil:

"Há mais de um século aportou no Brasil um imigrante predestinado — o café. Vinha de remoto continente, humílimo, oculto no saco de viagem de um desses homens 'diferentes dos outros' que a honrada bronquidão acoima de 'esquisitões'."

Esse artigo "Estradas...", em que não se personaliza exatamente o café, relata com extraordinária vividez a metamorfose que a rubiácea opera no Estado de São Paulo. Em outro artigo, aparecido no volume *A onda verde*, antropomorfização do café é completa; aí o imigrante deixa de ser um bago, semente ou planta, e já é chamado de mestre café:

"Ali (Campinas) começou o mestre Café a perceber que estava em casa. Corredor do mundo, viajante exótico vindo da Arábia ou d'Africa, provara pelo caminho todos os massapés e sondara todos os climas. Franzia o nariz, porém. Veio sorrir ali, ao pisar esse oásis de Rubidio que é o Oeste Paulista. E arranchou, de vez, para sempre em sua casa."

A metáfora personalizadora, no mesmo livro, encarna e expõe também o dialeto caipira, que se transforma em criatura do sexo feminino em curiosa parte de uma pitoresca alegorização das línguas românicas:

"Bela irmandade! Quatro irmãs opulentas de tesouros literários — a lusa, a italiana, a francesa, a espanhola, e a mais humildezinha, aquela entalada no frege do Balcans — a romena: E todas bem enseivadas, ricas, capazes de a seu turno reflorirem em prole magnífica de que sairão as netas de língua latina. Cá entre nós já vemos grulhar a netinha numero um, subvariedade da variedade portuguesa."

O didata poeta assim se refere a essa menininha cabocla:

"Humilde criança da roça, gerada no seio da arraia-miúda dos campos e do povinho humilde e sofredor das cidades negam-lhe pão e água os magnatas cortesanescos que fazem roda de peru em torno da rainha metropolitana."

Enfim, a lição é representada de maneira animada e pictórica. Mas a personificação da variação linguística não se deteve aí. Observemos:

"Não obstante, a menina cresce, conchegada com amor no seio do povo. Já é ela a neta, e não mais a avó erudita, quem satisfaz as necessidades do intercambio mental dos roceiros" etc.

Mais ainda:

"Crescerá essa menina, far-se-á moça e mulher, e sentar-se-á um dia no trono ora ocupado por impertinente e conspícua mãe. Acaba a garota por ser batizada e ganha um nome expressivo: Sinhazinha Brasilina não tem pressa. Menina descansadota, meio "mãe da vida", ela não olha para o tempo e, despreocupada, folga e ri de pé no chão à beira dos corgos, pelas vendolas de estrada, nos casebres de sopapo, nos sambas, nas catiras, nas farras, na peraltagem infantil das ruas."

Prossegue Lobato a personificação:

"Tem namorados. Cornélio Pires é um. Valdomiro Silveira é outro. [...] Gosta ainda de sapatear quando Catulo sapeca o pinho choroso. Mas apesar destas fugidias entradas no grande palco, a artista Brasilina permanece roceira, e só nos campos reina qual ninfa selvagem — pés nus, vento nos cabelos, sol nas faces."

A descrição dessa moça interessante não parou aí. Eu é que paro, pedindo desculpas pela citação extensa, mas questão de mostrar, de maneira bem evidente, o processo estilístico da personificação em Lobato, que é nele o mais habitual, e que é dele o processo mais representativo. Jornalistas que pudessem escrever artigos como este que foi agora lembrado, seriam também naturalmente capazes de escrever lindas histórias para crianças... Mas Lobato foi um caso se não único, pelo menos raro.

Quais aspectos fundamentais da língua lobatiana? O seu vocabulário é em geral comezinho. Aprecia termos caipiras ou populares. Pratica a gíria da época com destreza, O seu tom predileto é o seu coloquial, o caseiro, que evoca as donas de casa como Dona Benta e não chega a repudiar as Anastácias quituteiras. Mais de uma vez fala em *trololó*, refere-se a *mambembe*, *quireras*, *mioleira*, *serelepe*, *piro*, *maria-mole*, *banho-maria*, *tigueira*, *safadeza*. Neologismos numerosos são criados por Lobato como *beira-marinho*, *chinização*, *companionando*, *cavalência*. Certos produtos industriais modernos (o Flit não é esquecido) fornecem-lhe matéria para a formação de novos vocábulos. Esta frase, por exemplo, lembra o Oswald de Andrade de *Memórias sentimentais de João Miramar*: *um comparsa kodaka a cena*. Expressões populares já estratificadas, sobretudo as que possuem sabor humorístico ou que são de xingação, ocorrem constante ao escritor. Alude a um *general das dúzias*. Diz que *quarenta mil toneladas não bastam para a cova de um dente*. Interroga *um velho de uma figa* e faz referências a critérios do *arco-da-velha*. Emocional, frequentemente indignado ou maravilhado, Lobato também nos obriga a vibrar com sua prosa pontilhada de exclamações. É claro que essa linguagem interjetiva aumenta o sabor coloquial, o tom de intimidade, Apresento alguns exemplos: *Ahn!*, *Que se fez*, *Ah*, *Pitkin! Ah*, *Pitkin*! As interjeições são às vezes apetitosamente populares, domésticas: *Bico, pois! Pátria! Meleca!*, *Mas se perde a máscara ou a invisibilidade*, *babau*! Interrogações são feitas, como na retórica da linguagem popular, para dar a ele mesmo a oportunidade de resposta: "*Mas por que somos pobres? Como pode ser pobre um país de tal extensão territorial, com tais reservas e potencialidade? A resposta impõe-se: porque não produz ferro.*"

Trocadilhos, diminutivos, repetições enfáticas ("não sei, não sei e não sei"), anexins sem qualquer alteração ou parafraseados, ocorrem insistentes na prosa de Lobato, dando-lhe um paladar realmente digno de aplausos. A mistura de pronomes você e tu, numa época de puritanismo gramatical, foi um ato de coragem enorme da parte de Lobato. Hoje essa mistura é usada normalmente em nossa linguagem teatral.

Em vista do que se expôs, não fica difícil de justificar porque Lobato no Brasil, país pouco amigo do livro (e paradoxalmente muito de títulos universitários) se tornou um autor imensamente popular, O criador de Jeca Tatu é, para voltarmos a tema que já esboçamos no início deste trabalho, um escritor apaixonadamente ligado à vida e aos homens. Sua aspiração elementar de escritor foi sempre revelar o real (que comumente nos escapa) e expressar o humano. A exaltação do vital, do vivencial acompanha toda a sua carreira de escritor, permanentemente comprometido com sua gente e com seu tempo. Já praticamente no início do seu itinerário de profissional de inteligência, Lobato afirma a interação vida-literatura:

"Uma grande lição para os escritores o fato de só sobreviverem os livros vividos. E são raros porque os homens que vivem não tempo de escrever e os que escrevem profissionalmente não vivem. Poderá chamar-se vida ao marasmo do escritor sempre metido entre quatro paredes a ler o que os outros escreveram e sem ânimo ou sem jeito, ou sem oportunidade ou sem tempo, para viver a crueza e a violência da vida? Eles apenas imaginam a vida e na pintura duma floresta ou dum tempo não conseguem esconder a imitação inconsciente em que sua arte substitui a criação."

O primado da vida numerosa vezes coagiu o escritor a renunciar ao seu gabinete sossegado e a vir participar da azafama da cidade. Esse o conflito que diuturnamente teve de suportar Lobato: a dificuldade de se devotar ao seu ofício literário absorvente sem se afastar da realidade clamorosa, exigente, sem trair os seus deveres de homem, cidadão. Deixemos o próprio Lobato em palavras sentidas manifestar de que maneira se divorciaram a sua obra literária e um engajamento que o tentou:

"Quando comecei a sentir em todo o seu horror o drama da miséria humana (que o Jeca não passa de humilde ilustração) era tarde — minha obra literária já se havia cristalizado e mosto estava o meu interesse pelas Letras."

Lobato artista literário é substituído pelo jornalista, pelo divulgador, pelo porta-voz social: como qualquer mortal, põe-se a participar da construção penosa da Cidade dos Homens. O acirrado individualista até certo ponto se uniformiza se convencionaliza, por piedade e por vocação altruísta.

Já em 1922, o crítico norte-americano Isaac Goldberg salientava a motivação principal da obra de Lobato: o protesto (*protest, a means of civic betterment, a national contribution*). Melhor às vezes enxergam os estrangeiros do que os nacionais! Posteriormente, Mário Donato apontou o caráter utilitário da obra de Lobato. Realmente esse utilitarismo e didaticismo prejudicaram algumas vezes e até a sua obra infantil, que, esporadicamente, coloca em segundo plano o poético, o maravilhoso, o lúdico, qualidades primordiais da literatura para a infância, como, com razão, asseverou o sr. André Carvalho. Enfim, o escritor Lobato se converteu num comunicador, num grande comunicador.

Falou recentemente em Belo Horizonte um escritor que foi de Lobato coetâneo, colega e amigo: Orígenes Lessa. Esse autor significativo, criador de romance que fixou para sempre o drama do intelectual no Brasil, *O feijão e o sonho*, e escritor que tem certas afinidades com Lobato. Foi um dos iniciadores da nossa arte publicitária, pois antes dele, Lobato, livre-atirador, já usava o seu talento de literato no campo da propaganda, A história de Jeca Tatu, adaptada aos interesses da educação sanitária e da venda de *Biotônico Fontoura*, constitui um dos marcos memoráveis da publicidade brasileira, que muito deve à mão de obra fornecida pela literatura pátria, conforme o comprova a antologia de contos *Depois das seis*, que reúne produção literária de escritores patrícios que vivem da publicidade. Ao cunhado Heitor de Morais escreveu Lobato:

"Pode garantir ao teu pai o dinheiro que os terás. Inda agora estou em trato com a The Ayer Co. para uma propaganda da Salsaparrilha nos moldes de Jecatatuzinho de Fontoura e o que receberei por esse serviço dará para os juros."

Getúlio Vargas, que conhecia bem os homens, estava muito seguro do que fazia quando convidou Lobato para organizar o seu Departamento ou Ministério de Propaganda... Mas, como podia servir o Estado Novo autoritário o individualista rebelde? Como poderia o escritor sem papas na língua aceitar a censura, essa remanescência inquisitorial nos tempos modernos, à qual se lança no presente (tanto nos países de direita como nos de esquerda) a purpurina da modernidade? Eis o que sobre a Censura escreveu Lobato:

"A censura ao pensamento humano é certa de taquara. Ideias são ondas hertzianas. Cada cérebro vale por emissor e receptor, sem antenas visíveis mas de infinita potencialidade."

O patriota Lobato tem a seu crédito uma lista extensa de empreendimentos e campanhas para redenção do homem brasileiro, Jeca Tatu rural ou Juca Pato urbano. Muitas das ideias que defendeu pioneiramente e que, na sua época, encontraram antagonismo, são hoje aceitas com naturalidade. Entre temas que abordou, elegi alguns que passo a enumerar: a denúncia do nosso sistema judicial, que peca por formalismo kafkiano (mal que continua); o combate à burocracia e ao fisco, especialmente no que tange ao encarecimento do papel, dificultando assim a produção do livro no Brasil (toda a história do livro no Brasil constitui uma luta contra legisladores e burocratas que se consideram inimigos pessoais do Livro!); a defesa da cultura como a melhor forma de conquista da riqueza; a alfabetização; o pacifismo; a elaboração de um dicionário brasileiro (o que já possuímos agora graças a Mestre Aurélio Buarque de Holanda); a crítica à censura cinematográfica; a apologia da construção de estradas, numa época em que elas eram escassas no país; a defesa do sistema ecológico, da produção da arvores (então uma novidade neste país dendrófobo!); a valorização do visual no ensino... Como muito certo disse Aires da Mara Machado Filho, antes de Lobato não havia no Brasil a consciência de tremenda importância do petróleo. E com referência ao ferro, quase se podia afirma o mesmo. Lobato não apenas defendeu ideias avulsas: empreendeu verdadeiras campanhas em prol de melhorias para a população brasileiras, que ainda hoje mantém gritante atualidade, como no caso das endemias que continuam infelicitando e matando milhões de brasileiros. Por exemplo, o *mal de Chagas*, tão próximo de nós! Homem prático, terra-a-terra, teve Lobato também muito de futurologista. Alguns dos seus sonhos acoimados de mirabolantes pelos realistas pedestres consistem hoje em realidade palpável, como a moderna indústria editorial brasileira, hoje assolada pelo capital estrangeiro, e que está à espera, entre a nova geração, de encontrar um novo Lobato, um Octalles Marcondes ou um José Olympio. Mas a glória suprema de Lobato não é ter sido o maior criador de literatura infantil em língua portuguesa? Ainda há pouco se realizou em Belo Horizonte o II Congresso Nacional de Literatura Infantil que tratou especialmente de Lobato e mereceu aplausos de todo o Brasil. Foi ainda Lobato o diretor da melhor revista literária que o Brasil jamais possuiu: a *Revista do Brasil*.

A infeliz querela com os modernistas, sempre aguçada por uma sucessão de equívocos de parta a parte, foi marginalizando Lobato do centro vital das letras nacionais. Apresentaram então como misoneista intratável o escritor que já consagrado assim saudou o modernismo no seu dealbar:

"Esta brincadeira de crianças inteligentes, que outra coisa não é tal movimento, vai desempenhar uma função séria em nossas letras. Vai forçar-nos a uma atenta revisão de valores e apressar o abandono de duas coisas a que andamos aferrados: o espírito da literatura francesa e a língua portuguesa de Portugal. Valerá por um 89 duplo — ou por um novo sete de setembro."

Estas frases poderiam provir de um empedernido reacionário? Aliás, Oswald de Andrade marcou com palavras verídicas o papel vanguardista de Lobato na nossa Literatura.

O autor de *Cidades mortas* está bastante esquecido em nossas Faculdades de Letras e não foi ainda achado pelas Faculdades de Comunicação. Ainda uma vez os estrangeiros nos *descobrem*: há anos, o prof. Tomothy Brown vem escrevendo interessantes artigos sobre Lobato. Um ex-aluno meu, o Prof. Frederick C. H. Garcia, atualmente uma das maiores autoridades em literatura brasileira nos EEUU, comemorou há pouco o cinquentenário do aparecimento das *brazilian short stories* de Lobato na América do Norte. Decidiu ele reunir tudo o que nesse meio século se escreveu sobre Lobato no EEUU. Quando entrou na máquina (*a pesquisa*), escreveu-me ele, *saiu um estudo imenso*. Na Alemanha, na Universidade de Colônia, deu, há dois anos, um curso sobre Lobato o prof. Ezildo Facó. Nessa mesma universidade, a srta. Annemarie Neukuchen defendeu tese de doutoramento sobre Lobato.

Do mesmo modo que está acontecendo com Lima Barreto, parece que jovens brasileiros, dos menos sofisticados e dos mais ansiosos por sentir o Brasil verdadeiro, cru, começam a se interessar pelo evocador dos miseráveis caboclos do Paraíba. É o caso de João Antonio, autor de uma novela já famosa *Malagueta, Perus e Bacanaço*. Na linguagem forte de sua geração, assim se expressa ele:

"Também não posso entrar nessa de acreditar que esse tipo de literatura que se tentar fazer no Brasil é sempre elitizada, é sempre comportada, é sempre arrumada, é sempre um pouco enlouquecida no grande sentido dessa palavra, no sentido de Lima Barreto, no sentido do próprio Monteiro Lobato de *Jeca Tatu*. De repente baixa de literatura um Jeca Tatu em 1918. Era um desbunde para a época, era uma época parnasiana com Jeca Tatu apontando os maiores problemas, quase continuam hoje também, segundo Demócrito Moura (repórter do "Jornal da Tarde"). A grande literatura brasileira, sem dúvida nenhuma aquela que vai ficar, é Manuel Antônio de Almeida, é José Lins do Rêgo, Graciliano Ramos, Lima Barreto, é essa coisa do Lobato, do Euclides. É a literatura da brutalidade violenta, forte, firme, a que fica de pé, sozinha, independente de escolas e épocas."

Nessa enumeração de fatos que atestam a presença de Lobato, não devo omitir os ciclos de comemorações lobatianas que, durante anos, foram coordenados por Paulo Dantas. Cito a tradução para o inglês já iniciada por William Myron Davis, da Univ. da Flórida, de *Reinações de Narizinho*. O mesmo livro encantador acaba de ser traduzido, para o francês, em Brasília, por D. Clarice Ferreira da Silva. O prof. Antonio de Abreu Rocha, da Universidade Federal de Minas Gerais, anuncia estar preparando uma obra sobre Lobato em quatro volumes. Nas áreas do cinema, do teatro, da televisão, o interesse por Lobato continua vivo. Uma das mais belas homenagens dedicadas ao criador de Visconde de Sabugosa proveio de uma escola de samba. A companhia Petrolífera Nacional quebra um constrangido silêncio de anos e, por fim, num grande anúncio, proclama o que todos nós já sabíamos: quanto o petróleo brasileiro *deve* à luta do *beletrista* Lobato.

Eis quanto pude recolher, relativamente a atividades comprovando a vitalidade da obra de Lobato no momento. Mas evidentemente, tanto no país como no estrangeiro, outros acontecimentos devem estar reiterando o calor resistente do bravo paulista.

Lobato não ficou, pois, reduzido ao público infantil, que segundo alguns, também acabará por desaparecer, em vista do impacto embrutecedor da sociedade de consumo, com os seus *mass media*, ativamente a serviço da desnacionalização e do emburrecimento das massas. Aliás, como tentei demonstrar, não é possível separar o Lobato escritor para adultos do Lobato escritor para crianças. Os próprios moralistas e patriotas que tem atacado a literatura infantil lobatiana sabem disso, São as duas partes da mesma laranja. E certo nem se deve separar, de maneira cortante, como entre nós geralmente se faz, a infância do mundo adulto. A sociedade vitoriana de saudosa memória exilou as crianças em *nurseries* distantes, irreais... Ao que parece, outros tipos de cultura menos sofisticados tem obtido maior sucesso na educação infantil. Por todas estas razões, o convívio com Lobato é importante para nós. Professor de Verdade, ele nos ensinou a amar a realidade, a estudar a realidade. Desde menino, detestou a mentira e os ilusionismos que são perigosas mentiras. Quando formos — como ele queria dignos da realidade, aí, então, espontânea, miraculosamente quase, depararemos a Poesia, que é *promessa de felicidade.*

Repercussão de Monteiro Lobato

Cyro de Mattos

Descobri os livros na estante de seu Zeca Freire, o farmacêutico, homem atencioso e de bons préstimos. Era o dono da Farmácia Popular, localizada na rua do comércio. Notei que a biblioteca dele tinha livros grandes e pequenos, grossos e finos. Estavam arrumados nas prateleiras de um armário, que ocupava mais da metade da parede do gabinete.

Gostava de ficar ali no gabinete do Seu Zeca Freire quando ia encontrar com o amigo Duda, um de seus filhos. Meus olhos curiosos examinavam o título e o nome do autor na lombada de cada volume. Foi lá que vi pela primeira vez os nomes de Monteiro Lobato, Érico Veríssimo, Humberto de Campos, Machado de Assis, José de Alencar, Paulo Setúbal e Jorge Amado. Foi lá também que o pai do meu amigo perguntou-me se eu já tinha lido algum livro de escritor brasileiro. Respondi que não, pois até aquele momento só tinha lido revistas em quadrinhos, que os meninos de meu tempo chamavam gibi e guri. Além disso, conhecia apenas poucos trechos do romance *Quincas Borba*, de Machado de Assis, no trabalho de análise lógica que a professora de português passou para os alunos na classe do primeiro ano ginasial.

Ele perguntou depois se eu não queria conhecer um livro de Monteiro Lobato, autor que escrevia muito bem para as crianças, os jovens e os adultos. Era um escritor admirável. Não era um livro grande o que ele queria que eu lesse. Aconselhou que eu fosse lendo sem pressa. Se gostasse, fosse lendo outros livros daquele autor que eu nunca tinha ouvido falar. Então primeiro li *Reinações de Narizinho*, livro que dava início à saga do Pica-Pau Amarelo, o sítio de Dona Benta, onde reinava a menina do nariz arrebitado, Pedrinho, Emília, a terrível boneca, e outros personagens.

Reinações de Narizinho puxou-me para a leitura de outros livros de Monteiro Lobato. Como acontecera com o primeiro livro, li *As caçadas de Pedrinho* sem tirar os olhos das cenas que me davam prazer, de tão divertidas e bem inventadas. Vibrei com as aventuras de Pedrinho, que saiu vitorioso na caçada de uma onça, como também no ataque que outros animais fizeram ao sítio de Dona Benta.

Aí não parei mais. Fui conhecendo, de livro para livro, um mundo maravilhoso criado por aquele escritor que impressionava vivamente. Compartilhava uma grande quantidade de cenas vividas por personagens que transitavam em um território feito de façanhas e mágicos sonhos. Cada livro que lia daquele autor de escrita simples e imaginação maravilhosa ficava pensando como era que cabia tanto caso na cabeça de uma pessoa. Tanta gente, animais, aventuras e tramas. A realidade e a fantasia misturavam-se naquele espaço de encanto criado por um escritor tal qual se dava comigo quando imaginava viver uma brincadeira com o punhado de queridos amigos de minha nascente infância.

Das memórias de Emília, que ela resolveu contar ditando-as ao Visconde de Sabugosa, não esquecia alguns momentos marcantes, como o da visita das crianças inglesas ao sítio de Dona Benta, trazidas pelo velho almirante Brown. Da *Geografia de Dona Benta*, em vez de agora eu estudar essa matéria no livro de aula, aprendia sobre o mundo lá fora com os novos amigos no navio "O Terror dos Mares". Saía fazendo paradas em portos de países distantes, conhecendo ambientes povoados por gente diferente onde eu via coisas que me deixavam surpreso, algumas vezes assustado.

Em *O Minotauro* fui à Grécia dos heróis antigos para viver novas aventuras com Pedrinho, Visconde e Emília. Lá procuramosTia Nastácia no labirinto do monstro. Aconteceu muita coisa interessante durante a viagem, até que se descobriu o paradeiro da negra graças à ajuda do oráculo de Delfos. Tia Nastácia estava presa na ilha de Creta, no labirinto do Minotauro, um bicho com corpo de gente e cabeça de touro. O monstro havia sido domesticado com bolinho e quitutes que ela fazia com um tempero delicioso. Ele não teve como reagir quando os meninos foram libertar da prisão Tia Nastácia, de tão gordo que estava no trono.

A chave do tamanho, *Os doze trabalhos de Hércules*, *Histórias de tia Nastácia*, *Serões de Dona Benta*, *D. Quixote das crianças*, *O poço do Visconde*. Fui conhecendo através desses livros as histórias que aconteciam em um mundo fascinante, inesquecível, que só o amigo Monteiro Lobato sabia inventar e gostava de contar porque o que contava era para ele um momento especial, consistindo em agrado e diversão para as crianças. Percebia que em cada livro a história vinha escrita numa língua que era falada por gente grande e pequena aqui na terra. As histórias iam se compondo ora como se estivessem na minha imaginação, ora como se desenrolassem diante de meus olhos, atentos e contentes pelo que viam.

Não tinha dúvida de que Monteiro Lobato era um grande amigo que vinha para ficar morando no meu coração e de cada menino que o lesse.

Muitos trechos de suas histórias davam-me surpresas e sustos esplêndidos. Pensando, achei que com tantas histórias empolgantes contadas por ele, não ia demorar de o amigo Lobato ser conhecido cada vez mais e ter um lugar destacado no mundo das letras.

Quando me tornei rapaz e me vi como um leitor crítico, certa vez comecei a pesquisar a presença do Brasil literário nos fins do século dezenove e começo do vinte. Logo tomei conhecimento que esse tipo de estudo e pesquisa implicava em registrar ideias e reflexões sobre uma época denominada sincrética, em função do cruzamento e entrecruzamento de estéticas, escolas ou tendências, a um só tempo e em um mesmo ambiente cultural.

Nessa época sincrética de nossas letras, graças à distensão do parnasianismo, surgimento do simbolismo e introdução do impressionismo, a imagem reinante no estado de espírito de diversos intelectuais brasileiros era a da impotência analítica e fragilidade criativa. Nossos escritores viviam travestidos em positivos exilados europeus, convivendo com o sonho de Paris. Tinham o pensamento na Europa. Nenhum autor ou polemista era chamado verdadeiramente de culto se não falasse em Ájax, Heitor e no cerco de Tróia. Éramos criaturas helênicas, tanto na prosa como no verso. De monóculo e fraque bebia-se chope e cachaça na parisiense Rua do Ouvidor. A paisagem cultivada nos jardins imitava o modelo europeu, desvinculada de nossa natureza tropical e virgem, que traduzia luta e esforço desordenado.

Neste período eclético do Brasil literário, desprovido de uma postura crítica quanto às possibilidades de questionar as nossas verdades urbanas e rurais, aparecia para privilegiar o cenário urbano do fútil um tipo de escritor que chegou a fazer a fama de algumas confeitarias. Era o escritor boêmio que, numa pontualidade burocrática, comparecia às confeitarias, bares e cafés, para contar anedotas, piadas, enfim, esbanjar o talento na dispersão do álcool. Tinha prazer em fazer axiomas para consolidar a fama de intrépido bebedor por onde passava. Um desses, de autoria de Emílio de Menezes, correu na época e até hoje não se perdeu de todo. "Beber às vezes é uma necessidade; saber beber uma ciência; embriagar-se, uma infâmia."

Apesar de a vida elitista ser processada por caminhos vindos de fora, em clima alimentado pelo espírito da *belle époque*, quando era necessário ver o Brasil literário dentro do ponto de vista do Brasil verdadeiro, apareciam alguns casos de escritores que incrementavam nossa realidade sob a perspectiva nativista, iniciada em nossa infância cultural pelas atitudes da oratória de Padre Antônio Vieira, a musa desbocada de Gregório de Mattos e até pelas referências de Emanuel Botelho acerca de nossas frutas e coisas.

Comprometidos com a nossa realidade, alguns desses escritores tinham a percepção de que nossa civilização era diferente, havia na sua progressão elementos estabelecidos aqui nos trópicos. Não se pode deixar de considerar, sob pena de cometer omissão imperdoável, que Lima Barreto, Euclides da Cunha e Monteiro Lobato foram escritores que apareciam nesse contexto de inautenticidades para interromper a opereta repetitiva, a qual consistia na incorporação da vida brasileira no caldo do ócio e do inútil.

Nesse ambiente cultural postiço, de omissão e indiferença, acrescido de alexandrinos exatos, com cesura e tudo, irrompia a estética da sinceridade formulada por Lima Barreto, escritor de inegáveis qualidades literárias, que seria reconhecido tempos depois como o verdadeiro iniciador de nosso romance social. Euclides da Cunha publicava em 1902 *Os Sertões*, livro soberbo que é considerado pelos estudiosos como o nosso grito de liberdade intelectual. O processo nativista de integração da inteligência e da cultura em nossa realidade irá encontrar na figura de Monteiro Lobato um homem antecipado, um cidadão corajoso, um escritor tomado de consciência aguda acerca dos nossos problemas. Contrário à mentalidade vigente, que extraía dos modelos europeus ideias, valores e costumes para introduzi-los, de maneira imitativa, em nosso contexto social e político.

Nosso sistema de pensar a vida nos moldes europeus, desvalorizando as poucas coisas boas que nos restavam, propiciava o momento oportuno para Monteiro Lobato lançar a figura do Jeca Tatu, caboclo dominado por uma tristeza crônica. Símbolo de um Brasil esquecido, para alguns exagerado, era o retrato honesto do nosso caboclo com o seu sofrimento e impotência. Esse produto extraído do marasmo, que incomodava com sua aparição no meio urbano, tido como civilizado, saía do ambiente rural atrasado para chamar atenção dos que viviam um Brasil da futilidade. Conseguia a proeza graças ao talento e estilo irreverente de alguém que bem o conhecia no Vale do Parnaíba.

Em carta dirigida ao amigo Godofredo Rangel, Monteiro Lobato revelava que era preciso matar o caboclo que vinha do romantismo de José Alencar, vestido à européia, e chegava até Coelho Neto vazio de verdades nacionais. Sem amparo, sonolento, não podia compartilhar sua realidade pessimista o diletantismo dos literatos na cidade. O Jeca Tatu de Lobato não era apenas uma página literária de humor bem escrita, que desarmava, mas também um libelo de fazendeiro, que via naquela criatura mirrada, retirada do meio rural estagnado, a causa matriz de todas as mazelas econômicas.

Ressalte-se que mesmo avesso à inércia dos literatos da época, que não testemunhavam a alma séria do Brasil, Monteiro Lobato era hostil ao moderno, não aceitando as inovações artísticas do movimento modernista de 22 em São Paulo. O conhecimento teórico e crítico da arte do autor de *Urupês* ligava-se às lições acadêmicas e tradicionalistas.

Nessa época sincrética de nossas letras, o conto de alguns autores vai procurar no espaço geográfico e nas cidadezinhas do interior os elementos necessários para documentar a realidade e renovar a nossa sensibilidade. Na busca de sua identidade própria, sem fixar-se na interpelação do destino humano, à exceção de Machado de Assis e até certo ponto Adelino Magalhães, o conto brasileiro seria assim representado por outra linha da criação literária, na qual os espaços geográficos e urbanos servem de suporte para o desdobramento ficcional da narrativa.

A obra do contista Monteiro Lobato ocupa lugar de destaque numa época de submissões ao adorno transplantado. É composta de três livros: *Urupês* (1918), *Cidades Mortas* (1919) e *Negrinha* (1920). A voz do homem regional e a alma interiorana das gentes agora já não aparecem copiosas no texto. Desprendem-se da narrativa objetiva com certo clima pessimista, calcado em observações do real circunstante. Embora a linguagem do narrador estivesse vinculada ainda a certo lusitanismo, o conto rural dessa época em Monteiro Lobato contribuía para o fortalecimento do processo nativista, buscando incorporar nossas coisas e gentes à inteligência brasileira. A articulação do enredo ganha em vivacidade, o quadro observado desenha-se com traços de humor. O enfeite verbal do parnasianismo não entra na estilização do mundo descrito.

Cumprida a sua missão histórica, o Parnasianismo e o Simbolismo estavam gastos. A Musa Perfeita de Bilac e a Musa Mística de Alphonsus de Guimarães empalideciam, retirando-se do palco da vida. O século vinte sob novos signos daria condições absolutamente inéditas ao mundo. Provocaria transformações radicais na Europa com a revolução industrial. A busca das nações produtivas empenhadas primeiro no domínio dos mercados iria alcançar posteriormente os cantos do mundo. O desenvolvimento armamentista entrava em estado febril. O mundo seria envolvido por duas guerras mundiais, que trariam efeitos nefastos à humanidade. Uma nova leitura social, política e econômica da vida surgiria apoiada nos princípios liberais do capitalismo. O comunismo, privilegiando as classes operárias no leste europeu, pretendia ampliar o eixo de atuação com o ideal do aproveitamento de uma vida justa e igual para todos.

Uma revolução tecnológica aperfeiçoava as máquinas de combustão, a utilização da eletricidade nas indústrias fomentava o progresso. Em Portugal, Fernando Pessoa, pela voz incandescida e mente turbulenta de Álvaro de Campos, cantaria em "Ode Triunfal" a nova *revelação metálica e dinâmica de Deus*. Sob o signo da técnica, os meios de transportes avançavam, e o Brasil procurava beneficiar-se dos instrumentos e recursos que a mecânica proporcionava ao bem-estar da vida. Em suma, ventos inovadores sopravam o progresso, a modernidade e a afirmação da nacionalidade. E uma nova época esperava também outro homem, que exprimisse a saga desses tempos e do futuro.

O nome de Monteiro Lobato está ligado a movimentos importantes da redenção do Brasil. Incansável nas campanhas pela saúde pública, pela exploração do nosso ferro e do nosso petróleo. Denso de conteúdo nas batalhas pelas liberdades democráticas. Corajoso na fundação de uma editora nacional. Nos interesses pela vida, nos ideais veementes, encontrou a denominação perfeita das gentes que viram nele uma atuação positiva de homem pujante na frente do seu tempo.

***

Obras Consultadas

Brito, Mário da Silva. *História do modernismo brasileiro*, volume I, Editora Saraiva, São Paulo, 1958.

Broca, Brito. *A vida literária no Brasil — 1900*, José Olympio Editora, Rio de Janeiro, 2005,

Cavalheiro, Edgard. *Monteiro Lobato — vida e obra*, 2 volumes, Editora Brasiliense, São Paulo, 1962.

Edmundo, Luís. *O Rio de Janeiro do meu tempo*, Edições do Senado Federal, Brasília, 2003.

Pessoa, Fernando. *Obra poética*, Editora Aguilar, Rio de Janeiro, 1960.

Portella, Eduardo. *Literatura e realidade nacional*, Tempo Brasileiro, Rio de Janeiro, 1971

Grécia(s) de Lobato: um passeio pelo(s) tempo(s)

Raquel Endalécio Martins

> "A Grécia foi a verdadeira juventude a Imaginação Humana. Depois da Grécia essa imaginação foi ficando adulta e sem graça — lerda."
> *(O Picapau Amarelo)*[192]

Segundo Monteiro Lobato, o seu contato com a cultura clássica começou cedo. Aos 16 anos, em carta à mãe, D. Olympia, menciona a participação no debate escolar sobre "qual o maior guerreiro Carlos Magno ou César":

No dia 13, houve sessão magna no Grêmio A. de Azevedo (que funciona aqui mesmo no colégio) e eu, perante o colégio e o professorado todo, fiz um discurso sendo delirantemente aplaudido.// Agora, já não sou mais bobo como dantes, já faço discursos e até poesia! Vou defender tese no sábado: Qual o maior guerreiro, Carlos Magno ou César?[193]

Ao que parece, esses primeiros contatos foram durante as aulas de Latim. O rapaz escreve à mãe:

Entro em Latim esta semana ou no começo e da outra se Deus quiser e o compadre Freire não mandar o contrário.[194]// O Sr. Antônio dos Santos (que também é lente no Ginásio) é um dos diretores. É tão bom e manso, que na aula de Latim fazem dele o que querem. É a aula mais barulhenta.//

---

[192] Lobato, Monteiro. *O Picapau Amarelo*. 7 ed. São Paulo: Brasiliense, 1957, p.66. Neste capítulo, a transcrição de trechos da obra de Lobato seguiu a norma ortográfica vigente.

[193] Monteiro Lobato. *Cartas Escolhidas*. São Paulo: Brasiliense, 1959. p.48. Carta sem data, possivelmente de 1898. As citações apresentadas neste capítulo seguem a ortografia vigente.

[194] Monteiro Lobato. *Cartas Escolhidas*. São Paulo: Brasiliense, 1959. p.55 Carta datada de 25 jan. (possivelmente no ano de1899).

Contei a ele ontem que fora reprovado em Latim e ele pediu-me muitas desculpas, dizendo que não foi por causa dele.[195]

Mas se a cultura clássica foi apresentada a Lobato ainda na juventude, ela nunca o deixou, acompanhando-o em diversas fases de vida. Emoções e afetos como agressividade, amores platônicos e sexualidade são compartilhados em carta por meio de símbolos gregos.

Dirigindo-se ao amigo Lino Moreira, em 1902, Lobato comenta a intempestiva carta que dele recebera; na mensagem, refere-se a Hércules, semideus da mitologia grega, filho de Zeus e da mortal Alcmena:

Acabo de ler a tua carta — bárbara como uma Ode de Carducci — fascinante de vibração, de fogo, de selvageria, semelhante a uma pedra duríssima que, malhada por Hércules desfaz-se num turbilhão de faíscas[196].

Em narrativa divulgada em "O Povo", jornal de Caçapava, cidade do interior de São Paulo, o escritor propõe, em 1903, um ideal grego de beleza feminina, apresentando a deusa Diana:

Em vez desses Jeovás quasímodos que a suja humanidade tanto venera, Edel rende culto unicamente à Forma Impecável. // É a mulher no corpo, porém não como as mulheres que por aí existem, uns amontoados de carne grotescamente desproporcionais, pernas curtas, bundas enormes; é mulher como Diana pagã que é para mim a obra-prima da Hélade — alta, esguia de formas, nervosa, seios pequeninos em vez de úberes como têm em geral as mulheres; seios improdutivos, criados unicamente para a Beleza, sem nenhum fim imediato de utilidade que dispute às vacas o ofício de mamadeiras[197].

A percepção da mulher e da sexualidade aparece como tema recorrente em diferentes escritos do jovem Monteiro Lobato, tendo a Grécia como parâmetro em vários deles.

Outro conto, do mesmo ano, "Tão Ingênua", no referido jornal paulista, trata de Nisa, jovem ingênua e tentadora que se casa com um quarentão, sem ainda conhecer "os mistérios de Afrodite":

---

[195] Monteiro Lobato. *Cartas Escolhidas*. São Paulo: Brasiliense, 1959. p.59. Carta datada de 14 abr. 1899.

[196] Lobato, Monteiro. *Cartas Escolhidas*. São Paulo: Brasiliense, 1959. p. 63. Carta de 1902.

[197] *Ibidem*. p.98-99. Carta de 9 jul 1903.

No dia em que Leonardo, já quarentão, ligou-se pelos sagrados laços do himeneu com a tentadora Nisa, houve na vila muita gente prática que murmurou uma série de: hum! Hum! Muitíssimos significativos. Nisa era um prodígio de carnes entontecedoras, um perigo para o asceta mais rijo e o próprio Xenócrates talvez se sentisse envolvido pelo capitoso perfume — odor di femina — que Nisa sutilmente exalava. E o garbo do andar? com que sedução caminhava compondo um rastio harmonioso de movimentos sensuais e empolgantes! Ah, Nisa! ah, filha de Psique! Entretanto Nisa era a ingênua mais perfeita da vila; um anjinho puro e inocente, de nenhum modo culpada do estranho ardor da volúpia com que a mente de Leonardo, um quase velho; não via na união do homem com a mulher um meio de legalizar os mistérios de Afrodite, via uma união amiga com a de irmã com irmã[198].

Em carta, em 1904, ao amigo Godofredo Rangel, Lobato afirma que, apesar de seu interesse pela literatura, abre mão de qualquer leitura, mesmo da "melhor tragédia" grega, pela companhia de uma moça:

Perguntas quantas horas "literalizo". Nem uma, meu caro, porque só leio o que me agrada e só quando estou com apetite. Não troco uma conversa com uma macaquinha (o sexo na mulher corrige a banalidade, no homem agrava-a diz Machado) pela melhor tragédia de Eurípedes, porque por mais banal que seja a moça é sempre mais humana que um livro — e o humano quer humano.[199]

Nesse mesmo ano, Lobato publica, sob o pseudônimo de Hélio Bruma, a narrativa "Em casa de Fídias"[200], em "O Minarete", de Pindamonhangaba. Discorre sobre o amor impossível do escultor grego Fídias por Aspásia — mulher do governante Péricles — personagens que ganhariam espaço em sua obra posterior. No conto, Fídias se vê completamente encantado pela beleza da moça e sofre em silêncio por ver o amor que ela devotava ao chefe de Estado.

Ainda sobre figuras femininas, Lobato escreve, no tempo do Minarete,

---

[198] Monteiro Lobato. *Cartas Escolhidas*. São Paulo: Brasiliense, 1959, p.135. Carta datada de 17 set. 1903.

[199] Lobato, Monteiro. *A Barca de Gleyre: Quarenta anos de correspondência literária*. São Paulo: Cia Editora Nacional, 1944. p.25. Carta datada de 10 jan. 1904.

[200] Monteiro Lobato. *Literatura do Minarete*. São Paulo: Brasiliense, 1959. p. 319-323

"Duas dançarinas", no qual compara Felyne Verbist e Carmem Lídia[201] a figuras da época de Péricles. Exalta as dançarinas:

E diz-se, é lá possível, a graça natural, espontânea, não aprendida em conservatórios, de uma Felyne. Flor moça de carne, requinte supremo da civilização que prende a alma latina à germânica e, debruçada sobre os séculos, dá as mãos e cochicha com a terra de Péricles? A terra banhada de um sol sem manchas em que Terpsícore, descida do Olimpo, vinha às margens do Iliso ensinar à juventude a arte do movimento harmônico, ponto de fusão de dois ritmos — música e escultura?[202]

Carmem Lídia é um caso desses. Criança de Atenas, por estranha aberração desabrocha no Pátio dos Milagres deste povo feio e mazorro. Ela dança como lá se dançava — por injunção de uma *vis insita.*// Seus gestos, sua vidinha de 13 anos, suas ideias, seus caprichos de menina, seu andar, sua estesia inconsciente em via de cristalização, tudo nela se coa através do instinto heleno de beleza.// A eurritmia — a perfeição do equilíbrio — é seu modo de ser. Ouvi-la, vê-la, é ter a sensação de que se nos defronta não uma criatura singular, porém uma época. E que época! A Grécia de Péricles[203].

A Grécia se faz presente, em principal, nas leituras de Monteiro Lobato. Lembremos que no início do século XX, época em que Lobato estudava, a presença da cultura greco-latina era forte, incorporada por autores de grande repercussão no meio literário, como o "último heleno" Coelho Neto.

Nos livros didáticos, de acordo com Lobato, era comum a apresentação de exemplos de heróis gregos. Em carta a Rangel, em 1904, Monteiro Lobato refere-se a prêmio recebido em um concurso de contos, à correção do título em francês dado à narrativa e aos exemplos que encontrava nas obras escolares de língua francesa:

Dizes que progredi no francês e é verdade: aprendi uma coisa. E sabes como? O Sílvio de Almeida, um dos juízes do concurso de contos, votou no meu, mas com uma advertência: "Primeiro lugar, apesar do título". Sabe qual era o título do meu conto? *Gens ennuyeuses!...* Alguém lá da casa

[201] Edgard Cavalheiro faz referência às duas bailarinas em *Monteiro Lobato: vida e obra*.
[202] Lobato, Monteiro. *Literatura de Minarete*. São Paulo: Brasiliense, 1959, p.329.
[203] Lobato, Monteiro. *Literatura de Minarete*. São Paulo: Brasiliense, 1959. p.330.

do Sílvio me deu a informação. Corei como romã e fui ao meu velho Sevène (Lembra-te? *Calypso ne pouvait pas se consoler du départ d'Ulisses... "La rue du Savon"* — *"Pents-toi, Crillon, nouns avons [vaincu] et tu n'y étais pas"*) e verifiquei que *"gens"* em francês é macho e não fêmea, como pus no título. Voei à tipografia para fazer a correção. Era tarde...[204]

As leituras de Lobato sobre os clássicos não se limitavam às aulas de latim e aos livros didáticos. Em 1908, recém-formado pela Faculdade de Direito do Largo São Francisco, na capital paulista, o então jovem promotor público escreve, de Areias, ao amigo Rangel, contando que tinha começado a ler Homero. Na mesma carta, revela que estivera no Rio de Janeiro, cidade que considerava "contra-Grécia", pois o "mulatismo" causaria no físico e no moral "uma feiúra". Trata-se de longa exposição ideológica, em sintonia com as teses eugenistas da época, divulgada na primeira edição da *Barca de Gleyre*, em 1944:

É provável que já me tenhas incluído entre os amigos de cruzinha na frente, e me supunhas lá pelo Lethes a disputar com Caronte. Erro. Estou mas é em Areias e a ler Homero. Só agora, neste interregno de 50 dias que me separam do casamento, e reentrado nesta calmaria absoluta de Areias, é que tive oportunidade e modo de enfrentar o incomparável Homero — e lavo a alma das ditas impressões do mundo moderno com este desfile sem fim de criaturas 'belas como os deuses imortais'.// Que diferença de mundos! Na Grécia, a beleza; aqui a disformidade. Aquiles lá; Quasímodo aqui. Esteticamente, que desastre foi o cristianismo com a sua insistente cultura do feio!// Estive uns dias no Rio. Que contra-Grécia é o Rio! O mulatismo dizem que traz dessoramento de caráter. Dizem que a mestiçagem liquefaz essa cristalização racial que é o caráter e dá uns produtos instáveis. Isso no moral — e no físico que feiúra! Num desfile, à tarde, pela horrível rua Marechal Floriano, de gente que volta para os subúrbios, perpassam todas as degenerescências, todas as formas e má-formas humanas — todas, menos a normal. Os negros da África, caçados a tiro, trazidos á força para a escravidão, vingaram-se do português da maneira mais terrível — amulatando-o e liquefazendo-o, dando aquela coisa residual que vem dos subúrbios pela manhã e reflui para os subúrbios à tarde. E como vão apinhados como sardinhas e há um desastre por dia, metade daquela gente não tem braço ou não tem perna, ou falta-lhes um dedo, ou mostram uma terrível cicatriz

[204] Lobato, Monteiro. *A Barca de Gleyre: Quarenta anos de correspondência literária.* São Paulo: Cia Editora Nacional, 1944. p.44. Carta datada de 3 nov. 1904.

na cara. 'Que foi?' 'Desastre da Central'. // Como consertar essa gente? Como sermos gente, no concerto dos povos? Que problemas terríveis o pobre negro da África nos criou aqui, na sua inconsciente vingança!... // Talvez a salvação venha de S. Paulo e outras zonas que intensamente se injetam de sangue europeu. Os americanos salvaram-se da mestiçagem com a barreira do preconceito racial. Temos também aqui essa barreira, mas só em certas classes e certas zonas. No Rio não existe. // Há tempos assisti em Taubaté a uma cena muito ilustrativa do que é essa defesa na América do Norte. Um americano desceu do trem e foi ao restaurante Pereira comer qualquer coisa. Sentou-se e pediu. Nisto entra um guarda-freio de boné na orelha, gaforinha, e senta-se-lhe ao pé. O americano ergue-se de impulso, atira a cadeira e some-se no trem. O país equiparava-o ao guarda-freio, mas ele não aceitava o presente. Filosoficamente me parece horrível isto — mas certo do ponto de vista racial. // A razão do meu silêncio está no meu andejismo. Em janeiro fiz mais de 2 mil quilômetros de trem, cavalo e navio. Andei mais que Telêmaco e se não encontrei Ulisses foi apenas porque não o procurei. O melhor desses passeios foi uma saída fora da barra a bordo do "Saturno", no dia da partida da esquadra americana. Primeiro vimo-la sair, do "Saturno" parado perto da fortaleza de Vilegaignon; depois fomos atrás por umas trinta milhas. Tivemos mar calmo, mar grosso, ventania e chuva — uma bela exibição de amostras. // E o "avança" que houve a bordo, na hora do lanche? Coisa inconcebível. Toda aquela gente fora convidada, e claro que era como se chama aqui "gente fina". Na hora de comer comportam-se como cães famintos que se atiram contra um montão de bofes. O carioca ri-se e diz: "É o avança"... Isso de educação coletiva, só a vejo na pobre gente da roça. Na "gente fina" do Rio de Janeiro não existe nenhuma... // Sabe alguma tradução de Homero em português? Leio na de Lecomte.[205]

Cabe assinalar que as edições seguintes do livro suprimem trecho da carta, a partir de "Estive alguns dias no Rio [...] a ponto de vista racial". Desde a segunda edição, em 1946[206], pela editora Brasiliense, a supressão é indicada por meio de uma linha pontilhada.

Brito Broca discute em *A Vida Literária no Brasil 1900* como não só Monteiro Lobato, mas vários autores de sua geração se refugiaram na

[205] Lobato, Monteiro. *A Barca de Gleyre: Quarenta anos de correspondência literária*. 1. ed. São Paulo: Cia Editora Nacional, 1944. p.132 - 134. Carta de 3 fev1908.

[206] Lobato, Monteiro. *A Barca de Gleyre: Quarenta anos de correspondência literária*. São Paulo: Brasiliense, 1946, p.207.

Grécia como maneira de reagir a "encrespação de mestiçagem", num país em que o cativeiro marcara com violência a contribuição do sangue negro. O autor cita ainda o movimento científico da escola de Recife que, sob a influência germânica, via a mestiçagem como fator de decadência da nacionalidade. Sobre essa identificação com a cultura grega de alguns autores, Broca comenta:

> O próprio Tobias Barreto, já em 1862, declarava: "Sou grego, pequeno e forte". Joaquim Nabuco, em carta a José Veríssimo, protestava contra o fato de se chamar Machado de Assis de mulato, dizendo: "A palavra não é literária, é pejorativa, basta ver-lhe a etimologia. De mais, o ser mulato em nada afetava sua caracterização caucásica. Eu pelo menos vi nele o grego."[207]

Cabe lembrar ainda que Ronald de Carvalho, em sua *Pequena História da Literatura Brasileira*[208], de 1919, procurou compreender a relação do "homem novo do Brasil" com a tradição clássica:

> O homem novo do Brasil quer viver a realidade do momento. Ser moderno não é ser futurista nem esquecer o passado. Ninguém pode esquecer o passado. Repeti-lo, entretanto, seria fracionar artificialmente a realidade, que é contínua e indivisível. // Quem não admira o gênio ou o gênio romano? Mas se algum diretamente greco-romano quisesse impor à sociedade moderna, além das odes pindáricas e dos hexâmetros virgilianos, as concepções que fizeram a grandeza política de Atenas ou Roma, quantos minutos viveria fora da penitenciária?[209]

Retomando o fio que percorre os interesses de Lobato pela cultura grega, testemunhados em suas leituras, registra-se que escritor, em carta a Rangel, em 25 de fevereiro de 1908, deixa suas impressões sobre a *Ilíada* e a *Odisseia* de Homero, apontando a herança dessa literatura no cotidiano do Brasil no início do século XX:

---

[207] Broca, Brito. *A Vida Literária no Brasil 1900*. 5ed. Rio de Janeiro: José Olympio, 2005, p.158.

[208] Sobre *A Pequena História* da Literatura, Monteiro Lobato escreve resenha crítica no nº 48 da *Revista do Brasil* em 1919 em que a qualifica como "uma história da literatura brasileira que satisfaz plenamente". Artigo inserido em *Críticas e Outras Notas*, p.36-37.

[209] Carvalho, Ronald de. *Pequena História da Literatura Brasileira*. 4ed. Rio de Janeiro: F. Briguiet & Cia, 1929, p. 412.

Este mês de fevereiro foi o meu mês de Homero. Li a Ilíada e a Odisseia. Estou recheado de formas gregas, bêbado de beleza apolínea. Maravilhoso cinema, Homero! Gostei muito mais da Odisseia. A Ilíada peca pelo inevitável monótono do tema — a guerra ou, antes, o combate. De começo a fim, gregos e troianos morrerem como insetos, enquanto lá no Olimpo os divinos pândegos puxaram os cordéis e intrigam. Diodemes, Ájax, Aquiles, Heitor, Sarpedon racham crânios, estripam ventres, fendem ombros, decepam cabeças, rompem escudos, tomados duma horrível bebedeira de sangue. Aquiles é uma beleza. Páris, outra, mas de outro gênero. Já na Odisseia o assunto é caleidoscópio e sempre empolgante. Lê-se tudo aquilo como um romance de Maupassant. Penélope é ótima. Ulisses, um divino pirata. A descida aos "campos de asfódelos", deixa ver a origem da Divina Comédia. // Finda a leitura, pus-me a pensar no quanto Homero influenciou e influencia ainda hoje o pensamento ocidental.// Na linguagem corrente, quanto Homero, meu Deus! "Fulano é meu mentor", "o teu calcanhar de Aquiles", "astutos como Ulisses", a "teia de Penélope", "os encantos de Circe", "entre Sila e Caribdes". // Estou agora às voltas com a Eneida — mas pelo que já li, Virgílio está para Homero como o jornalista está para o escritor.[210]

Em anotações escritas possivelmente em 1902[211] e divulgadas em *Mundo da Lua*, em 1923, o escritor lamenta a falta de traduções dos clássicos gregos para o português:

Toda a antiguidade greco-romana ainda nos está fechada. Não temos nossa tradução de Homero, de Sófocles, de Heródoto, de Plutarco, de Ésquilo. Como não temos Shakespeare, nem Goethe, nem Schiller, nem Molière, nem Rabelais, nem Ibsen. Falta-nos quase tudo, e isso por causa da vida inteligente que ainda é nossa. Sem enriquecimento material, sem desenvolvimento econômico, um povo não pode enriquecer-se espiritualmente.[212]

Voltando a 1908, ano de produtivas leituras do jovem promotor da ci-

[210] Lobato, Monteiro. *A Barca de Gleyre: Quarenta anos de correspondência literária*. São Paulo: Cia Editora Nacional, 1944. p.134-135. Carta de 25 fev. 1908.
[211] Segundo a "Justificativa" publicada em *O Mundo da Lua* [1923], os textos teriam sido escritos até a primeira década de 1900 – os vinte anos de Monteiro Lobato.
[212] Lobato, Monteiro. *Mundo da Lua e Miscelânea*. 2 ed. São Paulo: Brasiliense, 1948, p.129.

dade de Areias, encontramos na folha de rosto de *Histories d'Hérodote* e *Théatre d'Aristophane* traduzida para o francês por André-Charles Brotier (1896), obra que pertenceu a Monteiro Lobato, atualmente no acervo do CEDAE-Unicamp, a indicação do escritor: "março 08" e "S. Paulo 08". Tal nota sinaliza e sugere a relação entre leitura e as referências sobre o assunto em cartas e anotações.

Talvez pela necessidade do mercado editorial brasileiro de títulos clássicos traduzidos para o português, Monteiro Lobato tenha se dedicado tão intensamente às traduções. Em carta de 17 de setembro de 1945, a Editora Companhia Nacional relaciona a pedido do escritor os títulos que traduziu, cerca de 70[213]. Nesse arrolamento, vinculando-se a assuntos do mundo clássico, encontram-se, entre outras obras, a *História da literatura mundial*, de John Macy, e a coleção *História das civilizações*, de Will Durant.

As práticas de muitas leituras e traduções se impuseram grandemente em sua obra adulta e infantil. Lobato, em 1933 recupera a Grécia, a guerra de Troia e Homero em *História do mundo para as crianças*. Na obra infantil, no entanto, insere o assunto em um diálogo entre as personagens, de forma didática, como o trecho em que "Dona Benta ensina" Homero a Emília:

> A história minuciosa da guerra entre gregos e troianos encontra-se em dois poemas de grande fama. Um deles chama-se Ilíada, nome que vem do segundo nome de Troia, Ílion. O outro chama-se Odisseia. Neste conta-se o que, depois de terminada a guerra, se passou com um dos heróis gregos, Ulisses ou Odisseu. Sabem qual foi o poeta que compôs estes poemas?
> — Camões! Gritou a burrinha da Emília.
> — Homero, ensinou dona Benta. Homero era um rapsodo, quer dizer, um pobre diabo que andava pelas ruas cantando versos para viver, como fazem hoje os homens do realejo. Além do mais, cego, coitado — e por isso nunca escreveu os seus poemas. Foram escritos por outras pessoas que de tanto ouvi-los os guardaram de cor. Só depois da morte é que Homero ficou famoso. Nove cidades gregas passaram a disputar a honra de ter sido berço do cego, que em vida andava de porta em porta declamando seus poemas em troca de esmolas[214].

---

[213] Carta em anexo. Disponível também em Monteiro Lobato (1882-1948) e Outros Modernismos Brasileiros: < http://www.unicamp.br/iel/monteirolobato/correspondencia_passiva.htm>. Acesso em: jan 2013.

[214] Lobato, Monteiro. *História do Mundo para Crianças*. 3ed. São Paulo: Brasiliense. 1952, p.42.

Segundo Lobato, a sua *História do mundo para as crianças* foi adaptada de *Child's History of The World*, publicada em 1924, por V. M. Hillyer[215]. Dona Benta traduz oralmente o livro para as crianças, dando grande destaque à história grega, referindo-se à mitologia, à Idade de Ouro (o chamado século de Péricles) e ao governo do "Grande Alexandre".

Depois do que aprendeu com Dona Benta sobre a Grécia, Emília já possui bastante familiaridade com a cultura clássica e em *Aritmética da Emília*, obra de 1935, sai pelo sítio gritando:

— O Visconde achou! — O Visconde achou! Corram todos! O Visconde achou!

A gritaria foi tamanha que Dona Benta, Narizinho e Pedrinho acudiram em atropelo.

— Que foi? Que aconteceu?

— O Visconde achou! — repetia a boneca entusiasmada. — O danadinho achou!...

— Mas achou que coisa, Emília?

— Não sei. Achou, só. Quando entrei na sala, encontrei-o batendo na testa e exclamando: "Heureca!" Ora, Heureca é uma palavra grega que quer dizer "achei". Logo, ele achou[216].

Nos *Serões de Dona Benta*, de 1937, a avó conta histórias e mitos, entre os quais as lendas da "Grande Ursa" e da "Pequena Ursa", a ninfa Calisto e seu filho Arcas, que foram transformados em constelações.

Calisto era linda e adorada por Zeus. Com ciúmes, a deusa Hera transformou a ninfa e seu filho em ursos para serem mortos por caçadores. Então, para defendê-los da esposa, o deus dos céus transformou-os em constelações. Depois de ouvir a história, um dos picapauzinhos já anuncia novas aventuras na Grécia:

— Interessante o mito, vovó. Um dia precisamos estudar a tal mitologia grega. Pelo que sei dela, é uma das coisas mais lindas que os poetas inventaram[217].

---

[215] Hillyer, V.M. *Child's History of The World.* New York: Century, s/d.

[216] Lobato, Monteiro. *Aritmética da Emília.* 1ed. São Paulo: Globo, 2009, p.14.

[217] Lobato, Monteiro. *Serões de Dona Benta.* 22ed. São Paulo Brasiliense, 1994, p.74.

Em *O Picapau Amarelo*, em 1939, Lobato introduz diversas personagens do mundo grego, e na interação delas com os moradores do sítio, os leitores familiarizam-se com o assunto. Nessa mesma obra, "assanha" o leitor, noticiando o próximo livro da série infantil que teria por cenário a Grécia:

> Dona Benta gostava de contar aos meninos coisas interessantes do mundo maravilhoso dos gregos.
>
> — A Grécia povoou o mundo de deuses, semideuses, heróis e monstros, gigantes, ninfas, sátiros, faunos, náiades e mil coisas mais — tudo lindo... Agora vamos lá apenas para um breve passeio — mas havemos de voltar para uma estadia longa. Ah, como vocês hão de apreciar a Grécia!...
>
> O que Dona Benta ecoou foi o suficiente para assanhar os meninos. Emília só falava em morar lá toda a vida; Pedrinho fazia mil projetos; e Narizinho declarou que já de muito tempo seus sonhos eram só sobre a Grécia.
>
> — Pois bem — declarou Dona Benta. Nossa próxima viagem de aventuras será pela Grécia — e dará um livro:
>
> — Que lindo livro vai ser! — exclamou Emília. *Viagem do sítio pelo oceano da imaginação grega.*
>
> — Comprido demais, Emília. Os títulos devem ser curtos, se não ninguém decora. Veja: *Os Lusíadas*, *A Ilíada*, *A Odisseia*, *O Inferno*, *A Eneida*...[218]

Talvez toda essa "preparação" para *O Minotauro*, obra tirada do prelo em 1939, justifique o sucesso do livro e as inúmeras cartas enviadas por seus leitores[219], como a carta da pequena Edite:

> Meu caro amigo Sr. Monteiro Lobato.
>
> Escrevo-lhe para felicitá-lo por seu novo livro: "O Minotauro". Apesar de não haver lido "O Picapau Amarelo" gostei tanto da viagem feita pela Grécia Antiga, que queria qualificá-la em uma só palavra: MARAVILHOSA!!!
>
> Os ensinamentos ali contidos são inúmeros; as piadas não só da Emília como dos outros, são muito engraçadas; os desenhos de Belmonte e de Rodolfo estão ótimos.

---

[218] Lobato, Monteiro. *O Picapau Amarelo.* 7 ed. São Paulo: Brasiliense,1957, p. 135-136.

[219] As cartas encontram-se depositadas no acervo do Instituto de Estudos Brasileiros – USP e estão transcritas em anexo. Cf. Silva, Raquel Afonso de. *Entre livros e leituras: um estudo de cartas de leitores*. Campinas: Unicamp, Instituto de Estudos da Linguagem, 2009. (Tese de Doutorado).

Enquanto não vi o "finis" do livro não sosseguei, pois que ele me deixava curiosíssima.

Agora vou pedir à livraria que mande vir "O Picapau Amarelo" que deve ser tão bom quanto o seu sequente.[220]

Quando Lobato trata da arquitetura em sua obra, a Antiguidade clássica se impõe como paradigma estético. Em *América* — livro que publicou depois de sua residência nos Estados Unidos, entre 1927 e 1931 — o protagonista da narrativa descreve o Memorial de Lincoln, vendo na edificação "linhas [...] gregas":

Ergue-se à margem do Potomac esse templo grego de mármore branco, a refletir suas 36 colunas jônicas (cada qual representando um estado da União como era ao templo da morte do sublime Abe) no espelho do grande lago que o defronta. As linhas são rigorosamente gregas. Henry Bacon, o arquiteto, achou — e todos concordaram com o achado — que só a majestade das linhas helênicas poderia afinar com a majestade das linhas morais daquele homem [...]. Há o lago, um perfeito espelho retangular com moldura de grama, e cerejeiras, as quais na estação própria, japonizam de róseo o ambiente. Depois, a escadaria imensa com o templo grego no alto. Meus olhos poucas coisas ainda viram que emanasse maior beleza pura. Falharam na tentativa filósofos e estetas da mais subida acuidade. É sensação indefinível. Senti-a porém ali em toda plenitude.[221]

O alumbramento do personagem, descrito em *América*, assemelha-se àquele vivenciado por outro personagem lobatiano — agora em sua obra infantil. Dona Benta ao visitar o Partenon — templo grego do século V a. C — fica igualmente entusiasmada:

Diante do Partenão todos pararam, Dona Benta sem fôlego por ter subido a pé uns cem metros da casa de Péricles até o alto da Acrópole. [...] Dona Benta ergueu os olhos e viu. Viu o que nenhuma criatura moderna jamais viu. Viu o Partenão fresquinho ainda, com andaimes internos, cisco e lascas de mármore pelo chão. Viu e extasiou-se, porque era uma senhora de apurada educação artística.[222]

— Maravilha! — exclamou. Que dó não ter tal obra chegado aos tempos modernos! Estou notando uma coisa: a leve curvatura de todas as li-

---

[220] Carta de Edite Canto. IEB/ARAS. Cx.1 p2 doc15. Carta de Botucatu, 12 de Dez 1939.

[221] Lobato, Monteiro. *América*. São Paulo: Globo, 2009. p.49-50.

[222] Lobato, Monteiro. *O Minotauro*. 8 ed. São Paulo: Brasiliense: 1952, p. 57.

nhas retas, ou que deviam ser retas. Estas colunas convergem imperceptivelmente como se fossem reunir-se nas nuvens, e também noto leve curva nas arquitravas, no frontão, em tudo.[223]

É notável o conhecimento que Monteiro Lobato acumulou sobre a Grécia, sem nunca ter chegado a visitar as suas ruínas. Interessou-se por períodos da história helênica: o mitológico, em que figuram os deuses e semideuses da Antiguidade; e o de Péricles, em que se desenvolve a arquitetura e as grandes construções gregas como o século de Partenon. Curiosamente, fez Dona Benta compor um contraste entre as "duas Grécias", a "antiga" e a do século XX:

Há duas — a Grécia de hoje, um país muito sem graça, e a Grécia antiga, também chamada de Hélade, que é a Grécia povoada de Deuses e semi-deuses, de ninfas e heróis, de faunos e sátiros, de centauros e mais monstros tremendos como a Esfinge, a Quimera, a Hidra, o Minotauro. Oh, sim, lá é que era a grande Grécia imortal. A de hoje só tem uvas e figos secos — e soldados de saiote.[224]

Lobato expressa em várias obras seu gosto pela figura e o governo de Péricles, pela voz de Dona Benta:

"[...] e quem a lê [história de Péricles] admira-se de encontrar num mesmo homem tantos e tão grandes méritos. [...] era um homem de grande beleza física, dessas que se aproximam da beleza olímpica"[225].

"A inteligência de Péricles pertencia à classe das verdadeiras, das que penetram no fundo das coisas e compreendem. Por isso foi o maior homem de seu tempo, o maior orador, o maior estrategista, o maior estadista que governou Atenas por vontade expressa do povo"[226].

"Pois, apesar de tão longo tempo de ditadura — mas ditadura à moda grega, consentida pelo povo, anualmente renovada por vontade do povo..." [227].

O escritor paulista parece tão submerso na cultura clássica que frequentemente estabelece relações entre a sociedade de seu tempo e o mun-

[223] *Ibidem*, p. 61.
[224] *Ibidem*, p. 02-04.
[225] Lobato, Monteiro. *O Minotauro*. 8 ed. São Paulo: Brasiliense: 1952, p. 13.
[226] *Ibidem*, p.15-16.
[227] *Ibidem*, p.16.

do grego. Ainda em *América*, na visita de seu personagem a Biblioteca do Congresso Americano, quando observa os deuses da Antiguidade desenhados por Mac Ewen, ele compara o americano a Hércules e a americana, a Ônfale[228], rainha da Lídia:

> — Alegria... — murmurei, contente de vê-la afinal tomada em conta. E foi sorrindo que me dirigi para o Corredor Sul, onde vi os heróis gregos pintados por Mac Ewen — Páris na corte de Menelau; Teseu abandonado Ariadne adormecida; Prometeu prevenindo seu irmão contra a malícia de Pandora; Aquiles ao ser descoberto por Ulisses quando se disfarçou em rapariga Minerva dando a Belerofonte o freio de Pégaso; Perseu com a cabeça de Górgora; Jasão mobilizando os argonautas para a conquista do tosão de ouro; Orfeu assassinado pelas Bacantes; o pobre Hércules segurando a roca de Ônfale...
> — Hello, Mister Slang! — exclamei nesse ponto, arregalando os olhos.
> — Isto aqui está o perfeito símbolo da América. O homem de cá, este Hércules, não faz outra coisa. Não acha a mulher americana uma perfeita Ônfale?[229]

E se entre seus primeiros textos já estava a temática grega, sua última grande publicação infantil apresenta as façanhas de um dos seus heróis preferidos: Hércules. Em carta ao amigo Antonio Annunziato, em 1944, Lobato compartilha a realização do projeto editorial de "12 livrinhos novos para o Natal":

> Ainda desta vez falhou minha ida para aí. Acumulou-se neste fim de ano trabalho de mais: 12 livrinhos novos, infantis: os Doze Trabalhos de Hércules, que estou acabando de fazer, à razão de um em três dias, a tempo de apanhar o Natal. E revisões, e o diabo. Só depois de tudo isso liquidado poderei ter o gosto de aceitar o amabilíssimo convite do amigo para uma quinzena no Prata, hospedado no Pavilhão da Imprensa. E me será muito útil esse descanso, porque o trabalho de escrever 12 livrinhos de 96 páginas em 36 dias está-me parecendo que é o Décimo Terceiro Trabalho de Hércules[230].

Se a Grécia lhe serviu tantas vezes de parâmetro estético e referencial de cultura, Monteiro Lobato decidiu recriar em sua obra esse mundo,

[228] Ônfale comprou Hércules como escravo por três talentos; após servi-la durante três anos, o herói se casou com a rainha.

[229] Lobato, Monteiro. América. São Paulo: Globo, 2009. p.63.

[230] Lobato. Monteiro. *Cartas Escolhidas*. São Paulo: Brasiliense, 1959, p. 134. Carta de 31 ago. 1944.

construído de diversas maneiras. Uma percepção idealizada ganha contornos na fala de seus personagens mais famosos:

— Que coisa gostosa viver na Grécia daquele tempo! — exclamou Pedrinho com suspiro de nostalgia.

— Sim, meus filhos. A vida lá era um prazer — era o prazer dessa liberdade que vocês gozam no sítio. O prazer de sonhar e criar a verdade e a beleza. Nunca houve no mundo tão intensa produção de beleza como na Grécia — e o que ainda há de beleza no mundo moderno é pálida herança da vida de lá.

— Viva o sítio do Picapau Amarelo da antiguidade — berrou Emília — e as ondas do mar, como um eco repetiram: Viva! Viva!...[231]

***

Bibliografia:

Obras de Monteiro Lobato:

LOBATO, Monteiro. *A Barca de Gleyre: Quarenta anos de correspondência literária*. São Paulo: Cia Editora Nacional, 1944.

LOBATO, Monteiro. *América*. 1ed. São Paulo: Globo, 2009.

LOBATO, Monteiro. *Aritmética da Emília*. 1ed. São Paulo: Globo, 2009.

LOBATO, Monteiro. *Cartas Escolhidas*. São Paulo: Brasiliense, 1959.

LOBATO, Monteiro. *História do mundo para as crianças*. 3 ed. São Paulo: Brasiliense, 1952.

LOBATO, Monteiro. *Literatura do Minarete*. São Paulo: Brasiliense, 1959.

LOBATO, Monteiro. *Mundo da Lua e Miscelânea*. 2ed. São Paulo: Brasiliense, 1948.

LOBATO, Monteiro. *O Minotauro*. 7ed. São Paulo: Brasiliense, 1957.

LOBATO, Monteiro. *O Poço do Visconde*. São Paulo: Brasiliense, 1957.

[231] Lobato, Monteiro. *O Minotauro*. 8 ed. São Paulo: Brasiliense, 1952, p.18.

LOBATO, Monteiro. *Os Doze trabalhos de Hércules*. 10ed. São Paulo: Brasiliense, 1960.
LOBATO, Monteiro. *Picapau Amarelo*. 7ed. São Paulo: Brasiliense, 1957.
LOBATO, Monteiro. *Serões de Dona Benta*. 22ed. São Paulo Brasiliense, 1994.

Obras sobre Monteiro Lobato:

CAVALHEIRO, Edgard. *Monteiro Lobato: vida e obra*. São Paulo: Nacional, 1955.
LAJOLO, Marisa. (Org.); CECCANTINI, João Luis (Orgs.). Monteiro Lobato livro a livro (obra infantil). São Paulo: Editora Unesp/Imprensa Oficial, 2008.
SILVA, Raquel Afonso de. *Entre livros e leituras : um estudo de cartas de leitores*. Campinas: Unicamp, Instituto de Estudos da Linguagem, 2009. (Tese de Doutorado).
TOPAN, Juliana de Souza. *O "Sítio do Pica-pau Amarelo da Antiguidade": singularidades das "Grécias" lobatianas*. Campinas: Unicamp, Faculdade de Educação, 2007 (Dissertação de Mestrado).

Outras referências:

BROCA, Brito. *A Vida Literária no Brasil 1900*. 5ed. Rio de Janeiro: José Olympio, 2005.
CARVALHO, Ronald de. *Pequena História da Literatura Brasileira*. 4 ed. Rio de Janeiro: F. Briguiet & Cia, 1929, p. 412.
DURANT, Will. The Story of Civilization. Vol. I: *Our Oriental Heritage*. New York: Simon and Schuster, 1935.
DURANT, Will.The Story of Civilization. Vol. II: *The Life of Greece*. New York: Simon and Schuster, 1939.
DURANT, Will.The Story of Civilization. Vol. III: *Caesar and Christ*. New York: Simon and Schuster, 1944.
HILLYER, V.M. *Child's History of The World*. New York: Century, s/d.

NETO, Coelho. Às quintas. 1ed. São Paulo: Martins Fontes, 2007.

Site de referência:

Monteiro Lobato e outros Modernistas Brasileiros. Disponível em: <http://www.unicamp.br/iel/monteirolobato>.

Monteiro Lobato, meu grande amigo e generoso protetor[232]

Paulo Dantas

Meu Lobato se projeta no Lobato dos outros, tal a sua multiplicidade de aspectos, facetas, identificações, ensinamentos, mundos e fundos.

Essa multiplicidade ocorre em face das diversas manifestações da sua ação social e da sua atuação intelectual.

Não é fácil escrever sobre o gênero múltiplo de Lobato, o escritor que ficou mais conhecido pela sua literatura infantil, realmente genial e única no mundo em se tratando de volume gráfico de histórias e de estórias, de mitos infantis ou de mitologias universais misturadas.

Certa feita chamei Lobato de um engolidor de espadas, isto é, um homem que de tanto criar, imaginar, manipular espantos podia atrair sobre si mesmo, conforme se deu, a seriação novelesca deformada da televisão, que acabou industrializando o "Sítio do Pica-Pau Amarelo".

Ganhando a batalha da comunicação, facilitando aos adaptadores a adaptação, o uso e o abuso das liberdades, o "Sítio" acabou virando tudo, menos aquele lugar autêntico da infância brasileira.

O pecado da adaptação livre levou anos, atravessou anos, pouco sobrando de um Lobato genuíno e nacionalista.

Só serviu pata tornar conhecido, como escritor, o nome de Monteiro Lobato e chamar atenção para sua literatura infantil, por natureza própria, um *best seller* infindável.

Lobato é Lobato. Um criador de mundos. Um gigante do trabalho mental. Um herói nacional a toda prova. Herói do nosso tempo. Herói do espaço cultural brasileiro, por Lobato loteado em todas as latitudes e longitudes. Seu universo não se limitou ao Vale do Paraíba, onde o contista deixou-nos histórias clássicas e patrimoniais, nem a São Paulo somente, onde o escritor nasceu, lutou, venceu e morreu, batalhando por tudo, sem parar.

---

[232] Originalmente publicado em Dantas, Paulo (org.), *Vozes do Tempo de Lobato*, São Paulo: Traço Editora: 1982.

Gigante mental, homem de pequena estatura física mas de enorme tamanho nacional, Lobato ultrapassou a si mesmo e, apesar dos seus feitos heroicos, acabou sobrando nos exatos quadros da grandeza brasileira. O Brasil ainda não fez justiça ao mérito lobatiano. A Lobato, todos nós, muito devemos em todos os sentidos.

Entre as muitas lições dentro da grande lição de Monteiro Lobato, agora eu parto para divulgar na minha voz em meio das outras vozes; — as coisas, os fatos, as ideias, os gestos, os instantes, os momentos decisivos, os livros, tudo que de Lobato surgiu para o benefício e desenvolvimento geral do Brasil, essa "componente nova entre as forças cansadas da humanidade" (Euclides da Cunha).

Retrato

Seu retrato clássico, pintado por J.U. Campos, é pesado, severamente sério e grave. O rosto é marrom, um tanto pálido, o que aumenta a tonalidade do terno negro e solene nos ombros recolhidos.

O brilho dos olhos não deixa de refletir uma tristeza inconformada ou uma rebeldia quixotesca, que desce nos vincos cansados em forma de rugas.

Temos, em suma, um Lobato dentro de uma postura clássica, bem comportada e familiar. O pintor fora seu genro e procurou expressar no retrato do grande homem, toda aquela seriedade ou gravidade que, no fundo, Lobato, mesmo não querendo, era portador.

Esse quadro a óleo é muito fiel à imagem íntima de Lobato nos seus últimos anos de vida, anos alquebrados e tensos, pois o escritor, não aceitando, como era do seu porte, a acomodação, ainda lutava e muito produzia, acorrentado aos doze trabalhos de Hércules, sua última manifestação no campo da literatura infantil.

A luta tinha aquele mesmo sentido desvairadamente patriótico que Lobato imprimira em toda a sua vida, onde as preocupações nacionais pelo destino do Brasil, pela sua independência econômica, pelos problemas da vida do nosso povo buscava uma expressão maior do que a expressão literária, tão bem sucedida nele desde os dias da sua mocidade.

Para melhor se compreender o universo de Monteiro Lobato, universo tão denso e multifacetado, é preciso primeiro procurar compreender a soma enorme das contradições do seu temperamento de escritor patriota, de autêntico e inconformado libertário, querendo colocar a sua luta humana e política, a causa social acima de tudo, segundo seu coração se confessou em correspondência amiga a todos seus mais sinceros e profundos amigos.

É o próprio Lobato quem nos declara:

"Quando vim da América, veio comigo, no coração, dedicar minha vida à campanha da solução do problema do ferro e do petróleo, que só na América percebi que eram fundamentais para a nossa economia. E passei dez anos no maior combate da história, quase sozinho, abrindo os olhos da nossa gente com artigos de jornais, livros para gente grande, livros para crianças, conferências. A coisa virou mania, fanatismo. Até o Dr. Getúlio, no Cadete, recebeu uma das minhas injeções hipodérmica sobre o petróleo e o ferro.

Eu vi o Brasil como Quarto Poder Mundial do Petróleo. O primeiro poder mundial do Petróleo é o americano. O segundo é o inglês. O terceiro é o russo. Iríamos ser o Quarto! Sonhei isso — o quarto! — com uma produção sempre crescente, com milhares de poços abertos cada ano, com uma produção de milhões de barris. Teríamos petróleo abundantíssimo para todas as nossas necessidades e lá fora concorreríamos com a Standard e a Shell, como fez o México, a Venezuela, a Colômbia, e estão fazendo todas as repúblicas latinas."

Aí está o Lobato fundamental, o herói nosso da Campanha do Petróleo, que acabou dando fracasso e prisão, embora tivesse deixado anos, mais tarde, a Petrobrás, com o slogan "o petróleo é nosso", o qual necessita de ser revisto. A história dos contratos de risco é outra história, coisa mais recente.

Tudo na vida de Lobato foi luta. Luta grande acima da sua própria literatura. Luta no início pelo livro brasileiro, do qual também é o pioneiro da industrialização editorial no nosso primeiro e mais avançado surto, quando diretor da respeitável Editora Nacional, ao lado do mineiro Octales Marcondes Ferreira, outro nome que deve ser escrito na história do livro brasileiro, ao lado de um José Olympio, de um Barboza Melo, de um Antônio Simões Reis.

"Um país se faz com homens e livros", esse foi o lema que o norteou nesse tempo de dar livro ao Brasil.

Lobato, mesmo sendo um grande escritor, considerava essas suas campanhas patrióticas e desassombradas, a parte generosa da sua vida, a qual colocava "mil covados acima da outra, a literária." (sic)

A visão do problema social, já bem maduro, Lobato a resumia nessa síntese aberta em leque:

"A nossa ordem social é um enorme canteiro em que as classes privilegiadas são as flores, e a imensa massa da maioria é apenas o esterco que engorda essas flores. Esterco doloroso e gemebundo. Nasci na classe privilegiada e nela vivi até hoje, mas o que vi de miséria silenciosa nos campos e cidades me força a repudiar uma ordem social que está contente com isso e arma-se até com armas celestes contra qualquer mudança."

Agora eu indago: o que teria sido Lobato no meu destino? Um pai que procurava ou um grande homem de letras, de ação e de trabalho, que, profunda e comovidamente, eu admirava. Quis a vida sofrida, apesar de gloriosa, que aquele homenzinho nervoso levava que, sem querer, aos 24 anos de idade, eu fisicamente parecesse com seu querido filho Guilherme, falecido aos 10 de janeiro de 1939.

Quando naquela manhã garoenta de outubro de 1945, igual a um personagem de Gorki, eu bati a sua porta, não sabia, que, empurrado pela adversidade heroica, caberia-me, sem querer, o papel de substituto do seu filho morto. E que, em lágrimas, em sofrimentos, selaríamos para sempre uma grata e inesquecível amizade.

Mesmo sem o ter lido, na íntegra, já admirava Monteiro Lobato por tudo que ele fizera por todos nós, órfãos sociais de uma Pátria amada e estremecida. Lobato antes de ser meu grande amigo, já era para mim, moço sofrido, uma espécie de carisma, de talismã.

Como um náufrago agarrei-me a ele e, porto da esperança e da salvação, Lobato estendeu-me a mão, não me deixando cair ou morrer antes de não ter vivido.

Porque, é certo, que por mais que um moço de 24 anos tenha sofrido no mundo, a ele não cabe o direito de dizer que viveu a vida-travessia, a vida que começa todos os dias, a vida depois dos 30, dos 40 anos, dos 50, sei lá, sei não, dos 60 ou dos 70.

Entramos na década 80[233], década do seu centenário comemorado no Brasil e no mundo, pois a humanidade dos homens de eterno valor é uma só, seja na Rússia ou nos Estados Unidos, na China ou no Japão, haja paz e haja pão, uma vida melhor para todos, assim como o humanista e sofredor Lobato, desiludido dos homens, mas não das crianças, queria e desejava

[233] Como já assinalamos, este depoimento de Paulo Dantas data dos anos 80. (N. do O.)

— um traço superior do sue grande caráter, traço que ele mesmo colocava acima da realização da sua obra literária, achando que a sua luta era melhor e maior. Foi isto, por certo, que fez que homens duros e probos, como um Graciliano Ramos, não admirador literário de um Lobato, o respeitasse como personalidade, uma das mais lutadoras e aguerridas que tivemos. Ambos grandes sofredores; Lobato e Major Graça, homens íntegros.

Erra quem, sem ter a paciência ou a honestidade de se aproximar da obra adulta de Lobato, fala que a mesma é anacrônica ou superada. Sim, a bem da verdade, há nela certos anacronismos nos assuntos tratados, já vencidos pela época e pelo tempo, mas são anacronismos curiosos e brilhantes, dada a forma e ao estilo com que Lobato os tratou.

Lobato pertence à família dos chamados profetas nacionais, profeta de ordem maior e tudo que ele escreveu interessa ao conhecimento e ao entendimento da alma nacional, jornalista e panfletário solerte que foi. Homem que dizia sempre o que pensava, um libertário de consciência reta e alerta em frente aos erros dos maus governos. A coragem cívica de Lobato chegava a ser suicida e tudo ele enfrentava no peito e na raça, sem perseguir glórias ou academias, vaidades acomodadas ou premiações oficiais.

E escritor nenhum, entre nós, chegou a gozar do prestígio político que um Lobato teve em vida, acima até dos injustos e impensados ataques de certos vaidosos modernistas.

Contraditório, impulsivo, homem cheio de venetas ou rompantes, mestre Lobato o foi, mas tudo isto a serviço do Brasil.

Patriota, nacionalista acima de tudo, ninguém, entre nós, no campo cultural, foi maior ou, como intelectual, teve uma decidida participação como Monteiro Lobato. Essa luta social, essa sua paixão pelas causas nacionais, pela solução dos problemas brasileiros, levou-o até a prisão. Desiludido dos homens e da política, voltou-se, de corpo e alma, para a literatura infantil, tornando-se no gênero, um dos gênios da humanidade. Sua obra para crianças, segundo avaliação já comprovada, é um número de livros, a maior literatura infantil do mundo.

Abraçando a luta social e política, o desafio à ditadura da época, todo empenhado em causas públicas ou em problemas coletivos, como descoberta do petróleo, defesa da saúde, luta pela industrialização, siderurgia, ecologia, independência econômica do País, Monteiro Lobato, mais do que um profeta social, foi um pioneiro em tudo.

Sua figura, para muitos apaixonados, só pode ser comparada a um Tiradentes, a um Mauá ou a um Delmiro Gouveia. Lobato, gigante da nacionalidade, incorporou a sua biografia pessoal à História do Brasil social.

Certa feita o chamei de "escritor de grande utilidade pública nacional", reconhecendo não existir nenhum exagero nessa classificação, já que da luta, do exemplo, do empenho de Lobato resultaram frutos progressistas, que, ainda hoje, medram no Brasil, empurrando-o entre as grandes Nações que procuram evoluir na conquista civilizada.

Como literato, como escritor de denúncias nacionais só poderemos mesmo compará-lo a um Euclides da Cunha, sendo que o grego de Taubaté por ter vivido mais e participado mais da história do nosso progresso, leva vantagem sobre o nacionalista sertanejo de Canudos e do Amazonas.

Euclides morreu aos 44 anos de idade, já Lobato alcançou os 66. E mesmo a época de um, não foi a época de outro.

Mesmo sendo torrencialmente nacional, Lobato apesar de homem-rio, de homem-mural nunca foi amazônico como um Euclides.

Explica-se isso pelo seu sentido demasiadamente paulista, paulistano, seu temperamento de empresário maravilhosamente fracassado, sua intenção para o mundo dos altos negócios, os altos fornos das altas furnas, tendências claras, pretensões comerciais pioneiras, coisas que nunca falaram aos sentidos enfebrecidos de um Euclides, que queria ser herói nas águas, nos pântanos, nos abandonos, nos desertos nacionais.

Lobato, embora de origem rural, fazendeira, foi um homem profundamente urbano, uma criatura de grande cidade capitalista, namorado mal correspondido, por índole e temperamento, com as elites burguesas, que, no fundo, o rebelde de Taubaté detestava como o próprio Euclides.

A danação, a possessão heroica tomou conta de Euclides, atirando-os às correntes do rio-sertão, do mar-caudal num sentido fáustico. O demônio do desafio nacional em Euclides era um, já em Lobato outro, completamente voltado às grandes indústrias, para os desejos americanos pragmáticos, numa boa e progressista direção.

O Brasil condenado ao abandono, o Brasil condenado ao progresso, eis a síntese dos contrários que encontro em ambos, decididamente, os nossos mais avançados e guerreiros, combativos e denunciantes intelectuais. Ambos fascinados pelo romance, mas sem vocação literária para o gênero, que grandes romancistas de temas heroicos, nacionais, desmedidos não os teria sido para a comoção do mundo!

Sempre achamos e apontamos na literatura infantil o seu preocupado e decisivo sentido político, educacional mais do que pedagógico, ilustrativo mais do que escolar, daí o complemento à formação da educação sentimental das gerações prestado pelas lições bentas, pelas lições emilianas, pelas lições viscondescas.

Agora cabe breve registro ao papel exercido na mente lobatiana pela influência da leitura do trabalho isolado e gigantesco do sergipano Silvio Romero, reunindo e divulgando os contos populares do Brasil antigo e folclórico, que foi a base e o ponto de partida para a voz negra da sua musa tia Nastácia, assim retirando as nossas letras da medievalização da linguagem e das dinastias principescas, caminho esse que foi continuado por um José Lins do Rego, por um Luiz Jardim, por um Graciliano Ramos, por um Viriato Corrêa e outros autores nordestinos.

Nas águas libertárias de Lobato noutras regiões navegaram outros escritores de livros infantis, sendo sua influência e presença sentida até hoje, principalmente num autor como Orígenes Lessa, que, numa conferência na Câmara Municipal de Lençóis Paulista, sua cidade natal, chamei-o do mais ativo e direto continuador de Lobato, com o que o próprio Lessa confessa-se muito honrado.

Face à sua enorme importância, a bibliografia em livros sobre Monteiro Lobato ainda se mantém reduzida, sobretudo se comparada a de um Euclides, de um Rosa ou de um Machado de Assis, só para citarmos três exemplos maiores.

A bibliografia de Lobato apenas é vasta e abundante em se tratando de artigos publicados em jornais ou revistas. Isto é óbvio, porque certo trauma político cercou a sua figura corajosa e patriota e a covardia nacional é grande demais em nossos meios culturais, acadêmicos e beletristas.

No ramo da literatura infantil, entre nós, não existe livro mais político ou nacionalista do que o delicioso *O Poço do Visconde*, sem deixar de lado *A Chave do Tamanho* ou *O Dom Quixote das Crianças* ou *A Reforma da Natureza*.

Na questão dos direitos humanos, não há, entre nós, maior voz do que a da Emília, aquela boneca que se metia em tudo, alter ego e voz lobatiana; Emília, mais do que voz, porta-voz contra tudo que é atraso ou preconceito, abandono e descaso nacional. Portanto, Emília, que não era candidata a nada, torna-se a maior personagem política, sem partidarismo ou filiação.

Aos políticos, a política; aos sociólogos, a sociologia e à Emília, o lobatismo ou a lobatização dos nossos sentimentos nacionais, brasileiros da silva, brasileirinhos, picapauzinhos amarelinhos e verdes, já que Emília, na seleção canarinha, joga na frente, fazendo gol de cabeça, diferente daquele "garrincha" que os fazia, com as pernas tortas, tortinhas...

Não se trata de sentimentos patrioteiros ou passarinheiros, mas sim de sentimentos idos e vividos em prol de um mundo mais justo e melhor para todos, um mundo onde a criança governe e comande, sem camanducaias ou abandonos "trombadinhas", relembrando aquele triste episódio do ônibus atirado nos matos mineiros, fronteiriços.

Pouca gente sabe que na geografia sentimental e brasileira da vida de Lobato, Campos do Jordão ocupou um lugar de destaque, uma vez que, morando num chalé rústico, em companhia dos filhos Guilherme e Edgard em tratamento de saúde, na década de 30, na montanha restauradora, Monteiro Lobato, depois de sua volta dos Estados Unidos, escreveu e consolidou na calma benfazeja dos ares serranos, grande parte da sua importante literatura infantil.[234]

Quis, na trama do destino, que fosse Campos do Jordão o lugar que haveria de nos unir para sempre, em consolidações físicas ou restituições espirituais, daí a presença forte da montanha nos caminhos cruzados dos nossos destinos.

Hoje sabemos que o personagem que inspirou o tipo símbolo nacional de Lobato não nasceu na montanha, mas lá embaixo, no vale, principalmente nos arredores das duas cidades mortas, Areias e Silveiras, tão antologicamente retratadas pelo criador de *Urupês*.

Nos anos 30, Lobato morava no bairro de Capivari na única casa de que, em vida, chegou a ser proprietário. Hoje, inteiramente reformada, essa casa nada mais guarda da sua memória. Como outras casas paulistanas, onde Lobato, como inquilino, morou. Portanto, a tradição lobatina na montanha jaz inteiramente esquecida, pois nem sequer na Campos do Jordão de hoje existe uma rua ou um colégio, um marco qualquer da sua passagem.

Ingratidão tipicamente municipalista, uma vez que, noutras cidades do interior brasileiro, existem colégios, ruas, até mesmo praças, casas de caridade com o nome de Monteiro Lobato.

Cidade que pouco ama ou cultiva a tradição, naquele sentido gratificante e nobre, não é de se estranhar tal esquecimento em relação à memória do seu ilustre morador. (Não estaríamos aqui a reclamar essa omissão, caso Lobato tivesse sido de Campos do Jordão um turista ou um simples passageiro, como foram um Nelson Rodrigues, ou um José Geraldo Vieira).

Lobato gostava muito da montanha e chegou mesmo a datar um dos seus livros, o *Geografia de Dona Benta* (1935), com o nome dessa cidade. Nas suas cartas as referências, os elogios a Campos do Jordão são frequentemente abundantes, outra plástica razão para a nossa queixa se fazer tenaz e incomodativa, reclamando de uma cidade que esquece tão

[234] Em Campos do Jordão, Monteiro Lobato residiu com a família na Avenida Macedo Soares, no bairro de Capivari, num chalé hoje já demolido. (N. do O.)

fácil e comodamente a homenagem ou o merecido tributo a um dos seus mais ilustres moradores.

Quem perde com isso não é a memória de Lobato, cada vez mais elevada e cultuada no Brasil, mas o município estancieiro e político, que tende cada vez mais a ser um "subúrbio de luxo", na expressão do artista catalão Jagobo Pan.

Agora estou a lembrar que quando Lobato morou em Campos do Jordão, aí também residiu um de seus mais nobres e queridos amigos, o embaixador e acadêmico Macedo Soares, outro grande esquecido por Campos do Jordão.

Dir-se-ia que os municípios elitistas são assim mesmo, não existindo nenhuma novidade nessa minha apaixonada ou passional reclamação. Uma cidade será sempre bem amada quando ela a par do seu desenvolvimento urbano, volta-se para suas tradições eminentemente espirituais e não, capitalisticamente, interesseiras ou politiqueiras.

Taubaté hoje se orgulha muito de ter servido de berço de Monteiro Lobato, com o seu "Sítio do Picapau Amarelo" restaurado e recebendo a visita de brasileiros de todos os cantos.

Pindamonhangaba também, já que graças ao trabalho operário da Estrada de Ferro Campos do Jordão, foi erguido em Piracuama, uma parada distante 17 quilômetros da nobre e tradicional cidade, um recanto lobatiano com as figuras de barro (terracota) representando os personagens da literatura infantil do inesquecível mestre.[235]

Eu perguntei ao vento da madrugada viajeira que andava pervagando pelos caminhos da montanha quem, afinal, havia sido esse brasileiro chamado Lobato e o vento, então, me respondeu:

— Ele foi um vendaval que soprou forte, sacudindo a poeira dos caminhos e abalando a paz dos acomodados. Foi um tufão de energias sortilegiadas. Chegou a ser mesmo um cataclisma, um abalo sísmico em tudo que era morto ou adormecido.

Defronte, o Morro do Elefante, em Campos do Jordão foi a testemunha dessa minha indignação e até o próprio morro tremeu, mandando-me seu recado, sua resposta telúrica.

Lobato era da raça insatisfeita dos escritores profetas em sua própria terra. Foi um tipo da bíblica família guerreira, dos gedeões e dos 350 lutadores aguerridos, um personagem digno das crônicas do Livro dos Reis.

Profeta nacional legislando em causa própria e alheia, ganhando e sa-

[235] Trata-se do Parque Reino das Águas Claras, balneário que é um dos destinos turísticos da Serra da Mantiqueira. (N. do O.)

bendo perder a questão a flagrar e a deflagrar no corpo de delito nacional os seus abertos protestos.

Como ele não houve, nem haverá, entre nós, em tempo algum, outro escritor igual, de tamanho calibre alumbrado ou de dimensão iluminada.

Lobato foi um mago; tudo que ele tocava virava ouro ou prata, cobre ou ferro. Sua investidura por dentro era ferruginosa; sua couraça por fora, apesar da pequena estatura, era uma armadura de couro e de espanto. No fundo, Lobato foi um grande e íntegro sertanejo, apesar de nascido bem e fazendeiro.

Caboclo do Vale do Paraíba, mais caboclo do que coronel, apesar do seu físico baixinho e encalçado tinha um jeito de lugar tenente, de capitão do mato bravio, capitão do poder de tudo aguentar.

Foi Ana Maria Machado, uma das mais talentosas escritoras do Brasil de hoje, quem num debate universitário, em Taubaté, em abril de 1982, apontou Lobato como o precursor do realismo fantástico nas letras latino-americanas, já que, consciente ou inconscientemente, seus livros traziam gérmens, nódulos e inocentes segmentos desse gênero, bastando para isso que o leitor atentasse nas viagens espaciais, nas viagens alopradas, nas viagens ao fundo dos riachos, ao fundo do mar com seus peixinhos.

Deixava de lado, nesse seu apontamento de leitura, as excursões ao grotesco caboclo nosso, feito por Lobato na sua novela desconhecida, *Os Negros* ou as suas imaginações científicas ou raciais de *O Presidente Negro*, esse romance-choque, recordando apenas que quando lera Lobato, de repente, se sentiu no fundo de um riacho de águas claras que se tornava oceano imaginário.

O surrealismo literário ou o expressionismo mágico sempre estiveram presentes na literatura geral de Lobato, um escritor culto, dos mais cultos que tivemos, igual a um Guimarães Rosa, outra fera de sabedoria que devorava línguas e ciências, pesquisas científicas e explorações aos mundos conhecidos e desconhecidos.

Lobato na questão da literatura latino-americana foi também precursor, já que, como editor foi o primeiro no Brasil a lançar e a chamar a atenção para escritores continentais, ainda traduzindo ou mandando traduzir os romancistas da ficção científica, como H.G. Wells e outros.

Agora eu me pergunto, eu me indago: que fantástico dom possuía esse Lobato nos estranhos caminhos das profecias práticas e literárias, das profecias em geral?

Dir-se-ia que tudo que ele tocava ficava mágico, suprarreal, paranormal. As antecipações de Lobato, as avançadas mentais do seu gênio inquieto e rebelde precisam ser mais analisadas e aprofundadas. Perde tempo quem se preocupa com as implicâncias suas ou com as implicâncias dos modernistas com relação a Lobato e a história mal contada e apressada do movimento literário de 1922.

Injusto foi um Mário de Andrade, injusto foi um Luis Martins, injusto foi um Sérgio Milliet e muitos outros, quando não alcançando o gênio geral de Lobato, sua atuação nos quadros culturais do espírito brasileiro, ficaram com quizilas ou querelas plásticas, tutameias não peripécias da importância lobatiana. Essas coisas vagas e vaidosas, que não levam a nada.

Agora, hoje sabemos que no festival antiacadêmico, mestre Lobato trabalhava sozinho, fazia seu próprio modernismo na linguagem, apesar das raízes portuguesas, com certeza da sua camiliana teoria literária, que essa raça ingrata, que esse coro ingrato de mal-agradecidos da peste da vaidade literária quiseram empanar com balelas e ureias, melaços mal-destilados, bagaços mal triturados procuraram negar em vão, tornando-o um marginal à margem da história dirigida e mal contada do modernismo literário, 60 anos comemorados sem a exata interpretação dada, que de injustiças e ingratidões o mundo anda cheio, como cheio estava deles, literatos chato-boys, o Lobato quando descobriu a infância e entrou no seu reino encantado feito o maior escritor nosso de todos os tempos, modos e tamanhos, gênio não genioso, que só aqueles que amam a infância bem querida podem escrever o que ele escreveu, tomado e tocado por uma esquizofrenia sadia, por uma genialidade solitária e ocupada; que hoje estou com a cachorra da moléstia para aqui denunciar e apontar que parância é paranoia, Deus ou o bom Diabo nos livre em tempo dela, que no sartreano inferno alheio muitos são chamados, mas poucos os escolhidos. Não faço ponto, nem vírgula; a morte dos mortos-vivos é grande, sendo que os vivos-mortos, como Lobato, são poucos.

Fim da história: Jeca Tatu venceu e foi infeliz para sempre[236]

Léo Gílson Ribeiro

No centenário da vivíssima inteligência de Monteiro Lobato, que persistentemente iluminou os males do Brasil que ele amou de modo tão ferido, sua clarividência dos problemas nacionais virou comemoração de banda de música no quiosque de Taubaté, discurso palavroso de algum político que o queira utilizar para seus próprios fins, conferência sobre o túmulo de quem não pode mais erguer as bastas sobrancelhas diante da burrice nacional.

Monteiro Lobato, para a vasta maioria de brasileiros Macunaíma, espreguiçados na rede do "está bom como está" ou dos patrioteiros que não querem ver os desmandos do Brasil falso por pudor nacionalisteiro ou por receberem dividendos ocultos do *status quo*, Monteiro Lobato sempre foi um espinho na carne, uma pedrona no sapato, um estorvo perigoso. Figura descendente direta de Dom Quixote, mas com o senso prático de Sancho Pança, esse idealista pragmático sem imitadores no Brasil bocejante de tédio, incúria e langor, continua, através de seus livros, a pregar no deserto. É verdade que ele revolucionou o rame-rame dos "bem-pensantes": tocou em tantos dodóis escondidos debaixo de uma gaze de indiferença que logicamente atraiu sobre si uma chusma de gafanhotos do bem-bom que lhe devoraram a empresa e o sonho. Monteiro Lobato ousara mostrar aos brasileiros da elite urbana, que sabia ler e escrever, um quadro realista dos caipiras que desmatavam, queimavam as florestas do Brasil, não produziam nada de fecundo para a terra e viviam, acocorados, inertes, diante de todos os acontecimentos de suas vidas. A guerra na Europa era um conceito que não cabia na sua cabeça: era coisa de mexer com ele, Jeca Tatu, de ele ser recrutado pelo Exército? Aí sim, ele era capaz de mudar o apoio do corpo de uma perna para outra, sempre de cócoras. A República, a ditadura de Getúlio Vargas — nada o fazia largar o "pito", o cachimbo fétido, as "re-

[236] Publicado no "Jornal da Tarde", de 17/04/1982 (Caderno de Programas e Leituras).

zas" contra mordedura de cobra, a tapera cheia de "barbeiros", transmissores de malária, a prole raquítica que punha no mundo com a frequência com que expelia vermes de sua barriga inchada e doente. Era O Jeca Tatu. Monteiro Lobato vivera pessoalmente a tragédia da imobilidade do sertanejo das zonas rurais do Brasil, em sua fazenda ao norte de São Paulo, no seu já decadente Vale do Paraíba natal.

Inicialmente, seu ataque é contra a imagem romântica, que faziam do caboclo ignaro, sujo, apático, os que viviam de heróis literários. Atribui — justa ou injustamente — José de Alencar essa visão lírica do índio, dotado de virtudes de um Hércules grego misturado com um Apolo de beleza, requinte, virilidade, fidalguia. Os índios imaginados na Europa por Chateaubriand e por Rousseau tinham morrido ao contato com a etnologia que situara os índios brasileiros no ciclo histórico da idade da pedra, "um selvagem real, feio e brutesco, anguloso e desinteressante, tão incapaz, muscularmente, de arrancar uma palmeira, como incapaz, moralmente, de amar Ceci". Até que o público, farto daquele mercado espúrio de "aimorés sanhudos, com virtudes romanas por dentro e penas de tucano por fora", passou a criar outra geração de mitos: o índio nobre, bom como o "homem natural", à La Rousseau, transformou-se no "caboclismo": "hoje ainda há perigo em bulir no vespeiro: o caboclo é o 'ai Jesus' nacional. Só a aparência mudou um pouco: o cocar de penas de arara virou chapéu de palha, a oca, rancho de sapé, o tacape ganhou fogo e é agora espingarda, a tanga foi trocada por calça de fazenda ordinária, de 'riscadinho', os pés continuam nus, excelente viaduto do chá para os vermes a passeio da terra para os intestinos desses descendentes de guerreiros valentes, de personagens de óperas cantadas em Milão diante do velho Verdi estupefato. Súdito impertérrito da Grande Lei do Menor Esforço, Jeca Tatu nada traz de produtivo ou de original para um país do qual nem sabe ser cidadão: vota sempre no Governo, masca o cigarro de palha, sua resposta a toda e qualquer proposta de melhora é o fatalista e lerdo, terminante: 'Não paga a pena', antecipação do nacional 'Ah, plantando, dá!'...

Monteiro Lobato, a quem os problemas do Brasil doíam como verrumas na carne e na alma, causou em escândalo de Norte a Sul. Havia quem o invectivasse de sádico revolvedor de problemas solúveis, de antipatriota, mau brasileiro, mas a pujança da sua descrição sensibilizou até um Ruy Barbosa e afinal Monteiro Lobato tocara numa chaga brasileira talvez (?) abrandada hoje em dia, mas provavelmente de pé hoje como ontem, no seu tempo: os boias-frias não são os descendentes de Jeca Tatu e este, como o autor generosamente reconheceu, não era a vítima da falta de higiene, da ignorância, do domínio de oligarquias que o usavam como mão de obra vil e subumana?

A ideia do binômio saúde-educação empolgaria o escritor e depois o deixaria na mais profunda depressão. Ele não tinha "pistolões", não era de nenhuma Academia de Letras, não pertencia a nenhuma ideologia fanática e nascida com panaceias universais e, nada discretamente, execrava o obscurantismo da Igreja sebenta a entravar qualquer progresso que pudesse fazer minguar as terras do Vaticano no Brasil ou o dinheiro doado à Igreja para a construção de capelas e catedrais em estilo gótico na América do Sul do século XX... Estava sozinho, com amigos que não podiam mostrar toda a sua grandeza e seu avanço de pelo menos meio século com relação ao Brasil mofino em que lhe tocara viver, sempre inquieto, alternadamente entusiasmado e desencorajado pelo "espírito da terrinha".

As ideias, não o palavrório oco, o despertavam e incandesciam para novas lutas, ao final inglórias. Uma permanência nos Estados Unidos o convence de que os alicerces da grandeza e da prosperidade econômica modernas são o ferro e o petróleo. Ao solerte ditador Vargas tem a ingenuidade de escrever uma carta, alertando para a necessidade brasileira do petróleo. Imediatamente, o "pai dos pobres" (e "mãe dos ricos", como o alcunhavam seus conhecedores) manda prender por três meses o autor de tal injúria. A siderúrgica tinha sido uma concessão norte-americana, em troca das bases do Brasil no Nordeste, durante a II Guerra Mundial — segundo alguns colocada no terreno fecundo das terras de Amaral Peixoto (genro de Vargas) em Volta Redonda. E o petróleo — ora, que plano mirabolante era aquele de criar uma sociedade mista, metade do governo e metade do público, para encontrar o petróleo? Monteiro Lobato, com toda a sua imaginação, não antevira o miraculoso Plano do Álcool, é verdade... o petróleo continuaria soterrado onde estivesse no Brasil. Para Monteiro Lobato, as — parcas — recompensas que sua Pátria ingratíssima lhe reservou não partiram dos Jecas Tatus ardilosos da política, concebida como um parasitismo de uma classe a chupar o sangue e a medula do povo sem direitos: se Jeca Tatu era o piolho da terra que deixava sem cultivar, a politicagem seria a lombriga que devastaria o organismo social.

Carta dava prisão. Como artigo em jornal dava censura pela proibição de "certos" assuntos. No entanto, surpresa maior viria dos livros. Se os adultos se abespinhavam diante das mazelas cheiráveis e verificáveis que Monteiro Lobato escancarava para quem tivesse a honestidade de vê-las na realidade, a imaginação, o mundo da fantasia deliciosa e sem peias da criança dariam ao autor amargurado seus raros momentos de alegria, estouvamento, ternura, esperança. O que era a literatura infantil do Brasil antes de Monteiro Lobato? Um monturo velho de *Histórias da Carochinha*, com ilustrações apavorantes, um linguajar castiçamente luso e impenetrável para a criança brasileira, no melhor dos casos uma adaptação do *Cuore* de D'Amicis. Lobato revoluciona com as adaptações que faz das histórias clássicas infantis: a sua Alice sai do País das Maravilhas do original inglês para tornar-se uma personagem brasileira, além de universal. Depois são os contos de Andersen, a sereiazinha que morre por amor, o pinheirinho de Natal, a menina que vendia fósforos, histórias de uma melancolia velada e sem perspectivas, mais os contos de Perrault, de Grimm, o menino Peter Pan que na Inglaterra não queria crescer e combatia nos mares gelados o cruel Capitão Gancho.

Mas é com um País das Maravilhas plantado numa pacata fazenda brasileira, o Sítio do Picapau Amarelo, comandado por Dona Benta, que surgem os personagens que a criança brasileira de 40, 50 anos atrás lê com deslumbramento: Narizinho que vai reinar no fundo do riacho, casada com um peixe; Emília, a boneca de pano espertíssima e sem papos na língua; o Visconde sapientíssimo, um sabugo de milho que se torna cultíssimo, erudito sem pedantismo, ao cair atrás da estante de D. Benta; é tia Anastácia, a cozinheira preta; Pedrinho e suas caçadas e seu encontro com a figura mitológica do folclore brasileiro: o Saci de uma perna só, a voltear nos pés de vento, com o barrete vermelho na cabeça. Produz-se o estouro.

Com *Urupês* e sua denúncia franca do caipira inerte, Lobato afastara-se da sua fazenda do interior e comprara, quase por acaso, a *Revista do Brasil*, que alguns paulistas idealistas tinham fundado para ver se, em se plantando, a inteligência e a cultura no Brasil também pegariam. Associando-se a seu parente Octalles Marcondes, Lobato, sem o perceber, de repente vira "editor". Era um despropósito, em um país sonolento, que não contava 50 livrarias em oito milhões e meio de quilômetros quadrados. Autor que se prezasse mandava seus livros a imprimir em Portugal, evidentemente... Eram os livros de uniforme, todos de capa amarela, segundo o padrão das editoras francesas como a Garnier. Como resolver o escoamento de uma mercadoria, palavra sacrílega que Monteiro Lobato se atreveu a usar para descrever o artigo vendável que é o livro?

Pragmaticamente, ele se atira àquilo que ninguém, antes dele, ousara supor possível: redige uma circular a 1.300 negociantes de todo o Brasil, donos de armarinhos, de bazares, de lojas de ferragens, o que fosse — uma lista conseguida laboriosamente percorrendo listas de fornecedores agrícolas dos mais longínquos cantos do Brasil — e onde houvesse uma agência de correios ali estava um potencial distribuidor de livros, amontoados com sacos de mantimentos, adubos, ferramentas, tecidos. O próprio Lobato, como sempre modesto, relata: "Como o dilema era fazer aquilo, ainda que nos rebentássemos, ou perpetuar-nos sem indústria editora por falta de vendedores, nós nos arrojamos num 'vai ou racha' que foi e rachou a velha impenetrabilidade do Brasil ao livro e deu surto ao que você vê hoje: centenas de casas editoras, grandes e pequenas — e todas vendendo a enorme massa de livros editados. Herói eu por ter redigido aquela circular? Não há heróis neste mundo. Criador da indústria brasileira? Sim, talvez — mas sem a menor intenção disso. Nós precisávamos vender a nossa mercadoria e eu redigi a circular que resolveu o problema. Os altos interesses da cultura estavam envolvidos no caso — mas juro que no momento não me passaram pela ideia"...

Outra faceta contraditória desse extraordinário temperamento que foi Monteiro Lobato, um grande homem em qualquer país que não fosse remotamente tão primata quanto o nosso diante do talento que luta contra a modorra nacional, era a de, na literatura, abrigar ao mesmo tempo um grande temor pela incorreção de linguagem (anos a fio seus textos foram corrigidos por um amigo quanto à concordância, regência, ortografia[237]) — sua Editora estava aberta aos espíritos novos, fora dos padrões acadêmicos e racistas, imprimindo o esplêndido autor negro Lima Barreto, com quem manteve uma interessante correspondência, ao lado do aristocrático e alvo Visconde de Taunay. Mais ainda: com um sopro renovador, sua editora lança volumes sobre medicina, higiene, veterinária, contabilidade, gastronomia, educação física, engenharia, história, política, viagens, livros didáticos (semente da Companhia Editora Nacional) e, obviamente, livros para crianças. De todo o Brasil, e agora já da Argentina, onde Narizinho e Emília disputam a atenção das crianças argentinas em tradução para o espanhol, seus pequenos leitores lhe escrevem, pedindo que ele explique o que é o "pó de pirlimpimpim", aquele "Faz de conta" que a Censura impediu de ser mencionada na adaptação da série infantil de Monteiro Lobato para a TV por poder induzir os jovens...a ingerir drogas! Insistem para que aconteça isto e aquilo com a Emília, com Narizinho, com Pedrinho ou o porco elevado, para casar com a boneca Emília, nada menos que o Marquês de Rabicó.

Em 1924, o zênite da Editora do paulista inconformado e dinâmico literalmente inundava todos os pontos de vendas do livro no Brasil, com

[237] Trata-se, salvo engano, de Adalgiso Pereira. (N. do O.)

ilustrações requintadas, capas chamativas e um crescimento vertiginoso. Mas a revolução de Isidoro Dias Lopes é seguida, quase sem intervalo, pela grande seca que obriga a Light, fornecedora de eletricidade então, a cortar 2/3 da energia à cidade. O imenso parque gráfico parado não resiste ao golpe final: o governo Bernardes suspende abruptamente o redesconto, pelo Banco do Brasil, das duplicatas. Era a falência que vinha abocanhar como abismo final aquela maravilhosa aventura interrompida por uma fugaz revolução, uma grande seca e a recusa dos bancos em ajudar a empresa falimentar. Não faltaram os componentes do coro de inimigos de Monteiro Lobato a entoar seus cantos lúgubres, chegando Humberto de Campos à baixeza de propalar que Lobato vivia à tripa-forra, regiamente, na América do Norte, com o dinheiro que levou daqui...

A mentira sórdida e a incompreensão sempre acompanharam qualquer empreendimento público de Monteiro Lobato. Já se aludiu ao elemento contraditório de seus gostos literários, que patrioticamente detestavam a perda de identidade cultural do Brasil, ontem levada a cabo pelo excesso de francesismos importados e hoje já quase completada com o lixo norte-americano que exala de nossos cinemas, canais de TV, rádios AM e FM, corrompendo até o linguajar através do português tétrico da dublagem feita por meia dúzia de boias-frias da palavra, Jecas Tatus inertes da eletrônica que se quer moderna... esse espírito contraditório que explica por que Monteiro Lobato, revolucionário no pensamento, na escrita, nos feitos , recebeu, sem a compreender, a princípio, a Revolução cultural paralela que, em 1922, no Teatro Municipal de São Paulo, afinal propunha, em outros termos, a mesma volta do artista brasileiro para os temas nacionais. Assustou-o a chusma de "ismos" trazidos na bagagem de Oswald de Andrade, de Tarsila do Amaral e Anita Malfatti. Esteticamente, ele se prendera ao figurativismo descritivo e às "novidades francesas" do cubismo, do expressionismo alemão, do abstracionismo, do futurismo italiano, tudo lhe parecia, de cambulhada, importação desnecessária.

É compreensível que parte do público que conhece mal Monteiro Lobato e sua obra extraordinária em qualquer país do mundo o encare com certa desconfiança. Como aceitá-lo, sem melhor exame, se ele era tido e havido como "ocioso filho de fazendeiros ricos do interior de São Paulo", quando na realidade ele enfrentara a pobreza, a falência, a bancarrota, quase a miséria, várias vezes em seus empreendimentos, chegando a contrair dívidas pesadas e de longa duração depois das tragédias imprevisíveis que se abateram em ondas destruidoras sobre sua editora? Não se fazia dele a ideia de um boêmio, quem sabe um estróina a passear sua vadiagem noturna pelos bares da cidade? Enquanto ele se dedicava com afinco, de corpo e alma, à família e ao trabalho incessante, num verdadeiro Apostolado da Verdade Contundente, Brasil afora, Monteiro Lobato não se enquadra, como todo espírito avançado pelo menos meio século com relação à época em que viveu, em nenhuma categoria paralisante. Escritor inigualável na literatura infantil — recheada de ponderações filosóficas e de cutucadas ferrenhas na caturrice nacional —, ele não se refugia em nenhum Cenáculo olímpico das musas: não, quer uma literatura pragmática, que altere a realidade lodacenta do Brasil do seu tempo. A sua integridade, a sua incapacidade de ferir talentos novos, a sua bondade cheia de afetividade e em busca sempre de amizade leal, de compreensão, de justiça, esses seus traços mais marcantes já o indispunham com muitas correntes fascistas do Brasil de ontem e de hoje. Exaltando a Liberdade e a Democracia com letras maiúsculas ele foi alvo de ataques dos integralistas do "anauê", plágio tupiniquim das mussolinadas e hitlerismos de além-mar, assim como as eficientes patrulhas ideológicas de Stálin se calaram sobre sua obra, pois não se encaixava no socialismo do Gulag e do "porvir radioso" erigido sobre 60 milhões de cadáveres durante 60 anos de comunismo moscovita...

Talvez esteja fora de dúvida que a literatura adulta de Monteiro Lobato envelheceu. Suas *Cidades Mortas*, seus *Contos Pesados* e *Contos Leves* não se transformaram em clássicos da língua. Seu linguajar hirsuto, cheio de regionalismos ou termos clássicos hoje em desuso, casam-se com os temas piegas para torná-lo, infelizmente, um autor praticamente ilegível hoje. As histórias agridoces de caipirinhas seduzidas e prostituídas por "don juans" absolutamente sem escrúpulos como em *A Colcha de Retalhos*, o preto velho, o jardineiro Timóteo que chora ao ver seu jardim com plantas brasileiras arrasado e substituído por ornamentos estrangeiros ridículos ou ainda o relato do homem que escolhia as futuras esposas pela conformação da bacia e sua possibilidade de morrer de parto — tudo isso hoje não impressiona mais, nem se lê com a atenção que se dispensa a um Graciliano Ramos, a um Guimarães Rosa, a um Euclides da Cunha.

No entanto, nesse típico voltar atrás para examinar melhor aquilo que impulsivamente desdenhara, ele emitiria julgamentos bem mais serenos e profundos sobre a noitada de "patusquices" que julgara inicialmente ser a Semana de 22. Não: ele reconhece lhanamente que "essa brincadeira de crianças inteligentes que outra coisa não é o tal movimento *[de 22]* vai desempenhar uma função séria em nossas letras. Vai forçar-nos a uma atenta revisão de valores e apressar o abandono de duas coisas a que andamos aferrados: o espírito da literatura francesa e a língua portuguesa de Portugal", sublinhando que a Semana poderia equivaler a um novo 7 de setembro cultural para o Brasil.

Há quem queira ver em *O Choque das Raças ou o Presidente Negro* uma antena para os problemas futuros que atualmente de designa como literatura de ficção científica ou de antecipação. Um cientista a soldo dos racistas brancos dos Estados Unidos inventa uma loção que ao mesmo tempo que alisa os cabelos dos negros os esteriliza para sempre, desfazendo-se assim a maioria europeia dos EUA do ônus daquela massa de "raça inferior".

Personagens de Lobato

Manoel Hygino dos Santos

Descobriu-se que Monteiro Lobato se revelara racista em algumas de suas obras e personagens. Temos o vezo por aqui de procurar chifre na cabeça de cavalo. É algo impossível ou pelo menos inusitado; mas se esforçando muito se consegue localizar um quadrúpede com essa particularidade.

Monteiro Lobato foi um homem de seu tempo. Enfim, nasceu em Taubaté, seis anos antes da libertação dos escravos, do fim da escravidão. Viveu os últimos tempos do regime escravagista, cujas malignas repercussões ainda existem. Nascido na cidade, herda da avó uma fazenda e se dedica à agricultura.

A inclemência da situação no campo o impressiona. Descobre o homem pobre, simples, analfabeto que trabalha nas atividades rurais, que pita cigarro de palha, cuja preparação lhe interrompe a roçada ou o plantio. O roceiro, campesino, seria preguiçoso e indolente. O Jeca Tatu transformou-se no símbolo do sacrificado cidadão do interior, voltado às atividades na terra, só lembrado praticamente nas eleições, como lembrava o poeta Cândido Canela, e todos nós sabemos.

O Jeca Tatu, contudo, não era um preguiçoso, mas o homem carcomido pela doenças, sem assistência, sem remédios, como excelentemente descreveu o acadêmico Aluísio Pimenta em sua oração de formatura na Escola de Farmácia, há tantos anos.

O escritor de Taubaté retratava magistralmente tipos de uma época de transição, da monarquia para a república. Fê-lo com brilho e fiel a seus modelos. Não inventava, passava-os ao papel e aos leitores com realidade, com o mais rigoroso naturalismo.

Ainda hoje há jecas tatus, a despeito da influência do rádio e da televisão. Não sem razão Gilberto Gil compôs a música "Jeca total", em que recorda esse brasileiro sofrido e doente. Lobato não fazia crítica, mas o retrato de um ser humano. Sua produção começa a partir de 1915, menos de três décadas após a emancipação. Seus livros evidentemente não podiam esconder a mácula de escravização negra.

Em "Negrinha", ora sob crítica acirrada, evoca-se um tempo que já era felizmente passado, mas não se ignorava. O preconceito racial e a situação dos negros após a abolição se tornaram um tema para Lobato. Poderia simplesmente ignorá-lo? No livro há personagens que são gordas senhoras, que, em falso gesto de generosidade, adotavam negrinhas para usá-las em trabalhos caseiros. São os fatos.

Monteiro Lobato, Rangel Pestana e George Krug, algozes de Annita Malfatti

Stella de Mendonça

O vapor ancorava no cais do porto de Santos. Quando os trâmites de sua bagagem foram acertados na alfândega portuária, Annita Catharina Krug Malfatti seguira para São Paulo.

Os caixotes de madeira com as obras chegariam de Santos, quase três meses de espera, Annita aguardava ansiosa, radiante para mostrar o que realizara em Nova York.

Lembraria:

"Eram caixões de obras de arte, desenhos, gravuras e quadros de todos os tamanhos. Minha família e meus amigos estavam curiosos para ver os meus trabalhos. Mas que efeito! Quando viram minhas telas, todos acharam-nas feias, dantescas, e todos ficaram tristes, pois, não eram os santinhos dos colégios. Guardei as telas. Ficaram desapontados e tristes. Meu tio George Krug, que tanto interesse teve na minha educação, ficou muito aborrecido. Disse ele: 'Isto não é pintura, são coisas dantescas!' Então, pela primeira vez na vida, comecei a entristecer-me, pois estava certa de que meu trabalho era bom; tanto os modernos franceses como os americanos o haviam dito espontaneamente; desinteressadamente. Só desejei esconder meus quadros, já que, para me consolar, os outros acharam que eu podia pintar como quisesse. Eles estavam desconsolados, porque me queriam bem. Entretanto eu sabia que aquela crítica não tinha fundamento, especialmente porque estava dentro da forma de um regime completamente emocional. Eu nunca havia imitado a ninguém; só esperava com alegria que surgisse, dentro da forma e da cor aparente, a mudança; eu pintava num diapasão diferente e era essa música da cor que me confortava e enriquecia minha vida."

1917 era período marcado pelo pré-modernismo, regionalismo, positivismo, buscando valores tradicionais nacionalistas, linguagem coloquial e valorização dos problemas sociais. Arte acadêmica exigia temas históricos, mitológicos, ou religiosos. Annita aplicaria na pintura a contemporaneidade, num cotidiano simples. Não era a obra de arte que representasse o reflexo do que todos desejavam possuir.

Em meados de 1917, surgia o Salão Nacional de Belas Artes, no Rio de Janeiro, boa oportunidade para expor uma tela. Inscrevera-se na seleção da exposição "senhoras e senhoritas", enviando recente trabalho, o retrato "Lalive", um grande quadro retratando uma mulher de olhar intenso, luminoso.

Sairia uma crônica também, "O Salão de 1917", na *Revista do Brasil* em São Paulo, ano II, outubro de 1917, assinada pelo jornalista Monteiro Lobato:

"Está aberto no Rio a 24ª exposição geral de Belas-Artes, ou o 'salon', como chamam eles. O que se nunca abre apesar das vinte e três aperientes exposições anteriores é o apetite do público para estas coisas de arte. Quero dizer na minha que, como as outras, a exposição deste ano está às moscas. Em plena avenida, ponto forçado da perambulagem calaceira de toda a capital, só penetram nas galerias da Escola os murmúrios da rua, poeira do asfalto, fonfonadas. Os porteiros das 10 às 5, ou 17 como querem eles, cabeceiam sonecas suculentas, diante dos talões de entradas que se vendem pior do que literatura poética."

Annita se interessava por temas nacionais, tratados desde os primórdios na fazenda de seu avô. Retratando vegetação, costumes brasileiros e etnia. Pintou vários quadros extraordinários.

O jornal *O Estado de S.Paulo*, edição da noite, numa nota de arte, divulgava um concurso de pintura com tema "O Sacy Pererê". Assim Annita resolveria pintar sua versão, criando método mais emocional possível para representá-lo em pintura. Participaria então, dessa exposição de pinturas e esculturas, intitulada "O Sacy", aberta pela direção de *O Estado*, para um concurso sobre a melhor interpretação artística da mais popular das nossas lendas. A comissão julgadora era composta por Monteiro Lobato, José Wasth Rodrigues e outros.

Premiariam os melhores trabalhos com temática representativa da nossa lenda e folclore brasileiro. A exposição do Saci se iniciava em outubro de 1917, encerrando no mês seguinte, na rua Líbero Badaró 111, endereço de salão de propriedade do Conde de Lara um aficionado por arte, cedendo local muito concorrido pelos artistas, realizando mostras de seus trabalhos, no qual se encerrava recente exposição do pintor Carlos Oswald, um grande artista acadêmico muito elogiado e apreciado, posteriormente um excelente impressionista.

Começando carreira de escritor e crítico de arte, apreciando imensamente as artes plásticas, Monteiro Lobato tentaria estudar na Escola Nacional de Belas Artes no Rio de Janeiro, sem sucesso. Com obrigações impostas principalmente por seu avô, estudara Direito no Largo de São Francisco.

Morava na cidade de São Paulo e interior paulista, numa fazenda herdada pelo avô em Taubaté, se engajando pelos temas regionais e interioranos rompendo com ideias de civilização como forma de ideal na pintura convencional. Considerado pintor de domingo, tendo aulas com alguns artistas conceituados na cidade, apreciando e valorizando artistas do gênero naturalista, os incentivando a pintar belas paisagens e temas regionais, transgredindo regras acadêmicas.

Nesse período de 1917, Annita lera um de seus artigos, que chamaria sua atenção no jornal em 6/1/1917. *O Estado de S. Paulo* publicava "A criação do estilo (a propósito do Liceu de Artes e Ofícios)", mais tarde publicado no livro *Ideias de Jeca Tatu*, em que Lobato promoveria integrar primeiras noções dos elementos do folclore brasileiro nos cursos de arte, em especial nos do Liceu de Artes e Ofícios de S. Paulo.

Nessa exposição promovida por Lobato, Annita não alcançou premiação com sua versão do saci, representando a arte nova. Lobato considerou longe de conceitos do que representasse arte arrojada. O vencedor fora o pintor italiano Ricardo Cipicchia, seguindo critérios realísticos.

Lobato faria crítica na *Revista do Brasil* em novembro de 1917 e de forma intrigante não incluiria Annita Malfatti como artista nacional, desconsiderando sua pintura por não entendê-la.

Na tarde de quarta-feira dia 12 de dezembro de 1917, inaugurava-se exposição no número 111 da Rua Líbero Badaró, salão cedido pelo Conde de Lara, amigo da família, no mesmo local da mostra do Saci Pererê. Mostra intitulada "Exposição de Pintura Moderna Annita Malfatti".

Num catálogo impresso a exposição se compunha de 52 obras denominadas "Figuras, Paisagens, Gravuras, Aquarelas, Caricaturas e Desenhos", Annita contava:

"A exposição se compunha de 52 telas, desenhos, gravuras e alguns quadros e desenhos cubistas, os primeiros feitos na América. Tenho ainda o célebre nuzinho cubista, o primeiro pintado pelo secretário da escola, Baylinson. Expus também os curiosos desenhos que minhas colegas tanto apreciavam. O conde de Lara cedeu-me uma grande sala térrea num de seus prédios, à Rua Líbero Badaró. Em meados de dezembro de 1917, inaugurei a grande exposição, que durou até fins de janeiro de 1918. A sala encheu-se, e continuou cheia até o fim."

O vernissage abria a exposição atraindo número elevado de público levados por grande curiosidade gerada pela divulgação jornalística de Arnaldo Simões Pinto, numa média de 80 visitantes por dia.

Família e amigos de Annita, a imprensa, políticos, intelectuais, artistas jovens e consagrados, ao lado de membros respeitados na sociedade paulista, invadiram por vários dias o recinto da exposição. Assinaram o livro de presença, Altino Arantes, presidente do Estado de São Paulo (governador), o secretário da Justiça, Elói Chaves, Senador Freitas Valle, o futuro presidente J. M. Rodrigues Alves, Breno Muniz de Sousa, Andrea Matarazzo Sobrinho, Cincinato Reichert, todos faziam parte do circulo de amizade dos Krug, os arquitetos Georg Przyrembel e Antônio García Moya, o jornalista e crítico de arte Nestor Rangel Pestana, diretor do jornal *O Estado de S. Paulo*.

No dia seguinte, 13 de dezembro, sairia pequena nota no jornal *O Estado de S. Paulo*, sessão "Artes e Artistas":

"Efetuou-se ontem o vernissage da exposição de pintura da jovem artista, senhorita Annita Malfatti, instalado à Rua Líbero Badaró, nº 111. O ato foi muito concorrido por artistas, jornalistas e senhoras.

Entre as pessoas presentes notavam-se os: dr. Gabriel Ribeiro dos Santos, dr. Breno Muniz de Sousa, Simões Pinto, dr. Pzrembel, J. F. Elpons, W. Zadig, Di Cavalcanti, J. W. Rodrigues, Paulo do Valle Junior, dr. Augusto Toledo, V Dubugras, Oswald de Andrade, J. Gravronsky, etc.

A exposição estará hoje franqueada ao público."

A decepção e olhares repulsivos de seu tio George Krug e Nestor Pestana eram evidentes: por mais que tentasse esclarecer pontos de partida da arte nova, desde pós-impressionistas, os fauves e expressionistas, fora em vão. Não entendiam e menos ainda entendiam olhando as obras.

Annita novamente dizia:

"[...] Estava certa de que meu trabalho era bom; tanto os modernos franceses como os americanos o haviam dito espontaneamente; desinteressadamente."

A exposição se tornou o evento mais concorrido e importante na provinciana cidade. Num clima de novidade e agitação, compareciam poetas e escritores: Guilherme de Almeida, o então jornalista Oswald de Andrade (apresentados a Annita por Di Cavalcanti), entre outros, como o futuro diplomata Rui Ribeiro Couto e o jornalista Arnaldo Simões Pinto (que não deixava a exposição), todos atuavam em jornais e revistas da cidade.

Muitos jovens da geração de Annita Malfatti estiveram presentes nesse acontecimento artístico fecundo e inovador, que permaneceria como símbolo de arte contemporânea e alimentaria as aspirações de inovação, formando junto e em torno dela o grupo idealizador da Semana de Arte Moderna de 1922.

Annita comentava os primeiros dias de exposição, o sucesso:

"A princípio foram os meus quadros muito bem aceitos, e vendi nos primeiros dias oito quadros. Em geral depois da primeira surpresa, acharam a pintura perfeitamente natural. Qual não foi a minha surpresa, quando apareceu o artigo crítico de Monteiro Lobato".

No dia 20 de dezembro nas vésperas do Natal, Annita receberia um presente jamais esperado, uma crítica no jornal *O Estado de S. Paulo*, na edição da noite chamada "O Estadinho", seção "Artes e Artistas", uma matéria intitulada "A Propósito da Exposição Malfatti":

"Há duas espécies de artistas. Uma composta dos que veem normalmente as coisas e em consequência disso fazem arte pura, guardando os eternos ritmos da vida, e adotados para a concretização das emoções estéticas, os processos clássicos dos grandes mestres. [...] A outra espécie é formada pelos que veem anormalmente a natureza, e interpretam-na à luz de teorias efêmeras, sob a sugestão estrábica de escolas rebeldes, surgidas cá e lá como furúnculos da cultura excessiva. [...] Embora eles se deem como novos, precursores duma arte a vir, nada é mais velho do que a arte anormal ou teratológica: nasceu com a paranoia e com a mistificação. De há muito já a estudam os psiquiatras em seus tratados, documentando-se nos inúmeros desenhos que ornam as paredes internas dos manicômios. A única diferença reside em que nos manicômios esta arte é sincera, produto ilógico de cérebros transtornados pelas mais estranhas psicoses; e fora deles, nas exposições públicas [...] não há sinceridade nenhuma, nem nenhuma lógica, sendo mistificação pura.

Todas as artes são regidas por princípios imutáveis, leis fundamentais que não dependem do tempo e nem da latitude. As medidas de proporção e equilíbrio, na forma e na cor, decorrem do que chamamos sentir. Quando as sensações do mundo externo transformam-se em impressões cerebrais, nós 'sentimos'; para que sintamos de maneira diversa, cúbica ou futurista, é forçoso ou que a harmonia do universo sofra completa alteração, ou que o nosso cérebro esteja em "pane" por virtude de algumas grave lesão. Enquanto a percepção sensorial se fizer normalmente no homem, através da porta comum dos cinco sentidos, um artista diante de um gato não poderá "sentir" senão um gato, e é falsa a 'interpretação' que do bichano fizer um totó, um escaravelho ou um amontoado de cubos transparentes.

Estas considerações são provocadas pela exposição da Sra. Malfatti onde se notam acentuadíssimas tendências para uma atitude estética forçada no sentido das extravagâncias de Picasso e companhia. Essa artista possui um talento vigoroso, fora do comum. Poucas vezes, através de uma obra torcida para má direção, se notam tantas e tão preciosas qualidades latentes. Percebe-se de qualquer daqueles quadrinhos como a autora é independente, possui um sem-número de qualidades inatas e adquiridas das mais fecundas para construir uma sólida individualidade artística. Entretanto, seduzida pelas teorias do que ela chama arte moderna, penetrou nos domínios dum impressionismo discutibilíssimo, e põe todo o seu talento a serviço duma nova espécie de caricatura.

Sejamos sinceros: futurismo, cubismo, impressionismo e "tutti quanti" não passam de outros tantos ramos da arte caricatural. É a extensão da caricatura a regiões onde não havia até agora penetrado. Caricatura da cor, caricatura da forma, — caricatura que não visa, como primitiva, ressaltar uma ideia cômica, mas sim desnortear, aparvalhar o espectador. A fisionomia de quem sai de uma destas exposições é das mais sugestivas. Nenhuma impressão de prazer, ou de beleza denunciam as caras; em todas porém, se lê o desapontamento de quem está incerto, duvidoso de si próprio e dos outros, incapaz de raciocinar, e muito desconfiado de que o mistificam habilmente. Outros, certos críticos sobretudo, aproveitam a vaza para épater les bourgeois,('impressionar os cidadãos') Teorizam aquilo com grande dispêndio de palavrório técnico, descobrem nas telas intenções e subintenções inacessíveis ao vulgo, justificam-nas com independência de interpretação do artista e concluem que o público é uma cavalgadura e eles, os entendidos, um pugilo genial de iniciados da Estética Oculta. No fundo riem-se uns dos outros, o artista do crítico, o crítico do pintor e o publico de ambos.

A arte moderna, eis o escudo, a suprema justificação. Na poesia também surgem, às vezes, furúnculos desta ordem, provenientes da cegueira nata de certos poetas elegantes, apesar de gordos, e a justificativa é sempre a mesma: arte moderna. Como se não fossem moderníssimos esse Rodin que acaba de falecer deixando após si uma esteira luminosa de mármores divinos; esse André Zorn, maravilhoso "virtuose" ("virtuoso") do desenho e da pintura, esse Brangwyn, gênio rembrandtesco da babilônia industrial que é Londres, esse Paul Chabas, mimoso poeta das manhãs, das águas mansas, e dos corpos femininos em botão. Como se não fosse moderna, moderníssima, toda a legião atual de incontestáveis artistas do pincel, da pena, da água-forte, da dry point ('ponta seca') que fazem da nossa época uma das mais fecundas em obras primas de quantas deixaram marcos de luz na história da humanidade.

Na exposição Malfatti figura ainda como justificativa da sua escola o trabalho de um mestre americano, o cubista Bolynson. É um carvão representando (sabe-se disso porque uma nota explicativa o diz) uma figura em movimento. Está ali entre os trabalhos da Sra. Malfatti em atitude de quem diz: eu sou o ideal, sou a obra-prima, julgue o público do resto tomando-me a mim como ponto de referência.

Tenhamos coragem de não ser pedantes: aqueles gata-funhos não são uma figura em movimento: foram, isto sim, um pedaço de carvão em movimento. O Sr. Bolynson tomou-o entre os dedos das mãos ou dos pés, fechou os olhos, e fê-lo passar na tela às tontas, da direita para esquerda, de alto a baixo. E se o não fez assim, se perdeu uma hora de sua vida puxando riscos de um lado para o outro, revelou-se tolo e perdeu o tempo, visto como o resultado foi absolutamente o mesmo. Já em Paris se fez uma curiosa experiência: ataram uma brocha na cauda de um burro e puseram-no de traseiro voltado para uma tela. Com os movimentos da cauda do animal a brocha ia borrando a tela. A coisa fantasmagórica resultante foi exposta como um supremo arrojo da escola cubista, e proclamada pelos mistificadores como verdadeira obra-prima que só um ou outro raríssimo espírito de eleição poderia compreender. Resultado: o público afluiu, embasbacaram, os iniciados rejubilaram e já havia pretendentes à tela quando o truque foi desmascarado. A pintura da Sra. Malfatti não é cubista, de modo que estas palavras não se lhe endereçam em linha reta; mas como agregou à sua exposição uma cubice, leva-nos a crer que tende para ela como para um ideal supremo. Que nos perdoe a talentosa artista, mas deixamos cá um dilema: ou é um gênio o Sr. Bolynson e ficam riscados desta classificação, como insignes cavalgaduras, a corte inteira dos mestres imortais, de Leonardo a Stevens, de Velásquez a Sorolla, de Rembrandt a Whistles, ou... vice-versa. Porque é de todo impossível dar o nome da obra de arte a duas coisas diametralmente opostas como, por exemplo, a Manhã de Setembro, de Chabas, e o carvão cubista do Sr Bolynson.

Não fosse a profunda simpatia que nos inspira o formoso talento da Sra Malfatti, e não viríamos aqui com esta série de considerações desagradáveis.

Há de ter essa artista ouvido numerosos elogios à sua nova atitude estética.

Há de irritar-lhe os ouvidos, como descortês impertinência, esta voz sincera que vem quebrar a harmonia de um coro de lisonjas. Entretanto, se refletir um bocado, verá que a lisonja mata e a sinceridade salva. O verdadeiro amigo de um artista não é aquele que o entontece de louvores, e sim o que lhe dá uma opinião sincera, embora dura, e lhe traduz chãmente, sem reservas, o que todos pensam dele por detrás. Os homens têm o vezo de não tomar a sério ás mulheres. Essa é a razão de lhe darem sempre amabilidades quando elas pedem opinião. Tal cavalheirismo é falso, nocivo. Quantos talentos de primeira água se não transviaram arrastados por maus caminhos pelo elogio incondicional e mentiroso? Se víssemos na Sra Malfatti apenas uma "moça que pinta", como há centenas por aí, sem denunciar centelha de talento, calar-nos-iamos, ou talvez lhe déssemos meio dúzia desses adjetivos "bombons", que a crítica açucarada tem sempre à mão em se tratando de moças. Julgamo-la, porém, merecedora da alta homenagem que é tomar a sério o seu talento dando a respeito da sua arte uma opinião sinceríssima, e valiosa pelo fato de ser reflexo da opinião do público sensato, dos críticos, dos amadores, dos artistas seus colegas e... dos seus apologistas.

Dos seus apologistas sim, porque também eles pensam deste modo... por trás".

Toda evolução artística, interior e exterior na cultura em desenvolvimento, seria então um deslocamento das barreiras, barreiras constantemente criadas a partir de novos valores que derrubariam barreiras da idade. Assim, se vê que, basicamente, o novo valor não é coisa mais importante, mas sim a emoção que se revelaria neste valor. E, além disto, a audácia e ternura necessárias de Annita para revelação.

Annita se entristeceu, Lobato não teve argumentos e compreensão, classificando arte de expressão individual da "arte caricatural e anormal".

Annita desabafaria:

"Ninguém ainda soube criticar um trabalho de inspiração individual; pois não havendo precedentes só poderia limitar-se a um insulto. O doutor Nestor Rangel Pestana, diretor do *Estado de S. Paulo*, amigo de meus tios, estava desolado. Eu não era a bela promessa que ele esperava, portanto o Estado de S. Paulo entrou nas encolhas. Pequenos jornais atacavam-me para agradar ao Lobato, mas não houve uma única crítica construtiva, porque a exposição, por sua natureza, era inédita. Com o decorrer das semanas, havia tal ódio geral que um amigo de casa ameaçou meus quadros com a bengala, desejando destruí-los."

Avesso àquela arte que vinha contra seus ideais de inovação, Lobato tinha seu repertório teórico e crítico fundamentados na arte naturalista europeia.

Betty Malfatti, sobrinha de Annita, declararia que a crítica fora escrita a seis mãos, pelo tio George Krug, Nestor Pestana e Monteiro Lobato, o executor:

"[...] Monteiro Lobato não foi à exposição, não existiu uma única testemunha de tê-lo visto, não assinou o livro nem viu as telas de Annita, quanto mais o nu cubista óleo sobre tela de Baylinson, de forte colorido amarelo. Lobato descreveu sendo carvão sobre tela. Se tivesse visto a Mulher de cabelos verdes ou a Ventania, comentaria na mais absoluta certeza, como fez com a tela Saci Pererê. Contrapondo ainda, elogiou Annita..."

Como crítico, escrevia bem e de forma convincente, era extremamente vaidoso de seu ofício, não iria confundir uma técnica de pintura, o que prova não ter visto a tela de Baylinson ou qualquer outra obra na exposição.

Com o pedido de George Krug, Nestor Pestana encomendaria a Lobato que escrevesse a crítica, mas não imaginaram o estrondoso escândalo, que fora assunto guardado a sete chaves por seu irmão Willy, pai de Betty Malfatti que comentaria:

"Quando meu pai Willy revelou a participação enérgica e efetiva de tio George, isso de certa forma causaria máculas depois do inesperado escândalo. Um tio diretamente prejudicando a carreira de sua sobrinha, depois de tanto interesse que teve em seus estudos.

Anos mais tarde quando Annita escreveu de próprio punho sua conferência para a Pinacoteca do Estado, com o título 'A Chegada da Arte Moderna no Brasil', meu pai teria rabiscado seus rascunhos, trechos da crítica e de tio George, numa tentativa de eliminar esse episódio da história.

Também teve testemunho do jornalista, na época tinha 16 ou 17 anos, que frequentava a casa do tio George, o Paulo Duarte, ele viu meu tio George Krug e Nestor Pestana conversarem com Lobato na varanda de sua casa na rua Aracajú, seu pai Dr. Duarte, se não me engano, era médico da família.

Annita e minha avó Betty sempre confirmaram categoricamente que Lobato não foi à exposição. Comentado por todos como: 'Não vi e não gostei!'"

Embora anos depois, por conta de tal escândalo e trabalhando no jornal *O Estado de S. Paulo*, Paulo Duarte declararia que a critica era só do Lobato, retirando o envolvimento constrangedor de Nestor Rangel Pestana e Júlio de Mesquita Filho, que, dizia ele, eram homens cultos, conhecedores e esclarecidos do que havia de novo na Europa. Supostamente conivente, Nestor Pestana nada fez em defesa de Annita e a criticou num artigo em 1918 na *Revista do Brasil*.

O modernismo em geral é tendência de pensamento, afirma o poder dos seres humanos para criar, melhorar e reestruturar seu ambiente, com auxílio do conhecimento científico, tecnológico e como Annita experimentação prática, e assim em sua essência tanto progressista e otimista. O termo geral abrange muitos movimentos culturais e artísticos enraizados nas mudanças de uma sociedade, não seria o caso de São Paulo e muito menos do país. Monteiro Lobato não teve a mesma compreensão e assinou assumindo a critica como sua, definida como ideal supremo. O escritor do livro *Urupês*, prestes a entrar no prelo, provocaria resultado desastroso para si próprio, à exposição e vida de Annita Malfatti. Os jornais, que antes se mantinham neutros em suas manifestações, passaram a atacá-la; os poucos que antes haviam feito críticas favoráveis se omitiram.

Annita desestruturou as normas artísticas nacionais sem sequer pretender afrontar. Alguns colecionadores senhores imponentes da sociedade provinciana, enriquecidos pelo café e poucas referências de identidade cultural, ignoravam desinteressados, frequentando a exposição sob holofotes de admiradores; senhores elegantes, casaca, chapéu, flor na lapela, bengala e polainas brancas nos sapatos polidos. Adquiriam como troféus obras modernistas da senhorinha Malfatti vinda do estrangeiro, pois a atração pela arte era um forte indício de bom gosto e refinamento, como tudo aquilo que viesse do exterior. De um dia para a noite após a critica do jornal assinada por Lobato, esses mesmos senhores refinados e cultos, influenciados, devolviam cabisbaixos esconsos suas obras adquiridas.

A São Paulo de então, era formada por tais aparências, a real mentalidade no meio burguês paulistano, mas era de se esperar tal reboliço, num país que bebia das fontes gastas e esgotadas da velha Europa, que surgiam envelhecidas e fora da moda nos nossos centros intelectuais.

Annita nem imaginava tal repercussão e polêmica, segundo ela, suas obras eram um estado de puro lirismo pictórico; segundo Mário de Andrade, um fenômeno estritamente sentimental, uma intuição divinatória, um estado de poesia, e para Monteiro Lobato "paranoia ou mistificação".

O historiador Carlos Von Schmidt escrevera, no catálogo da retrospectiva de Annita, assessorada pela sobrinha Betty Malfatti em 1972 na FAAP, sobre a importância de Annita Malfatti na história da Arte no Brasil:

"[...] Historicamente é o nosso Cézanne. Era preciso haver alguém que rompesse com as barreiras do academicismo aceito até então. Esse alguém foi Annita. Ponto de partida. Início. Tudo vem depois de Annita. Annita é o marco divisor. Annita é o depois. O hoje. Antes existia a pintura brasileira. Com Annita passa a existir a pintura moderna no Brasil, Semana de 22, enfim tudo que se conhece está nos livros."

Annita comentaria:

"Então começou o peso do ostracismo. Todo meu trabalho ficou cortado — alunas, vendas de quadros, e começaram as brigas nos jornais".

Lobato indiretamente a consagrou. Colocou Annita em evidência. Despertando o desejo de uma arte inovadora, reuniu em torno dela jovens artistas e literatos que idealizariam a Semana de Arte Moderna.

O adeus a Monteiro Lobato[238]

Afonso Arinos de Melo Franco

A morte de Monteiro Lobato não priva apenas o Brasil do escritor mais popular de toda nossa história literária, que atingiu as maiores tiragens dentre todos os escritores brasileiros desde o tempo da Colônia, pois que sua obra, em conjunto, está difundida em mais de um milhão de exemplares. A morte de Monteiro Lobato priva, igualmente, o país de uma das mais singulares, de uma das mais fascinantes personalidades de nosso tempo.

Participante de uma geração que se situou cronologicamente, entre duas grandes etapas da vida literária do Brasil, isto é, entre a etapa parnasianista e a escola simbolista de um lado e, de outro, do advento tumultuoso do modernismo, Monteiro Lobato pôde, pela qualidade excepcional de sua obra, evitar que a sua geração transitasse pela história literária do Brasil como um simples traço de união de duas fases marcantes e gloriosas.

É conhecida hoje por todos aqueles que se interessa pelos fastos de nossa literatura a vida até certo ponto aventurosa desse grande escritor. Na sua juventude foi companheiro de estudos e até mesmo de residência em São Paulo na famosa "república" do Minarete, tantas vezes relembrada pelos críticos e historiadores da literatura — companheiros, dizia eu, de outros escritores hoje famosos.

Entre eles, Ricardo Gonçalves, o delicioso miniaturista da nossa vida rural, poeta bucólico, paulista tão cedo arrebatado; Godofredo Rangel, o medido, o fino, o sutil escritor mineiro, hoje aposentado, depois de uma longa trajetória na magistratura, autor, por sua vez, de um dos mais valiosos romances da nossa literatura moderna, *Vida*

---

[238] Do discurso pronunciado pelo então deputado Afonso Arinos de Melo Franco da tribuna da Câmara dos Deputados, em 5 de julho de 1948, um dia depois da morte de Monteiro Lobato.

Ociosa; e José Antônio Nogueira, outra figura expressiva das nossas letras jurídicas, que menos expressiva nos é nas nossas letras estéticas, em que surgiu com o seu celebrado livro *País de Ouro e Esmeralda*.

Todos esses foram companheiros de estudos e de juventude de Monteiro Lobato, sendo que a sua correspondência com Godofredo Rangel, hoje publicada, é um vivo depoimento de vossa vida.

Mas, acima de todos, e, de certa maneira, ao lado de todos, ocupando uma posição não somente superior, mas também singular entre os escritores do seu tempo, Monteiro Lobato veio, com a sua grande estreia que foi o livro *Urupês*, marcar um passo absolutamente inédito na literatura de ficção brasileira.

Não foi apenas a circunstância de ter sido esse livro revelado com estrondo à atenção nacional num discurso famoso de Rui Barbosa, tal como, aliás, já o grande baiano havia feito em relação aos *Sertões* de Euclides da Cunha, que consagrou o *Urupês*.

Não foi apenas a circunstância de ter sido indigitada à glória pelo dedo mais que glorioso de Rui Barbosa, que fez, como muitos pretenderam a princípio, a razão verdadeira e a substância artística da glória de Monteiro Lobato. Essa glória, ele a conquistaria, cedo ou tarde, trazido ou não à luz da ribalta nos braços potentes do grande tribuno nacional, ele a conquistaria porque seu livro representava realmente algo de original, algo de poderoso, algo de profundamente importante na literatura daquele momento.

Terminava, como dizia há poucos, nos seus últimos suspiros decadentistas, a Escola Simbolista, e o Modernismo não despontara ainda. Mas a verdade é que Monteiro Lobato foi, até certo ponto, um pré-modernista: foi o arauto, foi o iniciador, foi o anunciador de uma nova era, que despertava na literatura nacional. Porque embora servindo-se de uma técnica literária até certo ponto superada, embora mantendo a tradição do realismo francês, sobretudo de Guy de Maupassant, atirou, entretanto, no meio daquela geração preocupada com Anatole France e com Verlaine, preocupada com as aparências ilusórias de uma civilização fatigada e entediada, que não correspondia ao nosso estado social atirou naquela geração a bomba de seu livro brasileiro.

Nesse livro, ele situou, de maneira concreta e indelével, os traços de nossa psicologia rural, chamou a atenção dos poderosos, dos distraídos, dos dispersos para o abandono e para a miséria do nosso homem do campo. Realizou o que a literatura pode realizar de mais puro e de mais alto que é construir, a um só tempo, obra imorredoura de beleza estética chamando ao dever os homens responsáveis pelos destinos nacionais.

Nessas condições, o livro de Monteiro Lobato, o seu grande livro, servindo-se, como dizia há pouco, embora, de uma técnica até certo ponto superada, trouxe à tona dos debates literários os assuntos nacionais, atraiu a atenção dos círculos intelectuais para a importância e aí está realmente o seu traço de união mais íntimo com a escola modernista, porque a escola modernista no Brasil não foi mais, afinal de contas, do que isto: a recuperação, dentro do plano estético, dos problemas brasileiros, pelos seus próprios escritores, que, até então, se tinham transviado na simples repetição de temas e de processos alienígenas.

Depois desse livro, Monteiro Lobato escreveu outros, ou, como ele próprio costumava dizer, publicou outros. Ele sustentava que tinha escrito um livro de ficção, que eram os *Urupês* e que tinha publicado vários outros depois do *Urupês*, o que demonstra bem que ele era o primeiro a distinguir entre a qualidade literária do sue livro de estreia e a contribuição menos importante, digamos assim, dos outros livros, publicados depois. Digo isto, porque eu próprio o ouvi fazer essa distinção, entre o livro escrito e os livros publicados.

Em seguida, cedendo à ardência do seu temperamento aventuroso, atirou-se Monteiro Lobato, sem nenhum interesse pessoal, sem nenhuma preocupação de lucro, à aventura do petróleo brasileiro. Não é este o momento de debatermos os excessos e as deficiências — os excessos, por um lado, e as deficiências, por outro, os excessos do ponto de vista político e as deficiências do ponto de vista técnico — desta campanha pelo petróleo nacional, liderada por Monteiro Lobato. O que devemos extrair dessa lição é, como sempre, a presença do espírito brasileiro, do entusiasmo brasileiro, a presença da fé brasileira, na solução desse problema, como na de tantos outros pelos quais se interessou.

No ocaso da vida, no fim de sua trajetória, muitas vezes amargurada por desgostos de toda a ordem, Monteiro Lobato voltou-se para as crianças de seu país. Certa vez, em uma livraria de São Paulo — e estou a vê-lo sentado junto a uma vitrine de livros, as pernas cruzadas, as sobrancelhas bastas, o ar acaipirado — estou a vê-lo no momento em que ele me dizia justamente essa bela coisa. Como eu lhe oferecesse que eu invejava a sua sorte de estar cercado, onde quer que se encontrasse, pelas crianças do Brasil, cercado pela admiração total, pura e desinteressada das crianças, ele me disse: "Sou como uma velha árvore. À tarde vem nela cantar os passarinhos."

Foi a literatura infantil a última etapa de sua vida literária. E é, por consequência, cercado da saudade dos pequeninos tanto quanto pelas bênçãos de gratidão dos patriotas, que baixa ao túmulo o grande Monteiro Lobato. [...]

Na obra do contista, reais instantes de valor literário

Nilo Scalzo

Desde os seus primeiros escritos, Monteiro Lobato chamou a atenção de leitores e críticos não só pela preocupação social que encerravam suas histórias, mas também pelas características eminentemente literárias de sua linguagem, não obstante ter esta algumas reminiscências da sintaxe e do vocabulário lusíadas, que seriam repudiados pelos modernistas que viriam logo em seguida. Na verdade, o escritor começou a aparecer num momento em que a poesia desfrutava mais prestígio do que a prosa, mas, ao mesmo tempo, a consciência de alguns problemas nacionais impunha-se à indiferença dos poetas, voltados apenas para o culto da beleza, fazendo sentir seus reflexos na obra de prosadores que não só enxergavam, mas também procuravam compreender e interpretar certos traços da realidade brasileira.

Mais do que ninguém, Lobato tinha convicção da necessidade de renovação, pelo menos no que diz respeito aos temas. Ao contrário de alguns de seus contemporâneos, para os quais a literatura equivalia à expressão do sorriso da sociedade, o jovem literato que iniciava a publicação de seus contos na *Revista do Brasil* achava melhor dar "uma coisa que prestasse, que esborrachasse o indígena, ou não dar coisa nenhuma." Que o conseguiu, não resta dúvida. Basta ver as sucessivas edições que apareceram em 1918, quando publicou *Urupês*. O depoimento de Plínio Barreto é muito significativo. Ao lhe perguntarem qual era, em sua opinião, o melhor escritor brasileiro vivo, não hesitou em colocar Lobato entre os que poderiam aspirar a essa privilegiada posição, justificando seu parecer com estas palavras: "É dos mais completos e dos mais originais que possuímos. Tem leitores de todas as idades e de ambos os sexos. Tanto o homem de muitas como de poucas letras acham encanto no que ele escreve. É trágico e cômico. Tem em si alguma coisa de Camilo, de Eça, de Ramalho, de Fialho, e até, o que parece incrível, de Euclides da Cunha.

Tal mistura que pode parecer um tanto esdrúxula para os leitores de hoje, não o era, entretanto nos anos em que o autor de *Cidades Mortas* escrevia suas histórias. Desse ponto tivemos oportunidade de tratar em artigo publicado no *Estado* (2/7/78) no qual aludíamos ao fato de pertencer o escritor a uma época em que havia certa preocupação com o rigor da linguagem. Não tanto com a rigidez da gramática, tão bem satirizada por Lobato no célebre conto "O colocador de pronomes", mas com a propriedade da expressão que supunha o emprego de palavras adequadas a cada situação. Se é verdade que, em alguns casos, o contista carregava nas tintas sob a inspiração de modelos já um tanto ultrapassados, no afã de criar uma linguagem literária, vale dizer, elaborada, que fugisse aos padrões da linguagem corrente, não é menos verdade que é precisamente nesse plano que o escritor garante sua permanência, na literatura brasileira, entre os principais representantes da chamada geração dos ficcionistas regionalistas do período que antecede o modernismo.

Devidamente examinada, a correspondência de Lobato com Godofredo Rangel, reunida no livro *A Barca de Gleyre* traz à tona uma série de problemas pertinentes à criação literária, cujo conhecimento ajuda a compreender alguns dos caminhos adotados pelo escritor e até mesmo a evolução que se registra inegavelmente nos livros subsequentes a *Urupês*, respectivamente *Cidades Mortas* e *Negrinha*. A leitura atenta de alguns dos melhores contos aí incluídos permitirá chegar à conclusão de que, ao lado do humor, quando não do sarcasmo, na fixação de situações e de tipos do interior paulista, projetam-se, de forma distinta, alguns processos narrativos que ganham expressão no plano da linguagem. Vale a pena confrontá-los, por exemplo, com certas soluções que seriam desenvolvidas por escritores da modernidade, entre os quais o próprio Guimarães Rosa. É a partir desse ponto de vista, proposto no artigo acima citado, que se poderá rever a obra do contista, onde se encontram, ao lado de ostensivas concessões ao gosto da época, reais momentos de grandeza literária.

Ataques de Lobato (sem convicção) contra a imprensa[239]

Honório de Sylos

Monteiro Lobato em carta a Godofredo Rangel, seu colega da Faculdade de Direito e do Minarete, escreveu: "Meu estudo do Português continua, mas em tom mais baixo. Tenho um inimigo à ilharga, que desfaz o que Camilo ensina: é o jornal."

Prosseguindo, informa que, todavia, não dispensa a leitura diária de "três ou quatro desses infames massacradores do idioma." E conclui: "Mas, exercem eles uma função boa. Impedem-nos de nos afastarmos muito da realidade."

Tinha razão o nosso imenso Lobato? Apenas, creio, uma certa dose de razão...

O jornal, é evidente, não pode transformar-se em boletim clássico da língua ou de esmerada antologia. Seria inadmissível e até monótono. Aliás, o jornal não se destina, apenas, a uma elite, mas, especialmente, ao leitor comum, que, para ler e compreender, reclama singeleza e espírito despretensioso.

Um ponto que não pode ser esquecido: o jornal é, de um modo geral, feito às pressas. Não há vagar para polimento e retoques e as revisões, quase sempre, são descuidadas ou, pelo menos, carregam essa fama.

É preciso levar em conta que a ferina crítica de Lobato data de mais de setenta anos. Nesse largo espaço de tempo, não teria e muito melhorado a Imprensa?

O grande escritor julgou, com excessivo rigor, o jornal, mas, como se sabe, foi assíduo colaborador de diversos periódicos, o que lhe valeu notoriedade.

Urupês apareceu em primeira mão, em *O Estado de S.Paulo*. O caso de Lobato não é único. O mesmo se tem verificado com a maioria de nossos

[239] Publicado originalmente em *D.O. Leitura*, São Paulo, Imprensa Oficial do Estado de São Paulo, 03-05-1983, PP. 11-12.

literatos que, para sua popularidade, contaram sempre com o prestígio do jornal, "jamais aberta para o público", segundo o próprio pai de Jeca Tatu.

Não tinha Lobato vocação para o jornalismo. Em 1925, escrevendo ao seu amigo de boemia, afirmou: "Fui convidado para dirigir um jornal e estou pensando. Não me seduz o jornalismo." Todavia, à imprensa sempre recorreu, divulgando, em primeira mão, os seus trabalhos.

Cassiano Nunes, que tem estudado a personalidade do antigo conselheiro comercial do Brasil em Nova Iorque através de suas cartas, acentua o fato de a correspondência retratar as pessoas na espontaneidade com que expressam seu pensamento. E nota, ainda, que a correspondência é um prolongamento da conversação-arte que parece perdida no neobarbarismo da atualidade.

Comunicando-se com o citado e ilustre escritor mineiro (essa vasta e interessante correspondência é que me abastece de dados para este artigo[240]) informa, em 1919, o autor de América: "Vou dar agora *Ideias de Jeca Tatu*, coisas publicadas em jornal, sobretudo no *Estado*. Em seguida, darei *Cidades Mortas*, contos de Areias e Taubaté, estampadas no *Minarete*[241]".

Não foi Lobato jornalista profissional, por lhe faltar vocação, mas gostava de frequentar as colunas dos jornais.

"Ando a colaborar no *Correio da Manhã* e tive convite de *O Jornal*. 50$000 o artigo", dizia em 1920.

O escritor tão amado pelas crianças e juventude não nega as vantagens que obteve escrevendo para a imprensa: "A mim me favoreceu muito aquela campanha pró-saneamento que fiz pelo *Estado*. Popularizou a marca 'Monteiro Lobato'."

Numa carta de 1916, elogia a literatura portuguesa, arrasa a nossa e, mais uma vez, não esconde sua birra pelo jornal: "Apesar da pulga geográfica que é, Portugal nos bate, quantitativa e qualitativamente, se pusermos de fora Machado, Ruy e Euclides. A produção intelectual é lá maior que a nossa e hoje refervem na fúria dum pequeno Renascimento. Renascem e nós nem conseguimos morrer."

E lá vem a bronca:

"O jornal nos sufoca todas as tentativas de literatura, com os seus repórteres analfabetos, com a sua meia língua engalicada, com os seus críticos

---

240 N. do A.: *A Barca de Gleyre – Quarenta anos de correspondência literária*, 1946, Editora Brasiliense, 2 vols.

241 N. do A. Jornal que, no começo do século, circulou em Pindamonhangaba.

de camaradagem ou de "passa cá cinco mil réis, com paredros a receberem de gênio para cima (*O País*) ou de gatuno para baixo (*Correio da Manhã*)."

Numa carta de 1915, confessa ao autor de *Vida Ociosa* que, quando relê o que escreveu no *Minarete*, vê que já se arrancou ao lodaçal em que os jornais e o francês o lançaram de cabeça para baixo.

No prefácio que elaborou para *Rosário de Capiá*, de Nhô Bento, poeta de talento e meu saudoso amigo, observa que o Jeca teve a felicidade de não saber ler nem escrever e de usar dos jornais unicamente o papel...

Nesse mesmo ano de 1915, é impiedoso com os rapazes que redigem as folhas e critica Alberto Torres, cuja "genialidade" não compreende.

"O jornalismo entre nós é perpetrado pela ralé da incompetência. Isso explica a apoteose que andam a fazer do Alberto Torres, cuja genialidade não passa de simples desvario. Diante de tantos louvores, comprei-lhe os livros e li-os; não me contive, mandei para o *Estadinho* dois rodapés de análise. Demonstro a insubsistência das ideias desse homem de miolo atrapalhado, que querem equiparar a Euclides da Cunha e já anda com maiúsculas no rótulo."

Até 1914, Lobato não assinava seu nome por inteiro. Pela primeira vez o fez num artigo para *Correio Paulistano*, a propósito da arte de Guiomar Novais, que ouviu em casa de Gelásio Pimenta, o fundador de *A Cigarra*, revista que marcou época em São Paulo.

Não gostava o escritor do jornalismo, mas andava sempre às voltas com jornais e jornalistas.

Em 1909, ainda muito moço, começou a colaborar em *A Tribuna*, de Santos, para a qual passou a escrever cinco artigos por mês, a 40$. Com isso, pagava dois meses de aluguel da casa em que morava em Areias, onde, como se sabe, exercia a função de promotor público.

Nessa mesma época, esperava colaborar na *Gazeta de Notícias* do Rio de Janeiro. É para lembrar que, por esse tempo, esteve metido no negócio da compra, por um grupo, dum jornal de São Paulo (talvez, o *Comércio de São Paulo*) e ele iria para o comando literário.

Numa carta de 1909, elogia Euclides da Cunha e não perde o ensejo de criticar o jornalismo. Em *Os Sertões* — escreve — notei como ele fugiu à vulgaridade sem cair no abstruso, por meio do emprego de palavras que o jornalismo não estafou (porque a cachamorra que achata todas as palavras da língua é sempre o jornalismo).

Monteiro Lobato parece teve presciência do fim de Euclides da Cunha. Em carta de 1° de novembro de 1908, observa que uma desgraça nunca vem só, como diz o povo. Morto Machado de Assis, seguiram-se-lhe Artur Azevedo e João Pinheiro depois. Será possível — indaga — morrerem, quase ao mesmo tempo, três melhores homens? E anota a coincidência: Machado era diretor de uma Secretaria. Para sua vaga foi nomeado Artur Azevedo. Apareceu na Repartição uma vez só. E conclui Lobato, nove meses antes da tragédia da Piedade: parece lugar fatal. Tenho medo de que ponham lá o Euclides da Cunha...

No começo de 1915, pensou a publicar no *Estado* um estudo sobre a caricatura. Nesse mesmo ano, proclama, talvez contraditoriamente, a importância da Imprensa, salientando que o *Estado*, com 40.000 exemplares de tiragem, e provavelmente, 100.000 leitores, é, entre nossas escadas regionais, a de mais degraus e a mais sólida.

Publicando um artigo no *Estado*, recebeu, com surpresa, a propósito, cinco cartas e um convite da Cultura Artística para fazer uma conferência.

De Areias, em 1909, relata que andava fazendo traduções de *Weekly Temes*, meio de neutralizar a sede de sua promotoria. Lê o *Times* e quando encontra coisas interessantes, "traduzo-as e mando-as para o *Estado*" e eles pagavam-lhe 10$000, cada uma. E informa a Godofredo Rangel que não tolerava "escrever por obrigação. Traduzo quando quero. Faço coisas para *A Tribuna* quando quero". Do contrário, sentir-se-ia escravo no eito.

Não perde Lobato a ocasião de meter a ripa no jornal e, também, sempre que oportuno, elogia o autor de *Os Sertões*.

Os advérbios em "mente"; outra — escreve — asquerosa invenção do jornal, com o fito de adocicar o estilo, por causa dos leitores folhetinistas, feministas etc... Euclides — explica — é idiossincrático aos advérbios em "mente" e o estilo de jornal não quer outra coisa. Pela-se por eles.

Em 1915, já era grande a popularidade de Lobato, que dela tomava conhecimento. Todos lhe falavam de sua literatura com muito calor. Mas, ele recebia os elogios de pé atrás, como sempre. "Quem na cara não elogia?", pergunta.

O que vale é o cochicho às costas. Valeu-se de Pinheiro (Pinheiro Júnior) para saber o que falam na sua ausência. Soube, então, que, na sala do Nestor (pestana) no *Estado*, houve séria discussão em torno do artigo *Urupês*. Poucos concordaram com o escritor totalmente, mas todos foram unânimes em que se tratava de um "novo" de forma e de revelação. Acharam uns que imitava Eça. Outros, Fialho. E disso que resultou? Resultou que o *Estado* vai pagar-lhe os artigos a 25$000, tão logo a folha volte à normalidade financeira.

Costumava Monteiro Lobato exagerar seu desconhecimento da gramática. Uma vez, confessou sua ignorância do português-gramática e mais camarões da filologia. Guio-me — afirma — pelo faro, como o pescador que sente que ali, naquelas pedras, há garoupas.[242]

Vivo, Lobato reconheceria hoje, de certo, que a Imprensa evoluiu e as folhas são, em geral, bem redigidas e que o jornal continua a ser "uma janela aberta para o público". E poderíamos, com Ruy, afirmar que é através da Imprensa que o povo respira.

[242] N. do A.: É injusto o escritor com Amadeu Amaral, dizendo que é excelente criatura que se "esforça por ser modesto" (carta de 15.4.1916). Anda (o Amadeu) mais cevado de ditirambos do que um imperador romano. Ora, Amadeu, que conheci bem, não fazia nenhum esforço para ser modesto. Era simples e cordial, segundo sua natureza. No meu trato pessoal, uns dos homens mais encantadores que conheci.

Cronologia de Monteiro Lobato

Por Gabriel Kwak

1882 — Nasceu em Taubaté (SP)
1898 — Perdeu o pai, José Bento Marcondes Lobato
1899 — Perdeu a mãe, Olímpia
1903 — Compõe um círculo literário com seus companheiros de república estudantil (chamada de "Minarete" e localizada no bairro paulistano do Belenzinho), colegas da Faculdade de Direito e amigos boêmios (entre eles, Ricardo Gonçalves, Godofredo Rangel, José Antônio Nogueira e Raul de Freitas)
1904 — Colou grau pela Faculdade de Direito do Largo de São Francisco
1907 — Promotor público da comarca de Areias (SP). Em Areias, escreveu, criou galinhas, cuidou da horta, fez amigos
1908 — Casou-se com Maria da Pureza Natividade ("Purezinha"). Do enlace tiveram quatro filhos: Martha, Edgard, Guilherme e Ruth
1911 — Com a morte do seu avô, o Visconde de Tremembé, cumpriu-lhe tomar conta da fazenda deste
1913 — Pôs em circulação a ideia da explorar comercialmente o Viaduto do Chá, um dos cartões-postais da cidade de São Paulo — que seria reconstruído com casas e estabelecimentos comerciais de ambos os lados
1914 — Escreveu artigos de grande repercussão em *O Estado de S.Paulo*, como "A Velha Praga", em que denunciou práticas condenáveis na economia e na lavoura no Vale do Paraíba.
1917 — Vendeu sua fazenda e mudou-se para São Paulo
1917 — Coordenou enquete com leitores de *O Estado de S.Paulo* a respeito do saci. O inquérito posteriormente foi reunido em livro.
1917 (dezembro) — Publicou em *O Estado de S.Paulo* crítica contundente em desfavor da exposição de pintura de Anita Malfatti e contrária às vanguardas europeias. O artigo foi decisivo para afastar Lobato do grupo que viria a encabeçar a Semana de Arte Moderna de 22 e determinante para associá-lo ao gosto tradicionalista em arte, embora a estética lobatiana se aproximasse, em alguns aspectos, à plataforma renovadora dos modernis-

tas. A verrina trasnformou Anita numa espécie de "mártir do Modernismo". Fulminou, à época: "Sejamos sinceros: futurismo, cubismo, impressionismo e *tutti quanti* não passam de outros tantos ramos da arte caricatural. É a extensão da caricatura da cor, caricatura da forma — caricatura que não visa, como a primitiva, ressaltar uma ideia cômica, mas sim desnortear, aparvalhar o espectador."

1918 (maio) — Comprou a *Revista do Brasil*, dedicada ao estudo de problemas brasileiros, uma das mais influentes publicações culturais do tempo, até então sob o comando de Júlio de Mesquita, Plínio Barreto e Alfredo Pujol. À frente do periódico, de cunho nacionalista, tomou gosto pela atividade editorial. Em 1924, entregou a direção da revista para Paulo Prado e Sérgio Milliet.

1918 — Fundou sua editora, Monteiro Lobato & Cia., que revolucionou a indústria editorial, dotada de moderno parque gráfico (abastecido de maquinário importado dos EUA e da Europa). Publicação de *Urupês (contos)*, livro de estreia, sucesso de vendas e também festejado pela crítica

1919 — Sua obra é saudada por Rui Barbosa em discurso de campanha presidencial no Teatro Lírico do Rio de Janeiro. A referência de Rui ao arquétipo do Jeca-Tatu tal como em *Urupês* "turbina" a reputação literária de Lobato

1921 — Publicação do primeiro livro de Lobato para crianças: *A Menina do Narizinho Arrebitado*, marco zero da literatura infantil brasileira, numa tiragem de 50000 exemplares, número quase inédito naquele tempo

1925 — Falência da Editora Monteiro Lobato & Cia, vítima da estiagem e do desabastecimento de energia elétrica em São Paulo, entre outros fatores. Depois desse revés, fundou ao lado de Otales Marcondes Ferreira, a Cia. Editora Nacional, sediada no Rio.

1927 — Nomeado adido comercial nos EUA pelo presidente Washington Luís

1929 — Vai à bancarrota com o crack da Bolsa de Nova Iorque

1931 — Regressou ao Brasil. Inaugurou a Companhia Petróleo do Brasil

1936 — Foi eleito para a cadeira 39 da Academia Paulista de Letras

1938 — Assumiu a direção da União Jornalística Brasileira (UJB), agência de notícias e de propaganda a fim de alimentar pequenos jornais do Brasil inteiro

1939 — Morte de seu filho Guilherme

1941 — Tendo-se tornado *persona non grata* da ditadura do Estado Novo, foi preso e condenado a seis meses de prisão na Casa de Detenção de São Paulo. Ficou três meses detido

1942 — Morre-lhe o filho Edgar
1943 — A Editora Brasiliense, fundada neste ano por Caio Prado Jr., iniciou a publicação das *Obras Completas* de Lobato
1945 — Foi operado de um cisto no pulmão
1946 — Mudou-se para a Argentina para cuidar pessoalmente da edição da sua obra naquele país. Antes de mudança, transferiu seu arquivo (ou o que sobrou dele) a Edgard Cavalheiro.
1946 — Tornou-se sócio da Editora Brasiliense
1948 — Faleceu, vítima de um espasmo vascular cerebral. Seu corpo foi velado na Biblioteca Municipal Mario de Andrade e sepultado no Cemitério da Consolação
1955 — Publicação da mais abrangente biografia de Monteiro Lobato por Edgard Cavalheiro, em dois volumes. A Biblioteca Infantil Municipal (de São Paulo), criada em 1936, passou a se chamar Biblioteca Monteiro Lobato.

Sobre os Autores

Gabriel Kwak (organizador):

Jornalista, escritor e palestrante. Presta serviço para editoras em pesquisa, revisão de texto e preparação de originais. É pós-graduado em Teoria da Comunicação pela Faculdade Cásper Líbero. Estudou Direito (quase concluiu). Tem diversos trabalhos publicados em revistas, jornais e obras coletivas. Com passagens por veículos como Rádio Gazeta AM, revista *Imprensa*, a revista 'Diálogos & Debates' (da Imprensa Oficial do Estado de São Paulo) e Portal R7, da Rede Record de Televisão. Autor dos livros *O Trevo e a Vassoura: os Destinos de Jânio Quadros e Adhemar de Barros* (Editora Girafa) e *Os Livros de Cabeceira: 65 intelectuais brasileiros e seus livros preferidos* (Editora Multifoco), entre outros. Foi diretor da Associação Paulista dos Críticos de Arte (APCA), da qual é jurado da área de Literatura do seu prêmio anual, diretor da União Brasileira de Escritores (secretário-geral e tesoureiro) e é membro da Academia de Letras de Campos do Jordão (SP) e da Academia Paulista de Jornalismo. Foi membro da Confraria dos Bibliófilos do Brasil (DF). Também prepara ensaio biobibliográfico sobre o cientista político, acadêmico e reitor da Universidade Cândido Mendes, Prof. Cândido Mendes de Almeida, a sair em 2020. Desenvolve projetos de pesquisa atuando principalmente em língua portuguesa, educomunicação, história contemporânea do Brasil, memorialística, bibliofilia e arquivos. Atualmente, trabalha no departamento de Educação à Distância (*BA Online*) do Centro Universitário Belas Artes (SP).

Israel Dias Novaes (1920-2009):

Foi presidente da Academia Paulista de Letras em duas gestões, da Academia Paulista de Jornalismo e do Instituto Genealógico Brasileiro. Criador da Comissão de Literatura do Estado e do Conselho Estadual de Cultura de São Paulo. Membro da Academia Brasiliense de Letras (DF) e do Instituto Histórico e Geográfico de São Paulo. Bacharel pela Faculdade de Direito do Largo de São Francisco (onde se destacou como um dos líderes da resistência à ditadura do Estado Novo), bibliófilo, jornalista, foi repórter, redator-chefe e diretor do extinto *Correio Paulistano*. Foi secretário de Estado, deputado estadual (de 1959 a 1966) e deputado federal (de 67 a 68 e de 75 a 1987).

Carlos Nejar:

Poeta, ficcionista, crítico e tradutor. Seu primeiro livro de poesias, *Sélesis*, foi publicado em 1960. Nessa época trabalhava no "Diário de Notícias", de Porto Alegre, como colaborador da página literária "Nossa Geração". Bacharel em Direito pela Pontifícia Universidade Católica — RS, em 1962, entre 1966 e 1974 foi professor da rede pública estadual em Itaqui (RS) e promotor de Justiça em várias cidades do interior gaúcho, além de procurador da Justiça em Porto Alegre. Atualmente, aposentado, reside em Guarapari (ES). É membro da Academia Brasileira de Letras desde 09 de maio de 1989, ocupando a cadeira nº 4. Recebeu inúmeros prêmios, entre eles, em 1970, o Prêmio Jorge de Lima, pelo livro *Arrolamento*, concedido pelo Instituto Nacional do Livro. Em 1979 ocorreu a gravação de seus poemas para a Biblioteca do Congresso, em Washington (EUA). Considerado um dos 37 escritores-chaves do século, entre 300 autores memoráveis, no período compreendido de 1890-1990, Nejar — chamado "o poeta do pampa brasileiro" — figura como uma voz emblemática e universal, de original e abundante produção lírica, ao lado de Octavio Paz, Jorge Luis Borges, César Vallejo e Nicanor Parra. O ensaio do crítico suíço Gustav Siebenmann, "Poesía Y Poéticas del Siglo XX En La América Hispana Y El Brasil" (Ed. Gredos, Biblioteca Románica Hispânica, Madri, 1997), analisa as vertentes da poética espanhola e latino-americana, resgatando seus movimentos e tendências. Da literatura brasileira, 14 nomes são mencionados, entre outros, além de Nejar, Cruz e Sousa, Carlos Drummond de Andrade, João Cabral de Melo Neto e Haroldo de Campos. (Fonte: site Releituras, disponível em: www.releituras.com/carlosnejar_menu.asp)

Fábio Lucas:

Doutor em Direito, Ciências Sociais, Economia e História das Doutrinas Econômicas pela Universidade Federal de Minas Gerais (UFMG); ensaísta, crítico literário, contista, membro da Academia Mineira de Letras a partir de 1960 e da Academia Paulista de Letras, desde 1997. Membro da Academia de Letras do Brasil (Brasília), do Pen Club do Brasil e da União Brasileira de Escritores, da qual foi presidente por cinco mandatos. Integra a Modern Language Association (USA), a Sociedade Portuguesa de Estudos Clásssicos (Coimbra, Portugal) e a Association Internacionale des Critiques Littéraires (Paris). Em 1992, foi agraciado com o Prêmio Juca Pato, como Intelectual do Ano, concedido pela UBE. Em 2006, ganhou o Prêmio Conrad Wessel, na área de Literatura. Autor de mais de 60 obras, entre as quais, *Do Barroco ao Moderno — Vozes da Literatura Brasileira* (1989), *Expressões da Identidade Brasileira* (2002), *O Núcleo e a Periferia de Machado de Assis* (2009), *Peregrinações Amazônicas* (2012) e *Um Livro Cheio de Prosa* (2014) e *Novas Mineiranças — Recaída* (2016).

Marisa Lajolo:

Bacharelou-se e licenciou-se em Letras pela Universidade de São Paulo (1967), onde também concluiu Mestrado (Letras, Teoria Literária e Literatura Comparada, 1975) e doutorado em (Letras, Teoria Literária e Literatura Comparada, 1980) sob orientação de Antonio Candido. Fez Pós-Doutorado na Brown University e vários estágios de pesquisa na Biblioteca Nacional de Lisboa, na Biblioteca Saint Genevieve (Paris) e na John Carter Brown Library. Atualmente é professora da Universidade Presbiteriana Mackenzie e mantém vínculo como professor colaborador voluntário com a Universidade Estadual de Campinas. Suas atuais linhas de pesquisa recobrem interesse por Teoria Literária e Literatura Brasileira, atuando principalmente nas áreas de história da leitura, literatura infantil e/ou juvenil e Monteiro Lobato. Autora de *A formação da leitura no Brasil*, *Do mundo da leitura para a leitura do mundo* e *Monteiro Lobato, um brasileiro sob medida*, entre outros, e organizadora, com João Luís Ceccantini, de *Monteiro Lobato — Livro a Livro (obra adulta)*, que venceu o Prêmio Jabuti em 2009. Atualmente, é curadora do mesmo Prêmio Jabuti.

Fernando Jorge:

Nasceu em Petrópolis (RJ). Escritor, jornalista, advogado, dicionarista e historiador. Bacharel pela Faculdade de Direito do Largo de São Francisco. Ex-diretor da Divisão Técnica da Biblioteca da Assembleia Legislativa de São Paulo, foi colunista da *Folha da Tarde*, da revista *Imprensa* e mantém uma coluna numa rede de quarenta jornais. Colaborou, por muitos anos, nos programas de TV do apresentador Flávio Cavalcanti. Durante a ditadura militar foi processado quatro vezes como "escritor subversivo". Biógrafo meticuloso e definitivo de Olavo Bilac, Santos Dumont e Getulio Vargas. Pela sua biografia monumental de Aleijadinho foi agraciado em 1961 com o Prêmio Jabuti, da Câmara Brasileira do Livro. Publicou, ainda, entre mais de 30 obras, o romance satírico *O Grande Líder* (já na sua sexta edição), *Lutero e a Igreja do Pecado*, *Cale a Boca, Jornalista! (O Ódio e a Fúria dos Mandões contra a Imprensa Brasileira)*, *A Academia do Fardão e da Confusão* e *Se não fosse o Brasil, jamais Barack Obama teria nascido*. Foi membro da Comissão de Ética do Sindicato dos Jornalistas Profissionais do Estado de São Paulo. Suas obras são referidas minuciosamente na página 884 do segundo volume da *Enciclopédia de Literatura Brasileira*, dirigida por Afrânio Coutinho e na página 10241 do volume 18 da *Enciclopédia Mirador Internacional* (*Encyclopaedia Britannica do Brasil*).

Vanete Santana-Dezmann:

Corresponsável pelas Jornadas Monteiro Lobato e Encontros com Lobato, realizados na FFLCH-USP, e autora de *Entre metafísica, distopia e mecenato*, uma análise do livro *O presidente negro*, de Lobato. Tem pós-doutorado em Estudos da Tradução, na USP (estágio de pesquisa no Goethe-Museum Düsseldorf); doutorado e mestrado em Teorias de Tradução, na UNICAMP (estágio de pesquisa na Freie Universität Berlin) e graduação em Letras, na UNICAMP.

Enéas Athanázio (1935-2025):

Promotor de Justiça aposentado, advogado e escritor, com 42 livros publicados. É colunista do jornal *Página 3*, de Balneário Camboriú (SC), da revista *Blumenau em Cadernos* e do site *Coojornal — Revista Rio Total*. Sobre Monteiro Lobato, escreveu os livros *Três Dimensões de Lobato*, *A Pátina do Tempo*, *Meu Amigo Hélio Bruma* e *As Antecipações de Lobato e outros escritos*.

Márcia Camargos:

Jornalista, doutora em História pela USP e sócia da Usina de Conteúdo, produtora cultural especializada em temas brasileiros. Escreveu *Monteiro Lobato: Furacão na Botocúndia*, em coautoria com Vladimir Sacchetta e Carmen Lucia de Azevedo (prêmios Jabuti e Livro do Ano de 1998, pela Câmara Brasileira do Livro), *Villa Kyrial: Crônica da Belle Époque* Paulistana (2001), *A Semana de 22: entre vaias e aplausos* (2002); *Em que anos estamos? Uma expedição pela história de São Paulo* (2004) e *Micróbios na Cruz* (2005), entre outros títulos.

Regina Zilberman:

Licenciada em Letras pela UFRGS, doutora em Romanística pela Universidade de Heidelberg, na Alemanha, pós-doutora em Rhode Island (EUA). Professora da PUC-RS, conhece como poucos Literatura InfantoJuvenil e a leitura compreendida na área pedagógica.

Nelly Novaes Coelho (1922-2017):

Foi doutora em Letras, livre-docente e professora titular da FFLCH da Universidade de São Paulo (aposentada). Crítica literária, com ênfase nas produções contemporâneas brasileira e portuguesa, iniciou-se profissionalmente, em 1961, no Suplemento Literário do jornal *O Estado de S.Paulo*. Fez vários estágios no exterior, para estudos ou ministrar cursos de cultura brasileira, como bolsista da Fundação Calouste Gulbekian (Portugal) e Fundação Fulbright (EUA). Recebeu os seguintes prêmios: Prêmio Internacional Bocage (Ministério da Educação, Lisboa, 1965); Prêmio Jabuti (Ensaio, 1975); Prêmio Especial de Ensaio (da Associação Paulista dos Críticos de Arte, 1983) e Troféu Jaburu ("Personalidade do Ano", 1998, do Conselho Estadual de Cultura de Goiás). Seus mais de 50 anos de magistério, crítica e pesquisa em língua e literatura e 91 de idade foram assinalados com a publicação em 2013 do livro *Escritores Brasileiros do Século XX — Um Testamento Crítico*, pela Editora LetraSelvagem, em que Nelly avalia criticamente em 980 páginas a obra de 81 romancistas, contistas e novelistas.

Anderson Braga Horta:

Poeta, contista e crítico radicado em Brasília (DF). Servidor aposentado da Câmara dos Deputados (onde chegou a diretor da Consultoria Legislativa e diretor legislativo). Membro da Academia Brasiliense de Letras. Autor, entre dezenas de outros títulos, de *Altiplano e outros poemas*, *Pássaro no Aquário* (poesia), *Pulso Instantâneo* (contos e crônicas) e *A Aventura Espiritual de Álvares de Azevedo.*

Laura Sandroni:

Formou-se em administração na Fundação Getúlio Vargas (FGV), é mestra em Literatura Brasileira pela Universidade Federal do Rio de Janeiro (UFRJ) com especialização em Literatura Infantil e Juvenil. Em 1968, fez parte do pequeno grupo que criou a Fundação Nacional do Livro Infantil e Juvenil (FNLIJ) a qual dirigiu por 16 anos e à qual permanece ligada hoje no Conselho Curador. Vem publicando livros e traduções sobre o mesmo tema. É membro honorário do IBBY (*International Board on Books for Young People*).

Paulo Bomfim (1926-2019):

Cognominado consagradoramente como "O Príncipe dos Poetas", iniciou sua carreira jornalística no extinto *Correio Paulistano*, em 1945. Depois foi titular da seção "Luz e Sombra", do *Diário de São Paulo*, a convite de Assis Chateaubriand. Foi diretor de relações públicas da Fundação Cásper Líbero. Foi responsável pelo programa de *Universidade na TV*, no canal 2. Foi apresentador do *Mappin Movietone* na TV Tupi e da *Hora do Livro* e da *Gazeta de Notícia*, na Rádio Gazeta. Seu livro de estreia, *Antonio Triste* (pelo qual foi laureado com o Prêmio Olavo Bilac, da Academia Brasileira de Letras), foi prefaciado por Guilherme de Almeida e ilustrado por Tarsila do Amaral. Nos anos 70, foi presidente do Conselho Estadual de Cultura e do Conselho Estadual de Honrarias e Mérito. Em 1981, foi premiado com o Troféu Juca Pato como "Intelectual do Ano", concedido pela União Brasileira de Escritores (UBE). Foi o decano da Academia Paulista de Letras, na qual ocupava uma cadeira desde 1963. Foi coordenador do Cerimonial e Relações Públicas do Tribunal de Justiça do Estado de S.Paulo.

Matthew Shirts:

Brasilianista, jornalista, cronista da revista *Veja São Paulo*, redator-chefe da revista National Geographic Brasil e coordenador editorial do Planeta Sustentável. Foi colunista do jornal *O Estado de S.Paulo*. O melhor das suas crônicas foi reunido no livro *O Jeitinho Americano: 99 Crônicas* (2010).

Silvio Tamaso D'Onofrio:

Mestre em Estudos Brasileiros e doutor em História Social pela Universidade de São Paulo. Pesquisa nas áreas de História Intelectual e da Cultura, Epistolografia, Arquivos e Humanidades Digitais. Responsável pela editora Os Caipiras, lidera um grupo acadêmico de pesquisa e possui, em âmbito nacional e internacional, capítulos e artigos publicados, integra comitês editoriais e atua também como parecerista *ad hoc*.

Alaor Barbosa:

Jornalista, jurista e membro da Academia Goiana de Letras, da Associação Nacional de Escritores, da Academia de Letras do Brasil e do Instituto Histórico e Geográfico do Distrito Federal, autor de *Contos e novelas reunidos* e dos romances *Barulho e fúria em Imbaúbas: a morte de Cornélio Tabajara*; *Belinha: uma lenda*; *Memórias do nego-dado Bertolino d'Abadia*; *Eu, Peter Porfírio, o maioral*; e *Vasto mundo*.

Cassiano Nunes (1921-1996):

Foi professor aposentado de Literatura Brasileira da Universidade de Brasília, poeta, crítico, jornalista e dramaturgo. Especialista em Literatura Alemã pela Universidade de Heidelberg. Em 1958, foi um dos fundadores da Faculdade de Letras de Assis, da UNESP. Doutor *honoris causa* pela UnB. Seu livro *A Atualidade de Monteiro Lobato* conquistou o Prêmio Silvio Romero, da Academia Brasileira de Letras. Seu acervo foi doado à Biblioteca Central da UnB e encontra-se num espaço cultural sob a curadoria da Profª Maria de Jesus Evangelista. Autor de mais de 40 livros, entre os quais, *O 'sonho americano' de Monteiro Lobato*, *A Felicidade pela Literatura*, *Estética e Poética*, *Vicente de Carvalho Vivo*, *Madrugada — Poemas* e *Monteiro Lobato, Cruz e Souza e o Mito do Poeta como Herói Moral* e *Fortunato Bulcão — O Sonho do Aço Brasileiro*. Por muitos especialistas, é reputado a mais autorizada voz analítica sobre a biobibliografia de Monteiro Lobato.

Cyro de Mattos:

Autor de mais de 50 livros no gênero conto, poesia, crônica, novela, ensaio, infantil e organização de antologias. Foi laureado com o Prêmio Nacional de Ficção Afonso Arinos, concedido pela Academia Brasileira de Letras para o livro *Os Brabos*, e pelo livro *Cancioneiro do Cacau*, com o Prêmio Internacional de Poesia Maestrale Marengo d'Oro (Gênova, Itália), entre inúmeros outros prêmios literários. Seus contos e poemas participam de mais de 50 antologias no Brasil e no exterior. Membro da Academia de Letras da Bahia, do Pen Clube do Brasil e da União Brasileira de Escritores (UBE).

Raquel Endalécio Martins:

Doutora em Letras pela Universidade Presbiteriana Mackenzie, mestra em Filosofia pelo programa "Culturas e Identidades Brasileiras" do Instituto de Estudos Brasileiros da Universidade de São Paulo (IEB-USP) e professora do Ensino Básico e Superior.

Paulo Dantas (1922-2007):

Romancista, biógrafo e agitador cultural. Estreou na ficção com o romance *Aquelas Muralhas Cinzentas*, em 1940, que o levou a conquistar o Prêmio Afonso Arinos, da Academia Brasileira de Letras. Seu romance, *As águas não dormem*, que considerava "o livro da minha mocidade ferida", foi prefaciado por seu protetor, Monteiro Lobato, que lhe tinha carinho quase paternal. No romance *A cidade enferma* (1950) teve como matéria-prima seu drama como tuberculoso e o seu período de tratamento em Campos do Jordão (SP). Resgatou a epopeia de Canudos no seu romance, tornado clássico, *O Capitão Jagunço* (1959), seis vezes reeditado e por diferentes editoras. Autor, ainda, dos romances *Purgatório*, *O Livro de Daniel* e *Viaduto*, entre outros mais de 40 livros nos gêneros novela, romance, antologias, roteiro e biografias. Como influente diretor editorial da Livraria Francisco Alves, nos anos 60, lançou talentos como Osório Alves de Castro, Clarice Lispector, Carolina Maria de Jesus (autora do *best seller Quarto de Despejo*, seu diário de favelada), e o líder popular Francisco Julião. Paulo Dantas foi agraciado, ainda, com os seguintes prêmios: Prêmio Coelho Neto, também, da A.B.L.; Prêmio Mário Sette, do Jornal de Letras; Prêmio do Pen Clube de São Paulo, entre outros. Foi escrevente judiciário e diretor da União Brasileira de Escritores em diversas gestões. Sobre a vida e obra de Monteiro Lobato, escreveu a alegoria *Presença de Lobato* e organizou a coletânea *Vozes do Tempo de Lobato*.

Léo Gilson Ribeiro (1929-2007):

Jornalista com passagens por veículos como *Veja*, *Jornal da Tarde* (para o qual colaborou 17 anos) e *Caros Amigos*. Tradutor e crítico literário. Doutor em Literatura Comparada pela Universidade de Heildelberg (Alemanha). Professor de Literatura Brasileira na Universidade de Hamburgo. Ganhou o Prêmio Jabuti (1968), o Prêmio Esso de Jornalismo (1969) e o Prêmio de Melhor Crítico Jornalístico-Literário do Brasil, concedido pela Editora Nórdica (1976).

Manoel Hygino dos Santos:

Jornalista, escritor e membro da Academia Mineira de Letras. Atualmente, é articulista com coluna diária no jornal *Hoje em Dia*, de Belo Horizonte; ouvidor do Grupo Santa Casa de Belo Horizonte; e editor do jornal *Santa Casa Notícias*. Pertence ao Sindicato dos Jornalistas de Minas Gerais; Associação Mineira de Imprensa; Academia Montes-Clarense de Letras; Academia de Letras de Salinas; Academia de Letras, Ciências e Artes do São Francisco; Sócio Honorário da Academia Municipalista de Letras de Minas; membro da Academia Mineira de Letras; e sócio da Associação Nacional dos Escritores.

Stella de Mendonça:

Pesquisadora cultural, restauradora de bens culturais com formação na Espanha. Perita em Annita Malfatti, possui profundo conhecimento na Vida & Obra de "Mãe do Modernismo".

Afonso Arinos de Melo Franco (1905-1990):

Foi historiador, ensaísta, memorialista, jurista, professor de Direito Constitucional, diplomata, escritor, membro das Academias Brasileira e Mineira de Letras, ex-ministro das Relações Exteriores. Na década de 30, dirigiu os jornais *O Estado de Minas* e o *Diário da Tarde*, da cadeia dos Diários Associados. Deputado federal por quatro mandatos por Minas Gerais desde 1947. Em 1958, foi eleito senador pelo então Distrito Federal. Em 1986, foi eleito senador pelo Rio de Janeiro.

Nilo Scalzo (1929-2007):

Foi jornalista, crítico literário, professor e membro da Academia Paulista de Letras. Lecionou em diversas instituições de ensino superior, como na Universidade Mackenzie. Em 1962, organizou e editou o livro *Poesias de José Bonifácio, o Moço*, com o professor Alfredo Bosi. Foi editor-chefe do jornal *O Estado de S.Paulo*, além de redator, editorialista e diretor dos prestigiados Suplemento Literário, do Suplemento Cultural e do Suplemento Cultura. Membro do Conselho Editorial da *Revista do IEB* (1991—1997), tendo sido seu presidente de 1992 a 1997. Foi agraciado com o título de Chevalier de L´Ordre des Arts et des Lettres do Governo da França. Em 2009, sua biblioteca foi doada ao IEB/USP pela família.

Honório de Sylos (1901-1993):

Foi jornalista, escritor, advogado e procurador do Estado aposentado. Foi membro do Instituto Histórico e Geográfico, da Academia Paulista de Letras e da Ordem dos Velhos Jornalistas. Autor dos livros *Itararé!Itararé!*, *Glycerio em São José do Rio Pardo*, *São Paulo e seus caminhos* e *Gente e fatos: Relembranças Jornalísticas*. Criador da Casa de Euclides da Cunha, de São José do Rio Pardo (SP). No governo Macedo Soares (1945 a 1947), foi diretor-geral do Departamento Estadual de Informações, já sob a democracia.

Este livro foi composto na tipologia Janson Text e impresso sobre papel Avena 80 g/m2 na D'Print Editorial Gráfica, Rua Caetano Pinto, 195, Brás, São Paulo, SP, Brasil, para a Editora Letra Selvagem, em junho de 2025.